歴史と危機意識

テロリズム・忠誠・政治

橋川文三

中央公論新社

歴史と危機意識　目次

対　談

カバー写真　Josiah S
装幀　髙林昭太

歴史と危機意識

テロリズム・忠誠・政治

I

民族・政治・忠誠——ナショナリズムとロヤルティの問題

1

もうかなり以前のことだが、トマス・マンが一九四五年六月、あたかもナチス敗滅の直後、ワシントンで行なった「ドイツ及びドイツ人」という講演を読んで私は深い印象をうけたことがあるので、そのことから始めてみたい。この講演については恐らく日本でも敗戦直後に、誰か博雅の士が言及しているにちがいないと思われるが、私は不幸にしてそれを知らないので、あるいは今ごろになって、私だけが時期おくれの関心を表明する形になるかもしれないが、それはこのさい問題にする必要はあるまい。

この講演は、一言でいえば、トマス・マンのドイツ人としての自己批判であり、また、それをとおしてのドイツ批評の試みであった。一九三三年の亡命以来、たえずナチスに対する批判と攻撃をつづけて来たマンにとって、その祖国ドイツの敗滅という運命は、決して他人ごとではなかった。講演の終りの方で彼は次のように述べている——

「私がドイツについていわんとしたこと、もしくはうわべだけでも示唆しようと思ったことは、すべて他人ごとのような、冷淡で局外者的な知識から生れたものではありません。それはまた私の中にあったものであり、私自身が身をもって経験したところのものであります。いいかえれば、私がここで時代の力に促がされて提示しようと試みたものは、ドイツ的な自己批判の一例なのであります。――」

たしかにこの講演は、ナチスに対する反対者であり、戦闘的なヒューマニストでもあったマンが、にもかかわらず自己の内部に、そのナチスを生み出したのと同じ心性を共有することを明らかに告白したものという印象を与える。彼は、ドイツというグロテスクで奇怪な「運命」の起源を、少年期いらいの自己の体験の解剖をとおして、広大な世界の前に明らかにしようと試みている。「私は善良にして高潔、汚れなき正しいドイツ人である。悪しきドイツの方は諸君の打倒するに委せる」という風に述べることは、マンにとって倫理的な不可能事であったばかりでなく、知的にもまた誤りであった。なぜなら、彼は「善きドイツと悪しきドイツという二つのドイツがあるのではなく、ただ一つのドイツがあるのですが、その最善のものが、悪魔の狡智によって、悪に変えられてしまったのです」という歴史的認識をいだいていたからである。ドイツは、その悪魔的なものへの変貌と敗滅とによって、マンの内部に逆説的にいっそうの愛着と郷愁をさえよびおこしたようにも見える。

彼は、忌わしいドイツの敗滅に対して、決して「ザマを見ろ」という気持にはなれなかった。それは、その悪霊的で醜悪なドイツが高貴にして深遠なドイツと決して別のものではないことを、その芸術家としての直観と、政治と歴史の批評家としての見識によって、確実に見抜いていたからである。たとえばマンは、この講演の結びにおいて、ドイツの悲劇をもたらした究極的な理由の一つについて、次のように述べている。

「ドイツの世界に対する畏れの中には、つねにそれと同じくらいの世界への憧れがありました。ドイツを悪にひきこんだ孤独の基礎の上には――誰知らぬものがありましょう――まさに愛したいという願望、愛されたいという願望があったのです。こうして結局ドイツの不幸とは、人間存在一般の悲劇性の範例であります。ドイツがかくも切実に必要としている恩寵は、私たちすべてが必要としているのであります。」

ナチスに象徴された人類史上の悲劇をこのような人類一般のタームによってとらえようとすることは、あるいはあまりにも概括的であると思われるかもしれない。また、ナチスがいかに病理的な狂乱のあらわれであったにせよ、それを要するに人類一般の悲劇の範型であったとして説明することは、ある人びとには、不快の念を与えるかも知れない。しかし、ナチスやファシズムは決して二十世紀前半期におけるドイツ地域に限られた症状にすぎなかったとは見られないはずであり、それがまさに人類史の問題であることは、今ではひろく認められていると考えてよいはずである。しかも、マンは、そのことを自身の生体解剖に似た手つづきによって説明しているのであり、汚れない手の局外者として語っているのではない。その思想の徹底した責任感は、かつて「一億総懺悔」などという言葉を安易にまきちらした人びとの軽薄さとよい対照をなしていることはいうまでもあるまい。

しかし、私はこの講演によって、しばしば一般に「ドイツ問題」とよばれるあの謎めいた歴史上の問題に関心をひかれたということがいいたいのではない。それもあるけれども、それよりもいっそう私をひきつけたのは、そこに描き出されたドイツの思想なり心情なりのあるものと、日本のそれとの間に見出される不思議なほどの相似性ということであった。マンの講演の中から、そういう感慨をよびおこした幾つかの部分を引用すると――

「私はアメリカ人として世界市民でありますが（注―マンはアメリカに帰化していた）、ドイツ人はもともと世界市民なのです。ドイツ人は同時にまた本来世界に対して畏れの気持をもっており、はにかみの気持をいだいていますが、にもかかわらず本来の世界市民なのです。この世界への畏れというのが本質的には自惚れ（の反射）から来るのか、もともとからの地方主義、国際社会における卑小感から来るのかはなかなか断定できませんが、恐らくその両方にもとづくものでしょう。」この「ドイツ人の本質」としての「世界への憧れと世界へのはにかみ、コスモポリチスムスと地方根性の結合」という指摘は、この講演のモチーフの一つをなしている。マンは、自己の青年期を回想して、ボーデン湖からスイスに旅行したとき、そこにはじめて広い「世界」を見たという思いがしたことを述べているが、これはきわめて印象的なエピソードである。政治的には強大なドイツ帝国が、全体として世界の田舎であり、弱小なスイスが、むしろ広大な世界として感じられたという体験は、まさにドイツの政治と文明のすべてを物語っているところがある。

この種の体験は、地理的な条件もあって、普通の日本人には容易には経験しがたいものであろう。しいてそれに似た体験を求めるなら、たとえば東北日本の人たちが近畿以西の日本をはじめて旅行した場合とか、その逆の場合がそれにあたるかもしれない。その場合にも、歴史とカルチュアの広大なちがいということに眼を開かれるはずであるが、それは一つの地方ともう一つの地方との差異ということであって、ここにいわれる一つの地方と世界とのちがいに気づくということではあるまい。むしろトマス・マンの場合により類似した経験をいえば、たとえばかつての日本の植民地に生れた少年が、はじめて母国を訪れたような場合に、そこに世界と日本との相違を痛感するというようなことはあった。ただそのさい、多くの少年たちは、マンの場合とは逆に、自分の祖国のあまりにも卑小な地方性を見て、幻滅に似たおどろきを感じないではいられなかったようであるが（引揚者の記録の中に、そういう感想をもらしたものが少なくない)。

ともあれ、マンのいう「世界への憧れ」(Weltbedürftigkeit)と「世界への畏れ」(Weltscheu)の同時存在という傾向は、恐らく近代日本の精神史的特性でもあったといってよいかもしれない。日本人もまた、たえず「暗鬱な世界不適性」の心情をいだいて、近代百年をすごしてきたし、その反面ではまた、たえず世界の欠乏感に苦しめられ、コスモポリスへの憧れにつき動かされて来たと見ることができる。いわば、求心と遠心の衝動の中に心の安定をとらえかねて来たわけである。しかし、こうした日本人の心理はもはや周知のテーマであるから、これ以上言及の必要はないであろう。

もう一つの例——

「自由は、政治的な意味では、何よりも道徳的・国内政治的な概念です。政治的に自由でなく、自己責任をもたない国民は、対外的な自由を主張する資格はありません。その国民は自由について論ずることはできません。……ドイツの自由概念は、終始ただ外にのみ向けられていました。それはただドイツたらんとする権利、それ以外のなにものでもなく、それをこえたなにものでもない、ひたすらドイツたらんとする権利を意味しており、民族のエゴイズムを制限し、制約するもの、それを抑制して共同社会への奉仕へ、人類への奉仕へと向かわせようとするすべてのものに対する自己中心的な防禦のための抗議的概念でした。」

これもまた、巨視的には日本の近代史にほぼそのままあてはまる指摘であろう。自由の概念は、日本においても、むしろただ対外的自己主張の手段として実質的な機能を果たしており、何よりもそれが、自らの国家における自由を意味するという意識は、二義的なものとして、否むしろ異端的なものとして排斥され無視されてきた。この問題も日本における国家と個人の問題という文脈において、すでにしばしば論じられたものであるから、多言の必要はない。

ただたとえば福沢諭吉が明治初年に述べた「日本には政府ありてネーションなし」という言葉は、日本における強力な国家機構の統治の効率と、その反面における国民の「精神的奴隷」状態の対照を指摘したものであったし、また河上肇が明治の末年、西洋は天賦人権、日本は天賦国権と書いたのも、ほぼ同じことを指摘したものであったことを想起すれば足りるであろう。マンは、ドイツについて、その対外政策における頑強なエゴイズムは、国内における「いまわしいまでの不自由、未成熟、愚鈍な隷従」と結びついていたといい、結論的にドイツ人の性格を「戦闘的な奴隷根性」と名づけているが、それは私たちに無縁の文字とは思えなかったはずである。

すべてこれらの問題は、一般の思想史的カテゴリイにおきかえるならば、一国におけるナショナリズムがデモクラシーとの幸福な一体性を達成しているか否か、それともそれがデモクラシーと自由の抑圧の上に成立っているか否か、という周知の問題にほかならない。

マンは、そうした古典的ナショナリズム概念にもとづいて、ドイツにはナショナリズムは存在しなかったとまで断定している。そこにあるものは「美的な忌わしさ」をともなう粗野な自己主張のみであり、しかもそれを人種論という一見近代的な「理論」によって修飾したものにすぎないとみなしている。

しかし、私がドイツと日本のパターンの類似をいうのは、すべてそれらの悪劣な側面のみを指すのではない。すべてそれらのいまわしいものが、全くその反対の美しいもの、「繊細な心の深さ、俗化されない勤勉さ、自然への敬虔さ、思想と良心の至純の厳粛さ、要するに気高い抒情詩に含まれるあらゆる本質的な特性」から生まれているという問題の相似性こそが私をひきつける。ドイツではそれはあのドイツ的「内面性」(Innerlichkeit)という言葉で概括されるものであり、それがドイツの芸術と思想――とくにその音楽の比類のない美しさの源泉となったものであった。マンは、この講演の中で、ドイツ音楽とその源流としてのロマン派について多くのことを述べ、それらがまさに人類に与えた偉大な貢献のことをくりかえし強調している。しかし、にもかかわらず、そうしたドイツ人の魂の深さから、ついにはナチスに象徴される「ヒステリックな蛮行、倨傲と犯罪への陶酔と発作」が生み出されたという「錯乱的な逆説」こそがマンの主題であった。その「逆説」をとき明かすマンの歴史論は、さすがに鋭い洞察にみち、深くドイツの宿命の根源を衝いており、それだけにまた悲痛感にもあふれている。

しかし、私はそれらの洞察にふれるごとに、そこにまた不思議な二重像として、日本の場合に想到せざるをえない。優美な心とその心の政治的発現形態の錯乱的な醜悪さとの逆説的な結びつきというテーマは、私たちが日本近代史を考える場合に有効な共通の枠組を与えているように思われてならない。日本人もまた、すぐれて繊細な心情の持主であり、勤労そのものへの先天的な敬虔さ、自然への愛、清潔な生活感覚をもった民族であった。それらのことは、何も日本人の自惚れというには当らないもので、古くから外国人の観察にしばしば指摘されたことがらである。しかも、少なくとも近代日本の政治史にあらわれたかぎり、そこにはほとんど謎のように解きがたい日本人の卑小な倨傲さ、頑強なエゴイズムの様相が濃厚にあらわれていた。とくに、一九三〇年代以降の大陸における日本民族のふるまいの中には、凡そ優美繊細な心の作用とは全くかかわりのないシニシズムとマキアヴェリズムだけが一般的であった。

この逆説について、たしかに多くの自己批評が戦後試みられて来た。しかし、今思い浮べて見るかぎり、トマス・マンのそれに似た自己批判の試みというものはなかったのではないか、と思われる。

その中の最も鋭いものとして、たとえば丸山真男氏の卓抜な日本政治の「論理と心理」の分析がある。しかしそれも、どちらかといえば、「良き日本」と「悪しき日本」の冷徹な二分法を方法としていた。日本の中にあるもっとも人間的に懐しいものと、もっとも嫌悪すべきものとの同時存在がそのままに問題とされたのではないようである。私が今ごろになって、マンの講演を思い浮べたりするのも、理由なしとしないかもしれない。

2

ドイツの場合には、そのあらゆる美しさと醜さの流出する根源を言いあらわすのに、ドイツ的「内面性」という便利な言葉があったが、日本の思想に、それに対応するような包括的な概念があるか否か、問題となるところであろう。またそうした精神的伝統を象徴する人物として、マンの場合には、たとえばマルティン・ルターという異論のない典型をあげて論証をすすめることができたのに対し、わが国の場合に、そうした人物として、誰を考えることができるであろうかもやはり問題となるであろう。

しかし、日本の場合にも、ドイツの場合と同じように、あるきわめて優美で繊細な心の作用（たとえばもののあわれ）が、しばしばその反対の不気味で醜怪な政治行動と結びついており、しかもそれらがきり離せない関係にあったという印象は同様であろう。その一方のみを抽象して他方との絶縁をはかることは、論理的には可能かもしれないが、現実には不可能と考えるほかはないような、ある宿命的な共存関係がその両者の間に認められるという点もよく似ている。

それは、いかなる民族にも善悪両面があり、欠点のない国民というものは存在しないというほどの意味ではなく、もっと特殊な関係としてあらわれているように思われる。それは、トマス・マンの言葉でいえば「なぜドイツ人の場合にかぎって、すべてのその善きものが悪に転化し、その手にかかると悪になってしまうのか」という苦悩にみちた絶望的な問いをよびおこすような関係である。そういう関係がすべての人間にあるのではないと同じく、すべての国民にもあろうとは思われない。日本の場合も、少なくともこの一世紀の政治史に関するかぎり、それは同様であったと思わせるところが少なくない。

これは、容易に考えられるように、さし当りその国民のある種の不適格性——不器用な未熟さに関係がありそうである。することなすこと、ことごとくその善意とはくいちがい、ついには事態を収拾つかない錯乱に陥れて、自らもまた錯乱に陥るという関係は、ある種の能力欠乏にもとづくと考えられる。しかもそのような無能力は、自らそれを意識すればするほど、いっそう昂進するような性質のものであった。

ドイツの場合、こうしたほとんど病理的な当惑を説明するために、しばしば「悪魔」という概念が援用される。彼らのいわゆる「内面性」の奥底は正常な世界にではなく、異形のものたちの住まう別の世界へと通じている。ドイツ・ロマン派が啓示した世界はまさにそうしたデモーニッシュなるものの境涯であった。そこでは、すべての秩序と形式は変形し、すべての人間の生の様式は突如として死のそれに変貌する。どうしても正常な規準に到達することができず、いかなる完全な行為もそこでは悪夢のような不可能に転化する……。

トマス・マンはそうしたドイツの精神史的底流のことを「古代世界の神経症的な基盤」と名づけているが、日本にもまた、そうした底流が最近まで生きていたし、また今も社会の底層のある部分を流れていることは知られている。しかし、問題をそのような民俗と精神病理の問題に還元することは別の機会に委ねて、ここでは、そうした「無能力」の問題を政治のレベルにおいて考えてみたいと思う。この場合も、ドイツとの奇妙な相似性が印象的だからである。

「政治に対するドイツ人の心情の関係は、無関係という関係であり、無縁（Unberufenheit）という関係です。」

トマス・マンの講演におけるもう一つのモチーフは、そのようなドイツ人の政治的無能力に関する弁証であった。このことも、たとえばマックス・ウェーバーの政治論集などにしばしば説かれたテーマであり、一般にアングロ・サクソンの政治的成熟に対し、ドイツ人の政治的未成年性を指摘することはむしろ常識のようになっている。マンの所論を簡潔に言い直せば、あれほどの心の深さと繊細さに恵まれたドイツ人が、一般に国家と政治の問題にかかわるとき、どうして目もあてられない錯乱に陥るのかといえば、それは彼らにおける政治の観念が、あるラジカルな非人間的要素を含んでいたからであるということになるであろう。ドイツ人にとって、政治は人間の行ないというよりも悪魔のしわざとみなされ、それ故に、政治を行なうためには、自らもまた悪魔となるほかはないという奇怪な観念がいだかれていたからである。たとえば「政治は妥協である」というような考え方くらい、ドイツ人にとって理解しがたいものはなかったとマンはいう。

「このような妥協《コンプロミス》の上に立って人生を完結させるということは、ドイツ人にとっては偽善に見えるのです。ドイツ人は、人生を完結させるようには生れついていません。そして政治を野暮くさい正直さで誤解することによって、その政治への無縁性を証明します。生来全く悪人ではなく、かえって精神的・観念的なるものへの素質に恵まれているのに、ドイツ人は政治を虚偽、殺人、詐欺、暴力としか考えず、なにか徹底的に一面的に不潔なものとみるのです。そしてもし世俗的な名誉慾から政治に携るとなると、この哲学にしたがって政治を行なうのです。（略）政治はドイツ人にとって悪です——そこで彼は政治のためには、まさに自ら悪魔にならねばならぬと思いこむのです。」ドイツ人と政治との関係について、これはきわめて鋭い、正確な批判になっている。それはナチス・ドイツのシニックなニヒリズムの心理を正しく言い当てており、国際社会におけるその異常な行動様式の根源をも正確に指摘したものといえよう。しかし、では私たち日本人にとって、政治とは果たして何であったか？

これはもちろん簡単に答えられそうもない問題である。たとえばもし日本にルターに相当するような象徴的人物が存在したならば、その人物の思想と行動を分析することを通して、日本人一般における政治の深層的意味を系統的に探り出してみることもできるかも知れない。しかし、その便宜は私たちにはむしろ望めないことかも知れない。あえてドイツとの比較に限らず、たとえばハンス・コーンがその『予言者と国民』であげているような意味でさえ、日本の予言者を一人選び出すことはむずかしいであろう。コーンはいくらか古典的な基準によって、イギリスにおけるJ・S・ミル、フランスにおけるミシュレー、イタリアにおけるマッチーニ、ドイツにおけるトライチュケ、ロシアにおけるドストエフスキーをあげているが、それと同じ意味で、日本において果たして誰を名ざすべきかとなると、異論百出ということになるほかはあるまい。要するに近代日本の過渡的な百年は、未だに国民の予言者として、一般に承認されるような思想家を生み出してはいないかもしれないからである。

ともあれ、右に引用したマンのドイツ政治論を読んで、ふとそれはあたかも日本人と政治の関係についていわれたもののような気持はしないであろうか？　日本人の場合にも、政治について、ほぼ同じようなラジカリズムがいだかれており、政治に対する不信と、政治に対する非合理的帰依の感情とが、無媒介に結合していないであろうか？　一面における政治に対する嫌悪と羞恥が、他方における政治的ヒステリアと併存しているという事態は、日本近代の政治史上に、また現在においても、幾つもの例を見出すことができそうである。

一般に日本とドイツにおける政治的意識、ないしその行動様式の類同性を説明するためには、両者に共通する市民社会の未成熟と、それに見合った国家体制の権威主義的性格をあげるのが普通であった。そして一般にそのような社会における個人は、しばしば政治を逃避して自閉的な心情の世界に遊ぶか、もしくは非日常的・突発的な形で政治へのかかわりを求めることが少なくないとされている。後者は、一見政治的な行動としてあらわれ、また一定の政治作用をひきおこしはするが、その態度は、ラスウェルのいわゆる「非政治的な政治関与」(apolitical approach to politics)とよばれるものであり、どこかグロテスクな悲惨さの印象をともなうのが常である。いずれにせよ、それは政治における未熟さの症候と考えられるものであった。

すべてそうした傾向の日本的表現の範型が、たとえば丸山真男氏の『現代政治の思想と行動』に描かれた「無法者」の政治的人間像であり、また「暴力の専門家」として、日本政治の表裏を横行した多くのウルトラ・ナショナリストたちの存在であったといえよう。彼らは、その本性において邪悪であったのではなく、むしろ一般人の水準からいえば、マンのいわゆる「心の深さ……思想と良心の至純の厳粛さ」において、すぐれた個性を見出すことも不可能ではない。ただ、彼らが政治にかかわるとき、それ以外の行動様式を見出すことができなかったという意味において、彼らは政治に向かなかったのであり、政治を何か別のものへと変形してしまったのである。そして、その意味において、政治は日本人にとって、不得手な謎というべきものであった。

　もちろん、それらすべては、日本人があらゆる意味において、政治的無能者であったということではない。一般に政治の領域は政治体《ボディ・ポリティク》と、政治制度と、政治組織の三つのレベルにわたるものと考えることができるが、近代日本がとくにその政治組織において、きわめて優秀な能力を示したことは公平に見て否定しがたいことであろう。明治国家の統治機構のみごとな完成度は、しばしば「芸術品としての国家」という形容でよばれるほどであったし、そのような高度な統治形態の制作をほぼ一世代のうちに達成しえた日本人の政治的構想力が、貧しいものであったとは決して思われないはずである。それればかりではなく、日本社会の伝統的な特色としての自然的同質性の存在は、共同体のレベルにおいても、制度のレベルにおいても、政治的支配と服従の循環過程をきわめて効率的なものとした。いわばそこでは、とくに政治の介在を必要としないかと思われるほどに共同性の浸透が濃密であった。もし「万国無比の国体」という形容が政治的用語でありうるとするならば、それは全体として日本人の政治的優秀性を主張した言葉ということになるであろう。

　しかし、それは全くここでのテーマと関わりない視角であることはいうまでもあるまい。ここで問題とされているのは、支配すること、もしくは服従することの巧みさということではなく、前述のようにその本性上の「美しい魂」と、その支配もしくは服従との間に、どのような関係をつくり出すかという能力のことであった。いいかえれば、もっとも政治的な政治の位相と、もっとも非政治的な精神もしくは理念の位相との間に、いかなる架橋関係を作りだすかに関わる構想力の問題であった。

この問題は、一般に政治哲学の文脈においては、あるいは政治と宗教という形で、もしくは政治と道徳、政治と芸術、等々の形で古くから問われているものにほかならないが、近代日本の政治は、その問題を解決する様式において、まさにその成熟度を問われねばならなかった。

敗戦直後、柳田国男は明治いらいの日本政治史の総体を念頭におきながら「凡そこれくらい空漠不徹底な独断を以て、未来に対処して来た国民は珍らしいといってよい」と述べ、また、別の機会に、日本の政治は「今日に至るまで、ろくにこれぞという調査をとげ、計画を立ててみたことがなかった」とも述べている。この場合の柳田は、日本の政治がもっぱら統治機能に集中され、それはそれとして有能な作用を果たしてきたことを認めながらも、結局のところ、それが日本国民総体をどこへ導くのかについて、明確なヴィジョンをもたなかったことを指摘したものと見てよいであろう。政治はたんに法律と行政による官府的支配ではないというのが、柳田の早くからの思想であったことは、名著『時代ト農政』を見ても明らかであるが、ここでのテーマに引きよせていえば、柳田は日本政治の論理が一種自閉的な自己目的化の傾向を示しており、より広大な人間的諸価値との連帯を志向する能力に乏しいことを述べていると考えられる。もしその方向に甚しく傾斜するならば、しばしば用いられることわざのように「手術は成功、患者は死亡」ということになりかねない。権力的統治はみごとに達成されたが、かえって人間性は亡びてしまうという逆説的関係がそれである。そして、日本政治の体質の中には、かなり早くからそのような病理が認められると思われる。

しかし、これらの問題もまた、すでにさまざまの角度から論じられてきたものである。たとえば、明治二十年代における「教育と宗教」の衝突の問題一つをとってみても、日本における政治＝国家権力がいかにすべての価値を一元的に独占しようとしたか、したがって、また、そのために、いかに人間的にグロテスクな事態が生じたかは詳述の必要はない。一例として内村鑑三の「不敬事件」をとってみると、そこには内村よりも恐らくはるかに劣等な道徳意識の持主たちが、すさまじい道徳的憤激を内村に対して集中していることがわかる。それは、私にはグロテスクなものとしか見えないし、そうしたグロテスクがまた、しばしば日本における政治的集中の特性であったことを思い浮べないわけにはいかない。それは、あたかも内村がベル宛の書簡に述べているように「ピラトに対するユダヤ人のそれ」に似たふるまいを思いおこさせる。そうした政治的激情の中では、もっとも卑劣な人間も、相手を「国賊」よばわりすることによって、それだけでたちまち最高の道徳的ヒーローに転化するかに見える。

もちろん、そうした現象はなにも日本人の場合に限られないし、またドイツ人の場合に限られるわけでもない。すべて一般に「魔女狩り」に象徴されるような人間的倒錯の例は、古今東西の政治史に乏しくはない。しかし、ここで問題とするのは、そうした人間性一般に内在する政治的狂気のことではなく、いちおうの近代化と、近代的国家体制のもとに組み入れられた未熟な政治的人間たちの定型化した錯乱のことである。近代的国家という権力機構の中に、直接、無媒介に自我の同一化対象を見出すにいたるような、純粋な心、深い魂の持主たちと政治との関係が問題である。

私は、たとえば内村問題で昂奮した青年たちの純情を少しも疑おうとは思わない。恐らく人間の本来の心の繊細さや深さが、それほどの差異をもっているとは考えられない。しかも、ある人びとはその心の繊細な深さや純真さによって、かえって容易に非人間的な悲惨さに陥るし、他の人びとはそうではないということがおこる。この問題は、あるいはラスウェル流の精神病理学的分析によって解明しうることがらかも知れない。しかし、それだけでナチスの場合や、日本の場合を説明するわけにもいかないであろう。

たとえば福沢諭吉と加藤弘之の場合などがここで思い浮べられる。鳥羽伏見の戦いの後、和戦をめぐって江戸城中が大混乱をきわめ「長袖の学者も医者も坊主もみな政治論に忙しく、酔えるがごとく狂するがごとき」ありさまであったとき、後年の帝国大学総理加藤弘之もまた悲憤慷慨派の一人として、将軍慶喜に直談判を申し入れようとしていたのを福沢が見つけ、いったい戦争をやるのかやらないのか、「やるとなったらどうか早く知らせてくれ、私はすぐ逃げ出さねばならないから」と人を喰った発言をして、加藤をぷりぷり怒らせたという話がその『自伝』に記されている。福沢はすべてそうした政治的激昂の他愛なさに対して、小面憎いほどの冷淡さをしばしば示した人物であるが、このような場合、福沢のような振舞いはむしろ稀有の例外であった。福沢が尊攘激派はもとより、幕臣中の「忠臣義士」の天誅を免れたのは不思議であったといえよう。福沢はまた、逆の立場にある大村益次郎の政治的熱狂をやゆして、これも相手を大憤激させたりしているが、すべてそれは日本人のそうした場合の行動様式としては、異端でさえあった。トマス・マンの言葉でいえば、政治というものを「野暮くさい正直さで誤解する」ということほど、福沢の精神にとおいものはなかった。有名な「楠公権助論」など、彼のそういう精神の端的なあらわれであろうが、要するにそれは、福沢にとって、政治は神のしわざでも悪魔のしわざでもなく、したがってそれを人間の抱懐する多様な価値志向の究極的決済者などとは少しも考えなかったことを意味している。

しかし、それは前記のようにどこまでも例外的態度であり、一般には政治は、日本人にとって、愚直なまでの献身の対象であった。少なくとも、政治にかかわろうとするとき、すべては一切か無かの基準によって考えられる傾向があった。そうして、そうでない場合には、一種近代的隠者として、心情的な世界にとじこもるのが一般であった。

3

この問題は、一般に一国民の政治的行動様式の特性に関する社会心理学的分析によっても、また一つの集団特性に関する社会学的アプローチによっても説明することはできるかもしれない。即ち、ナチズムを集団ヒステリアの一類型として分析するのと同じ方法によって、日本人の政治行動の集団的特質をとらえることも可能である。しかし、私はここではその同じ問題を日本人の忠誠心の見地から考えてみたいと思う。というのは、前述のように個人の内部にある醇正優美な要素と、その政治行動との間に生じるグロテスクな亀裂を考察するためには、一般に個人的義務感と、より高次の政治的一体化としてのナショナリズムという両極から問題を考えるよりも、その両者の中間に位置すると考えられる忠誠心のレベルにおいて問題をとらえる方が、より適切ではないかと思われるからである。

義務感というのはもっとも政治性が稀薄であり、ナショナリズムは高度に政治的な自己同一化を意味しているが、忠誠心はあたかもその媒介項と見ることができる。いいかえれば、人間がそのエゴの外部にあるなんらかの対象にかかわる様式は、冷静でラショナルな理由を基礎とする義務感から、きわめて情動的な自己同一化としての政治的ナショナリズムにわたっているが、忠誠心はあたかもその中間において、人間の個性的統一をよりゆたかに保持したまま、自己以外のものに連帯し、一体化する愛の様式ということができる。そして、その忠誠心のあり方を見ることにより、一般に人間の行動の美しい動機と、そのあらわれの必ずしも美しからぬ形態との原型的な関係がより見出しやすいはずである。

前述のところで、私は近代日本の「予言者」とよばれるべき人物を端的に指名することはむずかしいのではないかと述べたが、もし問題を日本的忠誠心のそれとしてとらえ直すなら、事情は少しかわるかもしれない。その場合は、たとえば吉田松陰とか、西郷隆盛とかをその典型ないし原型的人物として想起してもおかしくはないだろうからである。彼らを一国の政治思想の予言者と見ることはやや違和感をともなうが、彼らはそれぞれの意味で日本民族の伝統的心情の純真な表現者であり、しかもその時代が、日本がはじめて近代的政治の論理を習得せねばならない過渡期であったことによって、美しい心情と、政治との原初的な接触の場面におけるそれぞれ典型的な表現形態をあらわしているからである。

いうまでもなく、その時代は、伝統的な義務観念と、忠誠観念とが解体し、すべてが混沌とした過渡的様相のもとにあった時代である。そこでは、個々の人間がその自我を託すべきいかなる対象もいまだ視野に浮んでいなかったとさえ見てよいであろう。それ以前、徳川三百年を通じて精練されてきた封建士道における人間心情と政治行動の正統形態との調和は、たとえば川路聖謨《としあきら》の場合にその典型的な例をあらわしている。彼の場合、旧幕府への忠誠は自殺というラジカルな形をとったが、少なくともそこにはグロテスクな印象はなかった。それは、心情と忠誠心と政治との幸福な統一を示す最後の例であったと見てよいかもしれない。

しかし、そのあたりを最後として、近代日本における人間の内面における優美さと、政治的行動様式との間のグロテスクな矛盾と亀裂がしだいにあらわれ始めたと思われる。現代的にいいかえるならば、人間の心情と政治との疎外がそこに始り、政治者はむしろ悪魔的決断者でなければならず、もののあわれを知り、人情の濃かさを知る日常的な生活者であってはならないという観念が生れはじめる。封建武士のモラルとしては、それがいかに形骸化していたとはいえ、政治と心情とは乖離していなかったのである。そうした歴史的展望の下に、松陰と南洲における忠誠心と政治との関係を単純化して示すならば、凡そ以下のように考えてよいかもしれない。

まず、松陰における心情（＝忠誠）と政治の関わり方を端的に示すものは、その書簡にいわれる「忠義」と「功業」との峻別であろう。ここで「忠義」というのはどこまでも心情的な次元での誠実性を意味し、「功業」というのは政治の論理を指していると見てよいが、松陰は自ら「忠義」を執り、「功業」は二義的なものと見なしている。そのさい、彼の忠義（＝忠誠）観念が、徹頭徹尾封建士道のそれであったことは、彼が最も激烈な政治行動とみなしていたものが、主君への「諫死」に究極化する「規諫」の行動であったことからも想像することができる。「一誠によって万人を感悟せしめる」というのが彼の究極の政治理念であり、そのラジカルな倒幕計画もまた、「功業」の観点よりも、「感悟」のための方策という気味がつよい。

いいかえれば、松陰の忠誠心は、その到達の極点においてはじめて政治行動の意味をおびることになっており（その刑死がはじめて一定の政治的意味をもつことになったということ）、したがってその生涯においては、ここに問題としている人間内面の心と政治行動の分裂ということは生じていない。ただ、その忠誠心のラジカリズムが、ほとんど論理的に自己の生命の放棄を積極的に必要とするものであったという契機は、その契機のみが継承されて、後代の日本の心情的ラジカリズムにもとづくテロリズムの遠い源流となっている（五・一五事件や二・二六事件の例）。

西郷隆盛における忠誠心と政治の問題は、松陰の場合に比べいっそう複雑である。内村鑑三によって、「武士の最大なるもの、また最後のもの」とよばれた西郷の私的心情の広大さと高潔さは、恐らくは何人によっても疑いがたいものであったし、そこになんらかの意味で粗野・野卑なるものを見ようとする試みは、たとえE・H・ノーマンのように優れた歴史家によるものであっても、多分全くの誤解であるといってよいと私は思う。つまり、その点に関する限り、西郷の心情の中に小児のような素朴と謙譲さのみを見た内村の直覚の方が正しかったろうと考える。

しかし、いわば西郷問題というべきものがあるとすれば、それはまさにそのような人物のひきおこした政治行動のむしろ不気味な姿をどう理解するかというものであろう。周知のように、西郷は日本の軍国主義、侵略主義、否ファシズムの源流とさえ見なされている。

これも簡単に解明しうる問題ではないが、本稿のテーマに引きよせる形でいえば、西郷の政治的悲劇の全体は、たんに彼が封建的忠誠心にとらわれ、近代国家への忠誠心ということ、また、近代的忠誠心が必然的に政治的形態をとらざるをえない（その意味で、権力的操作による創出にほかならない）ことについての理解を欠いたために生じたのではない。彼はなんといっても封建破壊の中心に立った人物である。そうではなく、むしろ西郷の悲劇は、人間内面の心情と政治との裂け目がしだいに拡大し（別のいい方をすれば、人間内面の原理としての道徳と政治の原理としての権力とが乖離し）政治が決定的に自己目的化してゆく状況の中で、その回復をはかった点に由来すると見るべきではないであろうか。後年内村鑑三が、西郷を目して「もっとも幅広い最も進歩的なる人」とよんだのは、そのあたりに関係しているかもしれない。事実、それ以降、「政治世界においては法律ありて道徳なく、詐謀ありて誠心なきに到れり。これを明治十年以後の傾向とす」（陸羯南）といわれる景況が一般化したことからも、上述のことがらは推定されるはずである。このあたりから、日本の政治は、人間内面の諸問題から遊離し、そのことを「近代化」であると自負しながら、しだいにその固有の論理のみを肥大させることになったといえそうである。

しかし、これらはすべて昔物語りにすぎないと思われるかもしれない。私もしいてそれに反対しようとは思わない。しかし、人間内面の情理を無視して政治がありうるという考え方が反転したという話をそれ以後に聞いた憶えは私にはない。そしてその意味では、こうした昔話も意外に現代的な意味をもつかもしれないと思ったりする。

たとえば、げんに私たちの生きているこの時代における忠誠心の状況ということを考えるとき、それはあたかも維新前後におけるアナーキイを思わせないではない。高度な組織社会における組織人としての忠誠志向は明らかであるかに見えるが、それと国民の遠い未来に対する愛としてのナショナリズムとの関連は必ずしも結びついてはいない。そしてその二つのものを媒介すべき政治の機能は、どこやら「空漠不徹底」の様相をこくしていると思われるのである。

（一九六九年一月）

歴史と危機意識――『神皇正統記』『読史余論』『日本外史』

1

『神皇正統記』『読史余論』『日本外史』の三著を典型として、歴史的危機における日本人の文学表現の特質に迫るという課題は、その問題の複雑さと晦渋さに人を茫然たらしめずにはおかないが、それはともあれ、この三つの史書が、それぞれの意味で日本人の歴史記述における上々の作であることと、この三者の間に一定の意味でかなり緊密な脈絡と照応があることとはすぐに気づかれることである。たとえば『読史余論』において『神皇正統記』もしくは親房の名をあげた引用は凡そ三十六カ所に及び、『日本外史』はまたその「引用書目」に『正統記』『職原鈔』「関城書」など、北畠親房の著述ないしそう見なされるものをあげているほか、その十九カ所の「外史氏曰く」の部分において、いたるところにおいて『読史余論』の論旨を援用している。それだけを見てもこの三著作の内容がある相関的な志向に導かれていることが想像できるはずである。

そうした史書としての照応関係とは別に、これらいずれもがその文章表現のみごとさにおいて、ゆうに日本文学史上の名作に数えられていることも共通している。たとえば『神皇正統記』については古く大町桂月が「絶代の名文」「千古の名文」と称したほか、「簡雅勁爽の格調を有し、辞義極めて明徹、評論体の典型として正しい先鞭をつけえたもの」（斎藤清衛）といわれ、『読史余論』については「その行文は直截にして雄健、明快にして流麗、人をして実体以上に魅力を感受せしめる」（中村孝也）などといわれるのは一つの常識とみなしてよい。『日本外史』だけは漢文著作であるから異例ともいえようが、山陽の漢文はいわゆる「和習」というのともまた異る意味において、即ち「和習一変して漢習となり、漢習一変してさらにいわゆる山陽の日本化となる」（徳富蘇峰）という意味において、明治初年頃までは「地方の少女は日本外史を暗記することが初等教育であった」（中村真一郎）とされるほど、いわば国民文学の一としてうけとられたものであったということを思い合わせるならば、これを日本の国文表現の一典型とみてあまり差支えはない。

これら三つの著述は、いずれも歴史を対象とした文章表現でありながら、一般の史書とはことなり、日本人に文学的感動をよびおこす作品として、ながい生命を保ったということである。ふつうの歴史書ならその記述内容や文章表現が古くなったということで消えてしまうことはいくらもあるが、これらの三著はその運命をまぬかれている。このいわば「文学としての歴史書」という事情については、たとえば西郷信綱氏が原勝郎の『東山時代に於ける一縉紳の生活』にふれて述べた次のような文章が想起されるでもあろう。

「私はかつて『古事記伝』を一種の芸術だと評したことがある。注釈でさえそういえる。まして学問上の主題を提示したり展開したりするのに文章などどうだっていいさ、ということになるわけがない……『一縉紳の生活』が立派なのは、学問の散文として形式的に自立している点で、それがなかなか古びないのもそのせいと思われる。……その見事さは、鷗外の史伝ものの塁をほとんど摩すると評していいであろう、云々」

2

一般に危機の時代において、歴史への関心が高まるということは古今を通じてかわらぬ人間的事実である。政治的大変動や社会構造や環境の巨大な転換、宗教や文化における大改革の機運などが生じるような時代、人間はおのずからに歴史の意味を問いはじめる。現代的用語でいうならば「人間実存の歴史性」という事実の意識がそこに生れるからである。『歴史と終末論』の著者ブルトマンの言葉をかりれば「われわれ自身の行為がいわばわれわれに属していないような場合にも、われわれ自身の実存がなお真の意味をもっているものであろうか」というのがそのような時代における一般的問いかけとなる。そしてそれはまたふつう政治的危機における人間意識のアノミイとよばれる精神状態とも深く結びついている。まさに語義どおり、その生活環境や時代の変動を筋のとおった意味体系としてとらえかえす意識の機能構造が破綻し、現実と意識の連動機能が断絶するとき、それをアノミイとしてとらえるが、そのさい通常は人間の表現機能もまた同じように解体する。現代的にいうならばいわゆる「不安の文学」はそこに生れてくることになる。

このような危機意識は一般にある文明の没落期にあらわれるものと考えられている。世界の諸文明の没落期を研究したトインビーの言葉でいえば「道徳的に次々と敗北をつづけているという意識の受動的な表現は漂流の感覚である。根こそぎにされた魂は、自己のおかれた環境を支配することに失敗したという感じによって深い挫折感をいだく。人間の魂は、その魂をも含めたこの宇宙は、背理にみちた打克ちがたい力の意のままになっていると信ずるようになる。」

アノミイというのはもともと「法則のない状態」を意味するギリシア語から来たものといわれるが、この語を近代の社会学の中によみがえらせたデュルケームによれば「人間行動を有効に支配する共同の価値もしくは道徳の実質が失われた社会状態」がアノミイにほかならない。いわゆる信条体系の一般的喪失状態であるが、それがいわゆる危機意識の母胎でもある。それはあたかも正常な血液循環が阻害された場合のように、全生理体系の存在感覚を不安におとし入れる。狂気になるものもあり、女性の不妊の原因ともなり、また異様なマス・ヒステリアをひきおこすこともあるといわれる。大小のいかがわしい予言者が登場するのも、また真に偉大な宗教的天才が生れるのもそのような時代のことである。ソクラテスの生れたのは古代的ポリス国家が衰運に向う時代であり、孔子の時代はまさに古代周王制が崩壊し、春秋戦国の動乱があらゆる信条体系を紛乱せしめた時代であった。ときとして『神皇正統記』に類推されることもあるダンテの『神曲』は、前者よりほぼ二十年前に作られているが、親房とダンテのおかれた人間的環境は、大まかにいってかなり共通の意味あいさえもっていた。

親房が『神皇正統記』を書いた延元四年（一三三九）がいわゆる南北朝動乱の時代であったことはいうまでもない。そしてこの南北朝時代こそ、まさに日本古代史と中世史の境界にあって、決定的な意味をもつ一時期であったことはほぼ歴史学上の通説である。この内乱の結果を政治史的にいえばそれは「天皇以下公家・社寺等が一体となってつくりあげていた王朝権力は全く没落し去った」（永原慶二）という意味をもっており、それにつづいて「弱体ではあるが封建的主権とよぶにふさわしい室町幕府が成立」（同上）したといわれる画期でもあった。

一般に古代から中世国家への移行は、封建制から資本制へのそれに比べてはるかに緩慢・長期の過程をたどるものとされるが、我国におけるそれも凡そ源平の争乱に始り、二世紀以上にわたる経過をたどっている。政治史的にいえば古代末期の摂関政治・院政期から鎌倉幕府の成立、北条氏の執権政治、元弘の乱と建武中興、南北朝時代等がそれぞれの段階を示す指標となるが、それはまさしく古代社会の大崩壊期であり、前にいったアノミックな諸現象にみたされた時代でもあった。

『神皇正統記』や『太平記』にややおくれて書かれた同じ南北朝期の『梅松論』に、元弘の乱の状況を記して「公家と武家水火の争にて元弘三年も暮にけれ」という印象的な表現があるが、それは「公家」（=古代）と「武家」（=中世）とが対峙し、なお形勢は逆睹しがたいという時代の横顔を的確にとらえた名句でもあった。そしてこの「水火の争」の発端から終末にいたるながい時間の経過の中で、日本人の感じた不安とアノミイの様相をこれまた眼に見るように描き出したものとしては、恐らく『建武年間記』に記載された二条河原落書はもっともよく知られたものであろう。「この頃都にはやるもの、夜討・強盗・謀綸旨《にせ》」に始る有名なこの落書は、たまたま建武元年（一三三四）における世相を政治・社会・芸能・犯罪・住宅事情・性風俗・衣裳風俗にいたるまで痛烈巧妙に諷刺したものではあるが、たんにその年に限らず、この時代の前後にかけて日本人の感じつづけてきたものの集約的表現であったといえよう。

斎藤清衛の『南北朝時代文学通史』は同じ建武元年の条において「わが国史を顧みるに、いずれの時代においても、よくこの数年来のごとく、庶民精神は大動揺の生じた記録があるであろうか……破壊と因襲、急進と保守、利己と愛他、暴力と妄従等——あらゆる矛盾が対立の姿のままに打ち合い、両立の姿で闘い合っている」と述べているが、そうしたアノミックな状況の具体的展開に先立って、時代がある巨大な断絶にさしかかろうとしていることを予感したものが、古代末期に始るいわゆる末法思想とよばれる思想と心情である。それは、古代社会終末の時期においてかなり広範に日本人の心に浸透した歴史感覚の通奏低音というべきものであった。

末法到来の思想を前駆的にあらわしたものとして、平安中期以降に貴族階級と庶民層とにひとしく広がった浄土教の受容がある。空也と源信（恵心）の唱えた浄土教は、もともと「王法仏法相即」を根本理念とした古代国家の仏教とは位相をことにし、もはや王法（＝古代王朝）を擁護する「鎮護国家」の理想とはかかわりなく、人間個人の救済を説く教えにかわろうとしていた。いわばそこではじめて日本の仏教は、政治（＝国家）との緊密な古代的一体性から離れ、王法と政治の世界を「穢土」として「厭離」する立場に移行し始めたわけである。いわば古代的な信条体系からの離陸の意識がそこに生れていた。

源信のこの新しい易行門の信仰様式は、あたかも藤原道長の時代に流布し始めたが（道長もまた源信の名著『往生要集』（九八五）を書写し、晩年には自らも唱名念仏の人となった）、その時代はあたかも藤原氏の摂関政治がその絶頂からようやく頽落に向おうとする時期でもあった。浄土の教説を受容しやすくした中小公家層の没落という事態もまたひろくその姿をあらわしていたわけである。

そうした古代王朝の行きづまりの意識はすでに源信がその『霊山院釈迦堂毎日作法』（一〇〇七）において、仏滅後「日本寛弘四年丁未を終るまで一千九百六十三年、或はまた……一千九百九十年なりと、云々」として指摘した末法到来の意識と結びつかないではいなかった。摂関制から院政末期にかけての公卿の日記や記録の中に、「末法到来」の意識を反映した記事がおびただしく見られるのはそのしるしであり、『扶桑略記』などによれば永承七年（一〇五二）の条に「今年、始めて末法に入る」ことを明記している。そして、そのような末法意識をいわば歴史哲学というべきものに結晶化した最初の著作が慈円の『愚管抄』（一二二〇）であり、それが「貴族文化がみずからの手で行った総決算の書……いわゆる国風文化を締めくくる古典」（永原慶二）とよばれるのは、古代国家の終末観が末法到来の年とされていた永承七年以降、凡そ二百年をへて、ようやく文体化されたことを意味している。

『神皇正統記』はその『愚管抄』からさらに凡そ百二十年を後れて書かれているが、いずれも日本における中世歴史書中の名著とされるものである。それはその歴史記述がそれぞれ一定の歴史哲学にうらづけられて展開されており、しかもそれ以前の歴史書（『古事記』や「六国史」）には見られないまさに中世的というべき形而上学と情念をたたえている点に共通の特色が認められるからである。

3

親房の『神皇正統記』が今もなお一定の魅力をもつのは、何よりもまずその文体の明晰さである。それが戦陣籠城の最中に、しかも「わずかに最略の皇代記を尋ね得て、彼の篇目に任せて粗子細を勒し畢る」とあるように、ほとんど参考書もなしにこの一篇の傑作が著述されたとすれば、それだけでもすでに驚くに値いすることである（ただし必ずしもそうでないという見解もある）。もとよりそれは親房の文才によるものというほかないが、その文章の明晰さは、たんに文章の上手というだけでなく、彼の知識と意志の明晰さにもとづくという印象がどうしてもともなっている。

『保建大記』の著者栗山潜鋒はかつて親房の著作を評して「予はじめ職原〔抄〕を読み、その才の大を知る、然れども以てこれ特才のみとなす。才あれば則ち能くすべきなり。また正統記を読む。（略）既にしてまた以てこれ特識のみとなす。あに有識者みな及ぶべからずというを得んや」と述べたのち、親房の書簡文「関城書」を読むにいたって「これを読むごとに往往尽然として涙の流落つるを知らざるなり……予ここにおいてその才は則ち真にその才、その識は則ち真にその識にして、後世の才識者の及ぶところに非ざるを知る」（「読関城書」）と無条件に讃歎の声を放っている。それは若年気鋭の潜鋒が親房の学才と見識にはなおとくに畏敬すべきものを認めないとしながらも、その「万死を踏みて益〻固く、その慷慨凜烈敵愾の志、百死にのぞんで屈せず」という壮烈な実践力において感歎を惜しまなかったというものである。

この「関城書」は現在ではほぼ偽書とされている問題の書であるが、潜鋒もその編修に従事した『大日本史』がその全文を収載しているほか、頼山陽の『日本政記』にもその抄録があり、一般に当時は偽書の疑いはもたれていなかったようである。そしてこれを親房の真書とみなした人々は、いずれも潜鋒と同じようにその鮮烈な気魄に感動し、親房の真髄ここにありとしたわけである。

しかしもとより「関城書」がここでは問題ではない。前に『神皇正統記』をつらぬく知識と意志の「明晰さ」ということを言ったが、その印象をもっともわかりやすく説明する具体的素材として引きあいに出したにすぎない。事実またこの文書にあらわれている親房（？）の意志の明晰さは、その真偽にかかわりなくたとえば私などの心をもうたないではいない。もしこれを偽書としても、その偽作者の筆にのりうつった親房像のみごとさをどのように考えるかは、私の学力では批判の限りではない。

親房のその明晰さを養ったものとしてふつうに考えられるのは、やはりその和漢の学と仏典の知識の総合にほかならない。それは当時の貴族層に共通の教養目録ではあったが、ただ親房の場合には他とことなる幾つかの要因が考えられる。一つは彼の儒学が当時もっとも新しい宋学の流れに影響されたものであったこと、その国風の学が度会（伊勢）神道とよばれるこれまた新しく形成された神学に浸透されたものであったことである。

親房の宋学についてもっともよく引用されるのは、室町時代に入っての関白一条兼良が『尺素往来』において「近代独清軒玄恵法師、宋朝濂洛の義を正となす。講席を朝廷に開いて以来、程朱二公の新釈肝心となすべく候なり」と記したにつづけて、「資治通鑑、人々これを伝受す。とくに北畠入道准后蘊奥を得らる、云々」と記した部分である。わが国の学問史に濂洛の学（＝程朱学）をもっとも早く伝えたのがこの玄恵とされるが、彼が朝廷において講筵を開いた模様について、好学の花園天皇が次のように記述しているのもまたよく知られている。

「今夜、〔日野〕資朝、〔小野〕公時ら、御堂殿上局において論語を談ず。僧ら済々これに交る。朕ひそかに立ちてこれを聞く。玄恵僧都義、誠に道に達するか。自余も又みな義勢を談ずるに、悉く理致に叶う。」（『花園天皇宸記』元応元年〔一三一九〕閏七月二十二日）

またその二年後の宸記にも「凡そ近日の朝臣、多く儒教を以て身を立つるは、もっとも然るべし。政道中興の因、またここによるか」（元亨元年七月十九日）とあり、さらに「その意仏教に渉り、その詞禅家に似るは近日禁裡の風なり。即ちこれ宋朝の義なり。或は取るべからざるの事あるも、大体においてその謂れなきに非ざるなり。凡そ近代儒風衰微し、ただ文華風月を以て先となし、その実を知らず。文の弊、質を以てこれを救うべし。然れば近日禁裡この義あるか。尤も然るべき事なり。ただ仏教に渉るはなお然るべからざらんか」（元亨二年七月二十七日）とも記されている。後醍醐天皇の宮廷における宋学の風靡と、それと結びついた改革（＝討幕）機運の醸成とがそこにまざまざと浮んでいる。

このような記録から知られることは、後醍醐周辺の朝臣たちが、宋学の新註によって儒学の新しい精神に影響され、さらに『資治通鑑』などを通して新しい歴史学の刺激をうけとめ始めていたということである。そして、親房はそのいわば学問のヌーヴェル・ヴァーグというべきものをもっとも鋭敏・周密に受けいれた政治・思想家であったということである。

この宋学の有力な衝撃によって親房は古代的知識と神学の枠をこえるような「明断」に到達しえたのではないかと私は考える。一般にかれの『神皇正統記』がそれ以前の政治倫理学の古代的水準を脱し、後世のいわゆる「大義名分論」の先蹤とさえなりえたのは、彼の思想がたとえばそのよき対照として引合いに出される『愚管抄』の仏教的宿命論とはことなった次元に進入していたからであるとされる。そしてその契機は、彼に影響を与えた宋学の立場そのものが、いわゆる漢魏の古註を脱して、理知的に構成された世界像（＝理気二元論）にもとづき、人間の認識と実践に超越的な根拠を与えるとともに、歴史的存在としての人間をも批判的にとらえる新たに普遍的な歴史哲学を形成したからである。簡単にいえばそれは古代的教説としての儒教をより合理的哲学的に再構成したものであり、それ故に「新儒教」ともよばれるものであった（それはまた中国史における古代の終焉、中世の開始の時期と見あうものでもあった）。

その理論がいわゆる「禁裡風」に染った当時の知識人に与えた影響は、近世江戸時代の朱子学者のイメージから考えるとかなり異様なものであった。『太平記』には後醍醐朝廷における「無礼講」の物語を伝えているが、それはまた『花園天皇宸記』に「近日の風体、理学を以て先となし、礼儀に拘らざる間、頗る隠士放游の風あり。朝臣に於ては然るべからざらんか。これすなわち近日の弊なり」、もしくは「また頃年一群の学徒あり。僅かに聖人の一言を聞き、胸臆の説を馳せ、云々」とあるように、当時程朱の学を学ぶものたちは、むしろ主観主義的ないしは主情主義的傾向をさえ示したと考えられる。建武中興から吉野時代にかけての南朝廷臣たちの思想と行動が、全体として著しく独断主義的傾向につらぬかれているのも、そのあたりに思想的背景があるのではないかと思われるが、親房の『正統記』の孕む一種冷徹な反動的ドグマの迫力もまた、同じように考えていいかもしれない。

しかし、親房の思想にはなおいぜんとして古代的発想というべきものが残存し、それがたとえば『正統記』にも浸透して、しばしば理論的な不透明さの原因となっているということもよく指摘されることである。それは『正統記』の明晰さということと矛盾するようであるが、そのような矛盾は彼の文体（パトス）の明晰さによって救われているというべき印象である。

親房の思想における古代的なものとは、いうまでもなく彼と伊勢神道との交渉という側面にあらわれたその神国思想のことである。親房の神道研究はその三部作ともいわれる『元々集』『東家秘伝』『二十一社記』に集約されているが、その神道研究の背景には、前述のような宋学の興隆が「案外な波紋となって神道説に摂取せられ、或は神道説を刺激し、或は神道説を培養して、殆ど仏教万能であった従来の思想の海に波立たせた」（中村直勝）という一般の思想史的文脈が考えられる。それ以前の神道教説は、真言系の両部神道、天台系の山王一実神道など、いずれもがいわば仏教の附随物であったのに対し、鎌倉時代の中・末期あたりから、仏教・儒教・道教・陰陽道・五行説などを雑糅せしめながらも、ともかく当時の一般的宗教関心に対応しうるような独立の教義と倫理説を打出そうとする傾向が生れてきた。その結集がいわゆる『神道五部書』と、さらにその内容を大成したとされる度会（＝村松）家行の『類聚神祇本源』（一三二〇）である。

親房が伊勢外宮の禰宜だった家行のこの著述や、同じ家行の『瑚璉集』を筆写したこと、そしてそうした神道研究がその『神皇正統記』の随所にそのあとをとどめていることはすでによく知られているが、それらの神道研究については、親房崇拝において人後に落ちることのない中村直勝博士でさえ、たとえばその『元々集』について「あれほど鋭い頭の冴えを見せた親房公が、元々集の如き晦渋にして幽怪な説を……記述するということは信じられない」と述べているのと同じような、怪訝の念を私なども禁じえない。前に述べた『正統記』の「不透明さ」というのもそれに関連してくる。そしてこの点は、たとえば後代の栗山潜鋒と三宅観瀾の三種神器＝正統説をめぐる論争となり、さらには津田左右吉によって「正統記はこの君主道徳論と神国主義とを〝神は人を安くするを本誓とす〟という観念で調和させているが、神国において如何にして秕政の行われることがあるかということが説明せられていないから、この論理には不徹底なところがある」などといわれた根源もそこにある。加藤周一にいたっては『神皇正統記』を「二流の〝歴史〟、しかし一流の〝デマゴギー〟の書」と呼んでいるが、その先蹤はすでに跡部良顕が「親房もひろく書をば読まれしかども、経理の学にくらき人なれば、天下公共の義理を正すに意なし」とし、その『正統記』を「一身怨怒の私論といふべし」と論じたあたりに溯ることもできる。「一身怨怒の私論」というのが「一流のデマゴギー」につながることはいうまでもあるまい。

すべてこれらの批判は、親房の思想がむしろその「幽怪」な古代的神秘主義においてさえ明晰であったということを示すといえなくはない。いわば透徹した偏見のみごとさというべきものである。やや場違いかもしれないが、私は竹内好のいう「偏見は楽しい。しかし無智は楽しくない」という言葉を思い浮べたりする。偏見のさえは、彼のいだいているあらゆる矛盾を粉砕して透徹しているのである。

4

親房の著述から四世紀をへだてて、白石の『読史余論』はその冒頭を『正統記』の引用から始めている。しかしそれはただ日本古代史上の一画期を提示するきっかけとしただけであり、以下全篇に見られる三十幾ヵ所の原文引用も、その記事と論評に白石が一定の信頼をおいたことを示しているのは間違いないとしても、その神国思想のミスティシズムに白石が共感をよせたということではない。しばしばかなり長文にわたる原文の引用において、記述がやや伊勢神道風の色調をおびる場合にはあっさり省略してある場合が少なくないところから見ても、白石がそのような部分に共感を示さなかったことは判然している。

白石の『余論』は、その自伝『折たく柴の記』を現代史、『藩翰譜』を近代史、『古史通』『古史通或問』を古代史とするならば、まさに中世史に相当するといってよいものである。そして白石は、そのさい『正統記』をもっとも信頼すべき中世史論とみなしたようであるが、それはただそれだけの意味であって、両者の歴史に対する姿勢においては、対照的といってよいほどのちがいがあることは、すでに言い古されていることである。つまり神国思想と南朝正統の証明にその全情熱を傾注した親房に前述のような偏見の魅力があるのに対して、白石の場合には足利義満に関する悪名高い論評にもあらわれているように、公家であれ武家であれ、個々の政治的主権者に対してなんらの情熱をいだくことなく、ただそれらの主権者を共通に拘束する原理を歴史の中にさぐろうとするものであった。この点、『神皇正統記』に見方によっては易姓革命を許容する原理が含まれるとされるのと、微妙に通じあうところもあるが、白石の文章の中には、親房の文章に氾濫する「常に冥の知見をかえりみ、神の本誓をさとり、云々」とか、「冥助のむなしきにあらず」とか、「神の御ちかいたがわずして」とか、「神もちからおよばせ給わぬにや」といった伊勢神道風の用語や発想は認められない。『古史通』に「神とは人なり」の名句を残した白石の史論として、凡そ神怪荒誕の文字があらわれるはずもないのは当然だが、私たちがここで感じとる思考の明晰さは、ほとんど近代歴史家のそれと同じ意味での明晰さである。つまり白石の歴史記述と史論とは『愚管抄』や『神皇正統記』の神秘めいた弁証から全く自由になっているということである。それは「白石は筋が通っているけれど、そのため明快すぎる」（丸山真男）とさえいわれるほどであるが、にもかかわらずその白石が『余論』においてもっとも多く引用しているのが『正統記』であることは、やはり大いに興味をひくところであろう。

ふつうには彼の奉仕した徳川幕府の正統性を歴史的に証拠づけようとしたものといわれるが、とするならばそれはまさしく政治的現実を肯定する理論を説いたものとして、なんら歴史的危機の意識につきうごかされたものとはいえない。初めに述べたように歴史の意識がなんらかの危機を有力な動因として展開するものとするならば、徳川政権が政治的・社会的・イデオロギー的に最も安定していた時代に、しかも将軍家宣の侍講として日本政治史を講じた白石の史論が、徹底的に現実主義的なものであったことはむしろ当然であった。歴史がその場合、終末論的予言の意識や、ロマンティクな復古思想に結びつくということは殆ど考えられない。歴史として南北朝正閏論を論ずる場合にも、白石の立場はいわばニル・アドミラリの立場といってよい。もし白石の歴史にしいて危機の意識を求めようとするなら、「史は実に拠て事を記して世の鑑戒を示すものなり」（『古史通』）という基準にしたがうかぎり、その事実がついに幻怪幽暗の領域に溶けこもうとする神代史において、そこからいかなる

「鑑戒」をも引きだすことができないという人間知識の危機が気づかれるときであろう。いわゆる「神道不測」としてすべて判断を停止するならば、歴史は人間にとってはじめから無意味なものとなるはずだからである。

『古史通』の「凡例」に「凡そこの書、その義鬱していまだ条暢ならず、その事疑いていまだ明弁ならず、云々」という一節があるが、これは白石の合理的実証的精神が究極的に直面せざるをえなかった学問方法論上の危機を予感せしめるものであり、その凡そ一世紀後の本居宣長が「神は理のあたりあたらぬをもて思いはかるべきにあらず、ただその御怒を畏みてひたぶるにいつきまつるべきなり」（『直毘霊』）とした信仰の立場への転位を、微かにではあるが予想せしめるものであったともいえよう。しかしふつうに白石の歴史記述は、ブルトマン風にいうならば歴史的世界を没価値的に観察する「テオリア生れの」歴史と考えられており、「人間的実存がわれわれに課する苦悩」から生れた「パトス生れの」それではないというほかはない。そして時代は、まさに「近世封建社会機構の完成期……幕府政権揺撼のごときは、思いもよらざる時」（中村孝也）であり、儒教・国学・神道・史学のいずれの世界にも未だなんらの危機感もはらまれてはいなかった。

白石の歴史研究の別の側面として『東雅』（言語学）、『本朝軍器考』（兵学）、『武家官位装束考』（有職故実学）、『祭祀考』（宗教学）のほか、地理学、文献学、外交史、書道、音楽等を含めた広範囲な論考があることは周知であるが、それらはいわば統一的な歴史像形成のためというよりも、一般的な考証的研究の範囲に属するものであったということも、体制の安定期における歴史研究の必然的な成りゆきであったといえよう。

5

しかしその後享保・寛政から文化・文政へと時代が進むにつれて、日本知識人の歴史像にはある緊張が生じている。頼山陽の生きた時代は、白石の没後凡そ一世紀のことであるが、その間に日本知識人の思想と学問には「江戸の十八世紀と十九世紀とを区別するあらたな知的世代の到来」(野口武彦)といわれるような転換が生じていた。

すでに幕府の正学として権威づけられていた朱子学は、豪傑荻生徂徠の統率する蘐園学派の猖獗によってひとたびその旗幟の生彩を失い、他方ではまた本居宣長の国学の流伝が民衆的知識人の間に浸透して、幕府の体制支配のイデオロギーを相対化しつつあった。山陽の父春水を黒幕とし、柴野栗山・尾藤二洲・古賀精里の三博士によって主導された「異学の禁」もその大勢を挽回することはできなかった。そのような時代背景のもとに、いわゆる化政期の文化的爛熟(=頽廃)の中から、新しい思想世代が登場してきた。その世代を象徴するような人物として、たとえば山陽より少し年長の寛政の三奇人を考えることもできようが、別に大塩平八郎・生田万らのはばで考えても、あたかも十九世紀への移行とともに、十八世紀の江戸知識人とはことなったタイプが生れてきたことがわかるはずである。再び野口武彦の言葉をかりれば「人々の関心が静的・抽象的な朱子学的思惟から動的・具体的な思考と自己探求へ移った時代であり、陽明学と史学とがあらたに脚光を浴びはじめる時代である。朱子学的普遍主義は、いまや個我の主体性と歴史的個体性への希求のうちに解体する。……経学の世代から歴史の世代へ……『理』の世代から『気』の世代への交替でもあったのである」といわれるような変化である。

もとより十九世紀に入って突然日本知識人の間に歴史への関心があらわれたということではない。ある意味では江戸時代は、もっとも歴史研究と歴史記述がさかえた時代であった。山陽の『日本外史』以前に編修された歴史書をその「引用書目」だけから見ても、水戸の『大日本史』や『烈祖成績』、幕府の『本朝通鑑』のほか、白石の『藩翰譜』『読史余論』、室鳩巣の『駿台雑話』、湯浅常山の『常山紀談』、栗山潜鋒の『保建大記』、三宅観瀾の『中興鑑言』、中井竹山の『逸史』などきりもないが、それらの中で「国民的文学」（徳富蘇峰）の名に値いしえたものはただ一つ『外史』だけであった。しかもそれが漢文で書かれたことを考えると、不思議の感を禁じえない。

山陽の漢文については昔から問題がたえなかった。古く山陽の親友であった古賀穀堂の弟侗庵が、その論賛の部分は「真に金璧なり」と称讃しつつも、叙事の文章は「平衍卑凡、一点の古色なし」と貶し、帆足万里も「僕かつて竹山先生の『逸史』文章未だ工ならざるを恨む。今この書（＝『日本外史』）を読むに『逸史』に下ること数等なり。『逸史』蕪累多しといえども、改定一番せば、なお以て史書の欠を補うべし。頼生の所作、文章鄙陋、和習錯出、加うるに考証疎漏、議論乖僻、真に以て瓶醤を覆うべし。渠これを以て横に重名をうる、真に怪むべし」と完膚なきまでにこきおろしている。歴史書として正確な事実をふまえているか否かという以前に、すでにその漢文文章が「鄙陋」であり、「和習」の乱用甚しく、当時なお徂徠以来の古文辞讃美の風潮が残っていた文章感覚からすれば、箸にも棒にもかからぬものとみなされたわけである。

ここで「和習」といわれるのは、たとえば「公面可レ憎」「長袖者」「欲レ食者先レ器」「九郎之弐舞」「野猪而介者」「胆生レ毛」等々、日本の俚諺俗語を奔放自在に漢文化して用いるのを指しているが、それはすでに山陽生存中から知友たちに問題視されたところでもあった。柴田勝家を俗称のまま「鬼柴田」と記して、その友人にこれでは「幽霊柴田」の意味になると指摘されながらも、あえて改めようとしなかったのは有名な逸話であるが、すべてそれらの「和習」については、山陽は明かにこれを意識した上で、あえて一歩を退かなかったという趣がある。彼はその「伯夷伝書後」において、「凡そ史伝の套語を用い、賦頌の語を用い、議論の語を用い、俗語を用うるは、皆ただ病む。ただ叙言語の処、酌量してこれを用うべし。邦人往々この病を犯して省みず。ただ常藩の史これなし。俗語は漢土の俚言をいう。邦の俗語の如きは、却って直ちに用いて本色を見るに足るものあり。凡そこれ権度精切なるものにあらざればともに語るべからず」と気焔を吐いているが、そのいわゆる「権度精切」の具体的内容がいかなるものか、今これを私は詳細に論じえない。しかし、そこで連想されることの一つは、山陽が「書詩書正文後」において「詩はなお風土記なり、書はなお所謂沙汰書なり。詩は朝野政俗の由るところを見、書は古来の大号令を叙録す、云々」と述べている比較言語史的見地が、荻生徂徠の『訳文筌蹄』にあらわれている見地――「詩は風謡歌曲、典誥（書経）は榜諭告示、春秋は爛朝報、礼は儀註なり」とし、「高深の理を以て此方の語言を解せば、則ち吾儕平常言うところ、また当に堯典三万余言の解あるべし」としたのとあたかも対応していることである。徂徠はそこでいわゆる読み下し（=和訓）によって中国古典に接することを排撃したわけであるが、山陽は逆に日本の俗語を用いて漢文表現を達成しようとしたことになる。

さらに思い浮ぶのは、『愚管抄』の中にあるどこか相似た文章語についての観察である。そこでも俗語の問題が論じられ、「むげに軽々なることば共のおおくて、はたと、むずと、きと、しゃくと、きょとなどいうことのみおおく書きて侍ることは、和語の本体にては是が侍るべきとおぼゆるなり。

訓のよみなれど、心をさしつめて字尺にあらわしたる事は、なお心のひろがぬなり。真名の文字にはすぐれぬことばのむげにただ事なるような言葉こそ、日本国のことばの本体なるべけれ」という箇所などは直ちに「邦の俗語の如きは、却って直ちに用いて本色を見るに足るものあり」という山陽の語を連想せしめるが、「引用書目」に『愚管抄』もまた入っているから、或は山陽の念頭にあったものかもしれない。

しかしそこまで溯らなくとも、山陽が当時の国学者との交友もあり、日本の古典に早くから通じようとしていたことはただ「〔訓詁注疏は〕唐の人がすでにあくほどなしてきたり。且僕むかしより骨おりたることは和史を覚ゆる一事なり、云々」という二十二歳の頃の手紙からも明かであり、「書日本紀万葉集後」「書令義解解後」など、幾つかの書後題跋の文章からも十分に察知しうる。思うに山陽は、言語表現と思想表現における機微の関係を早熟に直観した天才の一人とみてよいが、これは恐らく後の吉田松陰の文学能力にも連なるものであったと思われる。松陰の書翰文における和文の巧妙と達意は有名であるが、山陽のそれもなかなかのものであったことも思いあわせられる。

すべてこれらの山陽風は、かんたんにいえば享保期以降、蘐園に始った才能主義、その反面としての偽君子ぶりの軽蔑の余波の中に形成されたものといえるかと思うが、それだけに旧世代の文人学者からの反撥は激しかった。山陽はまさに当代の学界における不良少年であり、あの温厚怜悧な広瀬淡窓によって「予が眼中にはこの人より才あるはなしと覚ゆ」とされながらも、「子成は才を恃みて傲慢なり。貪って礼なし。故に少年の時、その国に容れらるること能わずして出亡せり、云々」と評定されざるをえなかったのもそのためであった。

しかし山陽の本色は、たんにその処世態度と文章の才気縦横という表面だけに限られるものではなかった。当代の人々が山陽に疑惑をいだく根本のものは、その史論の底に一種奔放な異端のリズムを感じとったからではないかと思われる。『外史』の「例言」に「蓋しこの間、宇宙未だ曽て有らざるの国勢あり。これを叙する、まさに宇宙未だ曽て有らざるの文体を用うべし」という一句があるが、山陽のめざしたものがそのような「文体」であったとすれば、そこには意外な結果が生れるかもしれなかった。彼の友篠崎小竹が「道理を論ぜず、但だ勢を制するを論ず、孔孟の旨に非ざるなり」といったのは当然であろうが、歴史における理と気の二元を論じようとする姿勢はもともと山陽にはなかったといえよう。

山陽の歴史はかんたんにいえば「勢」の歴史であり、決して「理」の歴史ではなかった。というのは彼の場合、歴史の底に流れる主動力は「他人がいろいろ科学的歴史の見地からして、これを批難するも、(略)歴史には理性に訴える科学的歴史があり、感情に訴うる芸術的もしくは文学的歴史がある。山陽の歴史は前者に非ずして、後者である」(徳富蘇峰)といわれるように、起伏してうねりやまぬ「勢」であり、その「勢」の根源としての「気」であった。「気」の運動の加速度が「勢」にほかならないが、彼はいたるところにこの「勢」の流露を見出している。たとえばその「論賛」において、「天下の分合、治乱、安危する所以の者は勢なり。勢なるものは漸を以て変じ、漸を以て成る。人力の能くなす所に非ず、而してその将に変ぜんとして未だ成らざるに及びては、因りて之を制為するは則ち人に在り。人、勢に違うこと能わず、而して勢もまた或は人に由りて成る。苟めにも諉して是れ勢なりと曰いて肯て之が謀をなさず。之が謀をなして其の勢に因らざるは、皆な勢を知らざる者なり」という。ここには勢をこえて作為する人間の可能性は認められるが、「勢」そのものがそれによって左右されるのではない。「制為」というのは、その「将に変ぜんとして未だ成らざる」場合にのみその力を発揮する。しかもその成るや、「勢」はついに「勢」であることをかえない。人為によって良くしうるものではないということになる。

この「勢」の直観が彼にもたらしたものは一つには、その叙事の文において脈絡があり、平明のうちに精彩があることである。二つには、彼がその描くところにおいて一篇の詩史を現出し、畢竟ついにそれ以外のものを達成しなかったということである。三つにはその叙事が簡潔であり、人格の布置構造が要を得、処を得て記されていることである。『日本外史』を通読して感じられるところはそれ以外に多くでないが、結果としてその「勢」を描くに巧みであり、人々の雄出奇没を印象づける全篇の流れは、いささかも矯めたり狂ったりはしていない。

黄遵憲《こうじゅんけん》が日本へ来たころ、日本の漢文作者として「物茂卿《ぶつもけい》の徂徠集、頼子成の山陽文詩はわが国の人でその名を知らぬものもいない」と語ったことや、何如章《かじょしょう》が「山陽の史筆はきわめて生気があり、議論もすぐれている」と論じたことは、『日本雑事詩』や『黄遵憲与日本友人筆談遺稿』で知ることができる。一体に山陽の史筆はその意味でもかなり広い伝達力をもっていた。区々たる「和習」を以てその文章を論ずべきものではなかったようである。

（一九七六年七月）

II

テロリズムと政治

ドイツの政治学者カール・シュミットは、政治の本質を規定して、何人が殺戮すべき敵であるかを区別する決断の行為であるとしている。彼は、戦争や革命という異常事態に含まれるものの分析を通して、政治一般に内在するそのような極限的本質をとり出したわけであるが、そのような見方からすれば、政治的テロリズム――その極端な形態として政治的暗殺もまた、深く政治の本質に関連した事態であることが容易に推定されるはずである。否、むしろ暗殺という政治的行動は、政治が政治的なるものの最後の一片を消失する限界的事態であるという意味において、その政治社会の全体としての構造や体質までをも明らかにするような要素であると考えられるであろう。

暗殺者の思想的背景については他の論者にゆだねるとして、ここでは暗殺が政治過程の展開にとっていかなる作用をもつかということを、簡単に考えてみることにしたい。

暗殺が政治的効果をもつということは、きわめて特殊な意味においてしかいわれえない。それは、その他の手段による政治敵の制圧とは異なり、衝撃の対象は特定の個人であり、政治的暴力としての作用範囲は客観的には極小である。したがってその政治的効果は、一個の政治敵の肉体的抹殺という客観的事実とは異なる次元においてのみ、考えられる。いいかえれば、それは特定個人を現実に殺すということを通して、不特定多数の政治敵に対する「心理的効果」「行為による宣伝」の効果を発揮するわけである。「テロ行為は……暗殺と同様に、宣伝が最大の目標であり、目に見える行為は最大の心理的効果が生ずるような時期に行なわれている」というラスウェルの言葉にも示されるように、それはもっぱら人間の恐怖心という、もっとも基底的な感情へのアピールを目的とするのである。その場合、テロの恐怖が生まれるのは、暗殺された人間と自己との連帯感情が前提となっており、殺されたものと自己とのシンボリカルな同一視が心理的基盤となっている。逆にいえば、テロ行為は、ある一つの政治集団の象徴とみなされる人間をその目標とするわけである。いわばある政治的中心人物の暗殺によって、その政治集団を構成する個々の人間は、その数だけの暗殺者の幻影を自己の前に見いだすことになる。それが極端な場合には、一挙に心理的パニックを生じ、その集団は機能を失うということにもなる。ナチズムの場合、S・SやS・Aというテロ集団の恐怖によって、労働組合その他の自由な市民集団の解体が促進されたことはその著しい例であった。こうして、テロリズムはその政治的効果をたしかにもったし、現にまたもっている。日本の政治史においても、たとえば幕末の佐幕・反幕両勢力の行なったテロリズムは有名であるし、その政治過程におよぼした作用を無視することはできない。

しかし、その半面テロリズムの政治的無効が歴史的にも、理論的にも実証されていることは厳然たる事実である。たとえばロシアにおけるツァールへのテロリズムは、その政治史的意味はともかく、実際にその遂行者であったものは没落郷士層のロマンチックな子弟か、アナーキストの勢力であった。彼らは、革命を実現する力はもたなかった。マルクス＝レーニン主義が個人的テロリズムの無効性を強調していることは周知のことがらであり、現実にも一欧米学者の研究では、史上の著名な暗殺のうち、右翼テロリストによるもの三五四件に対し、左翼のそれはわずか二二件とされているのである。わが国においてもテロリズムが有意味な政治的手段でありえたのは明治十年ころまでであり、それ以後においては、ともあれ立憲政治のワク内での闘争に切り替えられたのである。

こうして、問題は、本来的に心理的パニックをねらい、それによって政治敵の統一機能を破壊することを目的とする手段として、テロリズムがきわめて不安定な、しかも限定された局面でしか有効でありえないにもかかわらず、なぜそれがしばしば有効さの幻影のもとに突発するか、ということである。それは現代においては、パニックよりも、むしろテロに対抗する士気の鼓舞をもたらすであろう。テロリストの心理的動機に内在する疎外と孤立の感情をより深めるであろう。そして、目的と手段の分裂はより強められ、テロという手段のみが悪無限的に繰り返されるという結果が生じるであろう。にもかかわらず、テロはなぜあとをたたないか、という問題になると、そこに前に述べた政治社会の構造ないし体質という問題があらわれてくる。いいかえれば、テロに対するあこがれのごときものがその政治社会の内部にどれほど含まれているかということである。

この問題はかなりむずかしい問題である。はじめに述べたように、テロリズムはある意味では政治的行動の極限形態であり、ほとんど政治的行動とはいいえない限界点の事態である。それはある悪しき政治構造が必然的にもたらす事態であるといえると同時に、まったくそれとはかかわりない行動であるという面をもっている。テロを根絶する制度が保障を見いだすことは自殺を根絶するのと同じくらいに困難であるといってよい。歴史が総体としてテロリズムの無効を明らかにしてゆく方向をとっていることは間違いないが、その過程において、山口二矢のような突然の祖先返りがおこることも、また予想し、警戒されねばならないことがらである。

（一九六〇年十月）

テロリズム信仰の精神史

1

　テロリストは、とくに日本の右翼テロリストは、その死生観において、ある伝統的な信仰につらぬかれていた。それは、かんたんにいえば、己の死後の生命の永続に関する楽天的な信念であり、護国の英霊として祭られることへの自愛的な帰依であった。そして、まさにそれを保障したものこそ、日本の国家神道と天皇信仰とにほかならなかった。いまその保障なしに右翼的テロを敢行することは、二重の悲劇というほかはない。要するに、かつて超国家主義形成の基本的装置として機能した神国理念と天皇信仰の復活なしには、殉国のテロリズムはそのもっとも深い信仰的基礎を与えられないのであり、たんなる殺人行為としか認められないのである。もし、然らずとすればそれは現代日本の国家原理そのものの破壊であり、日本人の精神生活における原理的潰乱となるはずである。

　そのような観点から、私は、日本の右翼思想といわれるもののうち、とくにテロリズム信仰の底にある固有の霊魂観の政治的作用を追求し、それが現在の日本の運命に対して、いかなる意味を有するかを探ってみたい。とくにその場合、前の戦争が日本人固有の死生観に対して、いかなる変化を及ぼしたか、そして、それが戦後社会のカルチュアにいかにひきつがれたかを問題としてみたい。それは、われわれが己自身の内面にふかくひそむ潜在的な諸傾向を知り、戦争と戦後の歴史をとおしてわれわれの学びとったものを確かめる手つづきの一つでもある。いかなる議論も行動も、己自身を知ることなしには有効でないことはいうまでもないからである。

日本の固有信仰の中には、もともと基本的人権の思想は存在しない。それはアニミスティクな自然宗教においては一般に共通した事情ではないかと思われるが、その事情をもっとも端的に示すものが、国学において「幽顕思想」とよばれるものであろう。

あらゆる人間は、いかに未開の段階においても、生と死の問題、此岸と彼岸の問題についての一定の解決方式をもっている。それはその民族のカルチュア一般に浸透して固有の信仰形態を発展せしめるわけだが、わが国の固有信仰では、霊界と現世の交渉に関して、一種特有の解釈が与えられている。そして、それは、広範に民衆の生活慣習の中に融け入っているために、理知的には拒否されながらも、いまもなおその生活機能を果たしていると思われる。いわば基本的人権の不在を前提とする生活慣習は、決していまも失われていないということである。

本居宣長によれば、固有信仰における幽事《かみごと》と顕事《あらわしごと》の差別は、大国主命と皇孫尊の約束にもとづくとされている。すなわち、前者が神々の仕わざを司どり、後者が人間界の事柄を管理するという定めがあるというのだが、その場合、次のような説明が加えられている。

「さて世中の事は、みな神の御はからいによることなれば、顕事とても、畢竟は幽事の外ならねども、なお差別あることにて、其差別は譬えば、神は人にて、幽事は人のはたらくが如く、世中の人は人形にて、顕事は、其人形の首手足など有て、はたらくが如し。かくてその人形の色々とはたらくも、実は是も人のつかうによることなれども、人形のはたらくところは、つかう人とは別にして、その首手足など有て、それがよくはたらけばこそ、人形のしるしはあることなれ。首手足もなく、はたらくところなくては、何をか人形のしるしとはせん。此差別をわきまえて、顕事のつとめも、なくてはかなわぬ事をさとるべし。」(『玉くしげ』)

この考えによれば、人間は死してはじめて独立の主体として行動しうるのであり、生きている間は神々のロボットにほかならない、ということになる。しかもそのロボットはロボットらしく行動(?)することをつとめなくてはならない、というのである。そこにはもとより生きている個人の人権も、したがって責任も成り立たない。ただ、幽事の世界——霊魂共同体に帰属することによってのみ、はじめてロボットでなく、人間となるという思想である。

この思想は、一見そう見えるほど非現実的なものではない。たとえばルース・ベネディクトが日本文化を論じて、その「恥の文化」性を強調した場合にも、それは一定の論理的操作を行なうならば、宣長のいうところに一致してくるはずである。たとえば、ロボットはもちろん「罪」と「責任」を感じることはない。しかし、宣長のいう意味で、それぞれのつとめをもつロボット相互の間にはいかなる行動準則が生じうるかを問えば、それはまさに「恥」とか「義理」とか「世間体」とかの日本的共同体規制とよばれるものにほかならないはずである。要するにそこには、神々の権利——具体的には「祖霊の力の融合」(柳田国男)としての「家」の権利はあっても、人間の権利は存在しないという伝統的神学が認められるはずである。

日本人は人命を尊重しない、といわれる。しかし、それは決して野獣的な粗暴ということではなく、かえって逆に、日本人が子供を可愛がる(甘やかす)ことはよく知られている。しかもまた、日本人が死の道づれに子供を引き入れる残虐さも不思議なことのように見られている。そのような矛盾となぞは他の生活局面においても少なくないのだが、その根底にある習俗としての神学の核心は、たとえば宣長の説明によって解かれているといえよう。

このような固有の神学思想は、一定の条件のもとでは、容易にいわゆる人権の抹殺をひきおこし、しかもそこに責任や罪を感じることのない心性をつくり出す。右翼テロリストにおいて「一殺多生」という仏典的発想が結びつくのも、そのような固有の死生観念を媒介とすると考えてよいと私は思う。「汝殺すなかれ」という人格神の絶対的戒律が与えられていない場合、そこには、いかなる残虐も本来的な生命への責任感をよびおこすことはないからである。

しかし、そのような惟神の人権不在の状態が、そのまま政治的テロリズムの源泉となるというのではない。思想史的にいえば、それがとりわけ政治的テロリズムを正当化するにいたったのは、幕末の社会的矛盾の激化から生まれた排外主義的変質の結果であったといえよう。宣長から篤胤にいたる復古神道の変化はそれを物語っているが、その過程で、現代の右翼にまであとをひく種々の発想や用語法、行動様式が形成されたとみてよいであろう。そこでは本来は祖霊信仰の粗樸・温醇な形態であったものが、極度の攻撃性と排外性をおびるにいたった。その過程のくわしいあとづけはここでの主題ではないが、そのような変質の一つの典型として、現代テロリズムの祖型ともいうべき事件をかんたんに見ることにしよう。明治九年、熊本におこった神風連の行動がそれである。

神風連の思想は正統的な国学の流れを汲んでおり、敬神党の称からもわかるように、不平士族の反乱というより、むしろ純粋な神道信仰にもとづく行動であったと考えられる。かれらが、自己の霊の働きということについて、後述の平田篤胤と同じような信仰をいだいていたことは、その遺文・和歌などからうかがうことができるし、さらにその蹶起の時期といい、敗戦後の自殺の可否といい、すべて神慮をたずねて決定したというあたり、彼らの固有信仰の姿を物語っている。その場合も、かれらの死生観が平田派国学的な幽顕思想にいろどられていることと、それがかれらの殺人のエネルギーを媒介していることは理解に困難ではない。

しかし、そのような思想は、のちにかえって明治政府にとりあげられ、その靖国神社の信仰に体系化されたと見ることができる。前者においては、その思想は神意による殺人の根拠となり、後者では、それは同じものによる正統的殺人の承認となる。いずれの場合にも、人間は顕の、もしくは幽冥の神のロボットであることにかわりなく、そこに人間の責任は神々の手に委ねられてかえりみられない。神風連の発想がその後久しく日本の右翼に継承され、その和歌の作風などがたとえば山口二矢あたりにまで作用していることは偶然ではない。

敗戦直後、大東塾生十四人が代々木で自刃した事件があるが、その場合に抱懐された死生観のごときも、ほとんど正確に国学的幽顕思想をひきついでおり、非常事態に処するため、幽冥の神々への復奏《かえりごと》のためにことは行なわれている。そこでも、すべては「神意の遵奉にして、人意の執行たるべからず」という思想にしたがい、自刃の決意と行事とが行なわれたのであるが、かれらの行動は、一面において「今次聖戦の遂行を回顧する場合玉鉾の発動は完く逆であり」、その理由は「即ち聖戦の目的不明なるによる」という悲劇的批判を含んでいたという点において、一般の戦死者と同様に見なしうるものであった。

2

一般に人間のエネルギーが最高度に発揮されるのは政治的闘争においてである。つまり、カール・シュミットのいう意味で、存在そのものの抹殺を究極の目的とする政治的敵対——戦争において、人間はまさに生死を賭した力をあらわす。その場合、そのエネルギーの噴出をもっとも有効に保証するものが死に対する覚悟の徹底であることはいうまでもないであろう。

しかし、その場合、そのような準備（覚悟）を調達するものは、その社会の支配的なイデオロギー、とくに固有の信仰であることはいうまでもない以上、われわれの場合も、そのように信仰に含まれる死生観は、当然戦争の中でもっとも鮮明にあらわれるといえよう。

戦争中、日本人を死に追いつめ、もしくは死に直進せしめた信仰はいかなるものであったろうか？われわれは、一般的にはその原理をよく知っている。「天皇陛下万歳！」「大日本帝国万歳！」という叫びにこめられた献身と帰一の原理がそれであったことは、誰でもが知っている。しかし、幾十万の兵士たちがその同じ叫びを叫びながら斃れたといわれることは、すなわち、彼らがその死を承認し、光栄とする信仰を告白したものにほかならなかったのかといえば、そこにはもう少し深く考えておくべき問題がある。

たとえば、時代をさかのぼって、日清戦争期の日本青年の「信仰」の透明さに対照するとき、われわれは、あの大戦期における日本人の心理の混沌としたくらさに気づかないではいられない。ラフカディオ・ハーンの記録した教え子の一日本青年との対話——

「君は学校で天皇陛下の為に死にたいといったことがありましたね。」

「ハイ」と笑いながら彼は答えた。「そして其機会が来たのです。（略）戦争で死ぬのは名誉です。戦死者の家族は政府で世話して呉れます。（略）ただ——子息がなくって死ぬのは一番悲しむべきです。」

「子供があったって死者には何の役にも立つまいじゃないか。」

「子供があれば後を継ぎます。家名を保存します。そして供養を致します。」

「死者への供養ですか。」

「そうです。」

「事実は分ったが、感情が僕には分らない。軍人は皆、今でもこんな信念を持っていますか。」

「有っていますとも。」

「君はほんとに死を生と同様に、又光と同様に考えますか。」

「そうですとも。」微笑しながら答えた。

「我々は死後も家族と一緒に居ると思います。両親や友達にも逢うでしょう。即ち此世に遺って居るでしょう。――今と同様に光を見ながら。」（ハーン「叶へる願」）


ハーンの記録したこの青年の信仰が、果たして日清戦争当時一般にいだかれたものかどうかは問題かもしれない。しかし、それは一般の日本人の心情が、その個々の苦悩や疑惑にもかかわらず、最終的に収斂すべき信仰の定型として与えられたものであったことは間違いないであろう。ただ、それほど純粋な形で語られることが少なかったというまでであろう。

ここに述べられた死生観は、本質的に日本の固有信仰を正確に伝えている。たとえば、死後もまた現世にとどまるという霊魂観は、封建期の国学者によって次のように説かれたものと同じである。

「……人の死て、その魂の行方は何処ぞと云うに、とことわにこの国土に居ること、古伝の趣と、今の現の事実とを考えわたして、明かに知らる……そもそもその冥府〔＝霊界〕と云うは、この顕国〔＝現世〕をおきて別に一処あるにもあらず、直にこの顕国の内いずこにも有なれども、幽冥にして、現世とは隔り見えず、云々」（『霊能真柱』下）

平田篤胤の霊界＝現世合一の主張は、師宣長の説くところと異なっているが、むしろ日本の民俗的信仰において、篤胤の所説の方が正しかったといえよう。柳田国男は日本における神々の現世的・公共的な役割の特異性を説いたのち「斯ういうことが果して我々の霊の、死してなお永遠に此邦に安住する姿を信ぜず、それが一団の清い力に融合して、未来に光被するということを信じない者に、為し得られることでありましょうか」（『神道と民俗学』）と力をこめて述べている。しかし、ここではそのような固有信仰の姿が、日清戦争時代の一青年の言葉に鮮かに映じていることを見るだけでよい。

ところで、前の大戦において、われわれの同胞はどのような信仰によって自らの死を（そしてその逆に敵の殺戮を）正当化したであろうか。われわれは、まずそこに、上記青年の場合よりも多くの個人的苦悶と信仰の混乱があることを認めざるをえないし、ついで、にもかかわらず、伝統的な幽顕思想にみちびかれて、祖国への霊的な帰還と定住の信条が保たれていることを見るであろう。

たとえば『世紀の遺書』（巣鴨遺書編纂会編）に収められた戦犯処刑者七百人の遺書・遺稿をつらぬいているものも、もはや決して「死を見ること帰するが如き」国家宗教への帰依ではなかった。『きけわだつみのこえ』の場合もそれは同様である。いわば全体としてそれらの死者たちは、たとえば上記の明治青年の場合のような、純粋な信仰をいだいてはいなかった。かれらはその死の後に、みずからの霊魂の祭祀について、決して公共と国家とに信依することはできないと感じていたのである。このことは、日本超国家主義の破綻をいわば霊魂の位相において示す事柄であり、より端的にいえば、日本の超国家主義の展開にあれほど有効であった「靖国神社政策」の破綻をも意味していた。そして、そのことが、実は戦争ののちの時代相と、そこから生まれてくるテロリズムの倒錯をも暗示しているのである。

「靖国神社政策」については、幸いに神島二郎のすぐれた解明が与えられている。かれは上に引用したハーンの記述を説明しながら、次のようにいう。

「まことに、青年の言葉には、〈家〉意識のすべての特徴が見出される。子孫の追慕、家名の保持、供養の永続、死後の共生、どれひとつとして〈家〉意識のあらわれでないものはない。ただ違うのは、（略）記念碑の建設や国民の崇敬を信じて〈天皇陛下の御為に死にたい〉といっている点である。（略）その論理は、あたかも〈家〉に奉仕した先祖の霊魂が〈家〉の祭祀によって永く保持されるとともにその子孫を守護すると同様、〈国〉に殉じた人々の霊魂は国民の礼拝をえて永久生命を獲得するとともにその〈国〉を永遠に防護するということであった。こうして、日本人古来の信条と念願とが継承されることになったが、それは、けっしてかれだけにとどまらず、他の青年たちも同様だったから、天地は崩れ山川は裂けても動かぬ御代を防護することが、かれらの使命とされ〈護国の鬼〉となることは、かれらを誘うてやまぬ理念となったのである。」（『近代日本の精神構造』）

神島によれば、このようにして日本人の固有信仰としての祖霊崇拝と子孫との共生という念願を時代の要請に結びつけ、そこに「国家防衛の意志を造出したものこそ、じつに靖国神社の政策にほかなら」なかったとされる。

しかし、この問題の推移についての立ち入った考察はおいて、われわれは、戦争期の日本人の心意を、その死後についてのイメージについて顧みる必要がある。それは、いわば敗戦に先立って、上述のような制度化された死生観の解体を示している。

「私の葬儀などは簡単にやって下さい。ほんの野辺送りの程度で結構です。（略）墓石は祖母様の様に立って下さい。（略）私の仏前及び墓前には、従来の供花よりも〈ダリヤ〉や〈チューリップ〉などの華かな洋花を供えて下さい。これは私の心を象徴するものであり、死後は殊に華かに明るくやって行きたいと思います。美味しい洋菓子もどっさり供えて下さい。私の頭に残っている仏壇は余りにも静か過ぎた。私の仏前はもっと明るい華かなものでありたい。仏道に反するかも知れないが、仏になる私の願う事だからよいでしょう。そして私一人の希望としては、私の死んだ日よりは寧ろ私の誕生日である四月九日を仏前で祝って欲しいと思います。私は死んだ日を忘れていたい。我々の記憶に残るものは、唯、私の生れた日だけであって欲しいと思います。」（『きけわだつみのこえ』所収、木村久夫遺書）

このような遺書にあらわれた心情の一部は、まさにハーンをおどろかせた青年のそれと同じである。しかし、そこに「靖国」の信仰告白の言葉がないことはともかく（木村久夫は昭和二十一年、シンガポールで刑死している）、とくに傍点を付した部分にあふれている心情にいたっては、もはや決して靖国に祭祀されることを希望さえしないもののそれである。それは、むしろ護国のための死という理念を否定し、一個の個人として生をうけた日の記念を希望することによって、国家から切れた人間そのものの再生を願っているのである。その場合、彼の死後のイメージは、再びあの伝統的な固有信仰の原型に還っている。そして、そのことは、戦後社会におけるカルチュアの原型の暗示ともなるものである。

『世紀の遺書』に収められた死者の最後の思いは、文字どおり千々に乱れている。それはその人がいかなる宗教を信じているかにかかわらない。ただ、大まかにいわれることは、死者の念願が「祖国」再建のための「犠牲」という一点に絞られているものと、もう一つは、「祖国」をいわず、ただ「家族」への冥護の約束に絞られているものとがあり、天皇信仰と「靖国」の告白は思いのほかに少ないということである。そしてその思考の乱れは、あるいはキリスト教、仏典、漢詩等々の渾然とした用語で綴られているが、全体としては、仏教的無常感と神道的幽顕思想のあらわれが支配的である。

「……一粒の米が死んで多くの新しき米を作り出す。花は咲く、然し実を結べば花は散る。……我我の犠牲死が日本再建の犠牲となれば全く本懐である。（略）諸行無常、是生滅法、生滅滅已、寂滅為楽、この道理は充分弁えている積りである。日本人として悠然と死んで行く積りである。（略）さし招く仏の御手に抱かれて国安かれと我は逝くなり。（略）子等よ技術家たれ。世に強く自立し得る者は大小にかかわらず技術を有する者なり。（略）人間ガ人間ヲ殺ス。コレ程非人道的ノコトハナイ。仮令法律ニ依リ悪ヲ責ムルモ殺ス必要ハナイ。無期ガ最高ダ。（略）子等よ、早く宗教に入れ。仏教、キリスト教何れにてもよし。我死後法要供養必要なし。子等に依る線香一本にて可なり。其の費用は挙げて家を興せ。そして母を安堵せしむべし。」（久留田巌遺稿）

同じ人間によって記されたこのような思考の乱れは、そのまま現在のわれわれが生死の境におかれた時に示すであろうのと同じ錯乱ではないであろうか。そこには戦争から戦後にかけて、日本人の生命の理念を規定したいくつもの契機がひしめいているといえよう。それはある意味では固有信仰の原理を保存し、ある意味で何らの安心をも見出しえないでいるものである。

しかしその多くのものが、ほとんど絶叫のように訴えかけているものは、やはり「家」と「子孫」への帰依と共生の念願であるといえよう。

「最後に久子に大切なことを願う。聞いてくれ。夫の貞次の体を取返す最良の手段は、三人の子供を殺さぬことであるぞ。良く聞いて呉れ。頼む。（略）これで一切を固く信頼して、永久の眠りにつくことができるであろう。」（平松貞次遺言）

私のいいたいことは、これらのいたましい遺書に示された死生観の錯乱は、かつて、明治国家の創設した「靖国」の体系の潰乱にほかならないということである。日本人は、あの戦争の過程において、とくに敗戦の事実性によって、自らの霊魂の回帰すべき場として、もはやただ固有の祖霊信仰しかもちえなかったということである。

「祖国」といった場合も、それはむしろ己の墳墓の地のイメージの拡大として描かれているのではないだろうか。それどころか、場合によっては、自らの帰着すべきところに無関心な拒絶を示したと思われる死生観さえみられる。

「ホッとした。これで気がせいせいした。何故だか知らないが非常に自分はうれしい。私は生きる喜びをはじめて知って嬉しい。唯皆と別れるのが一番悲しい。」（和田実伝言）

このように言葉をのこした二十三歳の元憲兵は、刑場に赴く途中、小川を渡るとき、教誨師に次のように尋ねたという。

「この川は何処へ流れる川ですか。」

この時、かれは何を信じていたのであろうか。かれは自らの霊魂の行方にもはや心を煩わさなかったのではないだろうか。

3

明治維新から敗戦にいたる歴史のサイクルは、日本の超国家主義形成に有力な役割を果たした天皇制の変革とともに、靖国神社の地位の変化によって端的に示される。本来、靖国神社は、天皇自らが「今ヨリ後弥遠永ニ怠ル事無ク祭給ハントス」の祭文の約束にしたがい、国家の重大事件にはそのつど礼拝と報告とが行なわれたものであった。たとえば日露開戦に当たっては「海路陸路ニ射向フ寇等ヲ速カニ伐チ平ラゲ、食国ノ大御稜威ヲ天下ニ照リ輝カシ、平和ヲ弥遠長ニ克復サシメ、常磐ニ堅磐ニ守リ幸ヘ給ヘト白給フ」との天皇の依命が護国の霊に向かって告げられている。しかし、戦後はもとよりそのことはなく「現人神」と護国の「英霊」との交流は断たれている。「国民統合の象徴」たる天皇の依命によって「護国の鬼」とその子孫たちが国を護るのではなく、国民の統合はただ国民によって護られるほかはないというのが現代日本の基本原則である。靖国の「英霊」は超国家主義から解放されたわけであり、そのことの意味を別にいいかえれば、殉国の理念は、かつて必然的にはらまねばならなかった倫理則との矛盾から解放されたということでもある。

靖国の理念が、倫理則との微妙な撞着にぶつからざるをえなかったということの例として、吉野作造の筆禍問題をあげることができる。かれは、大正九年十二月号の『中央公論』に「神社崇拝の道徳的意義」という論文を書いた。そこで提起された問題は、ある不道徳な悪党が神として靖国に祭られており、天皇の礼拝をうけることに疑問を感じた一人の子供の質問に対して、その父親が答えに苦しんだという内容のものである。この論文は、のちに「帝国新報」によって国体侮辱の理由で攻撃されたといわれるが、そのような問題が生じえないのが現在の憲法の原則である。それは「人類の多年にわたる自由獲得の努力の成果」たる基本的人権の倫理則に矛盾することのありえないものである。そして、それを犯す者を、決して神（信仰の対象）として祭ることのない原則を根底としている。

このようにして、日本人はその霊の帰着と存在形態に関して、自由な信仰をいだきうることとなった。そして、そのことこそ、実は、日本の右翼テロリズムの思想的根拠を奪うべき変化であったはずであり、同時にまた、戦後派テロリズムを生み出す新たな状況の出発点ともなったものである。ここにわれわれは、改めて戦後日本国家の変質と、その中から生まれる「愛国的」テロリズムの問題にゆき当たるわけである。そしてその場合、最大の問題点となるものは、戦後日本社会の変化過程において、日本人の霊魂の形成と消滅の単位的場面となる「家庭」が、その伝統的な固有信仰をどのように変質せしめ、そこに新しいテロリズムを培養しつつあるかという問題であろう。たとえばラスウェルは、その『精神病理学と政治』において、政治的テロリストのケース・スタディによって「父親憎悪」をテロリストのパースナリティにおける一般的モチヴェーションとして指摘している。そのような事情が戦後日本社会にも指摘されうるとすれば、そのようなパースナリティ形成の契機と、これまでに述べてきた日本人の固有の「神学」とは、どのように関連するであろうか、が中心的問題となるはずである。

4

戦前の右翼テロリズムが、国体＝天皇信仰をその正当化の根拠としていたことは前に略述した。そのことは、別にいいかえれば、その信仰の客観的・社会的正当性を究極的に決定する主体の所在が不明であるという日本の国家原理のもとで、テロリストが一個の求道者として現象することを妨げないということであった。われわれは、日本の右翼テロリストの主流が、パーソナルな見地からはむしろ純情な型に属しており、しばしばなんらかの信仰（とくに法華経）に参入した求道者のタイプが多いという事実をやはり見のがすことができない。それはヨーロッパのテロリストのメンタリティといささか異なった伝統をつくっているといえないであろうか。かんたんに類型化することはもとよりできないが、ヨーロッパの、たとえば帝政ロシアのテロリズムが固有のニヒリズムをその理由とするのに対し、日本の、とくにファシズム前期のテロリズムは、それによって究極的価値（＝国体）の「真姿顕現」を達成するという志向を広範に示していた。もとより、日本の「国体」思想は、特有の意味で日本のニヒリズムをあらわしている。それはなんらかの実体的な価値ではなく、しばしば「無」として象徴することのできる否定的な無限者の意味をもっていることは、ここでくわしく説明する必要はないであろう。ただ、その「真姿顕現」のための行動が、いかに「国体」という奇怪な幻影の作用によって、悲劇的な錯乱に終らざるをえないかを示そうとするならば、二・二六の青年将校の場合を見るに如かないであろう。

　二・二六のテロリズムは、ある意味では日本固有のテロリズムの伝統を集約し、その「神学」を限界にまで推し進め、その論理をほとんど教理問答《カテキズム》に近い形態にまで展開し、そのことによって、最後に「国体」という奇怪な絶対者の決定によって挫折したケースと見ることができる。それは日本テロリズムの可能性の極限形態を示したものであり、極端にいえば、日本国体思想という曖昧な「神学」に対して、論理的に可能な、もっとも明確な定式化を提示したものであった。それはいわば明らかに神学的な「異端」の例であり、そのことによって、逆に日本の正統的な国家神学の本体を明らかにしたといいうるものであった。日本のテロリズムを追求する場合、神風連とならんで、どうしても見のがすことができないのが、二・二六の思想である。われわれは、そこに、日本テロリズムのメタフィジクともいうべきものを明瞭に見ることができる。そして、とくに、あらゆるメタフィジクにともなう究極的な二律背反、逆説の凄まじい肉体化をそこに見ることができるであろう。二・二六の青年将校の思想ないし信仰は、とくに磯部浅一、栗原安秀、村中孝次らの獄中遺書に鬼気をはらんだ姿で示されている。例えば磯部の遺書はあたかも大魔王ルチフェルのごとき呪詛と反逆のパトスにあふれ、村中のそれは冷徹な異端神学者の弁証によってつらぬかれている。そして、彼らの灼熱した頭脳から奔流する思想は、いずれもある絶対的な二律背反に激突して黒い焔の中に挫折している。

彼らの厖大な遺書が多少とも北一輝の『日本改造法案大綱』によって打ち出された国家批判の方法につらぬかれていることはいうまでもないが、全体として、その観点にもとづく熱烈な護教論的調子のものである。それは行動の弁明や弁解を全く意図しておらず、むしろ激しい攻撃的批判の趣きをそなえている。たとえば『世紀の遺書』などと全く異質のものであり、日本人の遺書としてはほとんど稀有のものとさえいえよう。かれらは己の刑死を陰謀による虐殺として、絶対に容認していないのであり、何らの意味でも承認しようとはしていない。かれらの遺書にあふれる阿修羅のような気魄は主としてそれにもとづいている。

問題は彼らのテロリズムの正当性の根拠である。その点について、磯部は書いている――

「死刑判決主文中の〈絶対に我が国体に容れざる〉云々は、如何に考えてみても承服出来ぬ、天皇大権を干犯せる国賊を討つことがなぜ国体に容れぬのだ、剣を以てしたのが国体に容れずと言うの

か、兵力を以てしたのが然りと言うのか
天皇の玉体に危害を加えんとした者に対しては忠誠なる日本人は直ちに剣をもって立つ、この場合剣をもって賊を斬ることは赤子の道である、天皇大権は玉体と不二一体のものである。（略）忠誠心の徹底せる戦士は簡短に剣をもって斬奸《ざんかん》するのだ。（略）天皇を侵す賊を斬ることが国体であるのだ、国体に徹底すると国体を侵すものを斬らねばおれなくなる、而してこれを斬ることが国体であるのだ、云々」（傍点引用者）

遺書全体をとおして、国体擁護の求道的行動が、なぜテロリズムを正当化するかという点については、ほとんど論証されていない。わずかに磯部がここに記したていどの暗示しか見られないのであり、むしろ「斬奸」は自明のものとして考えられていたようである。同じ磯部の手記の中に、同志の河野寿が語った思い出が記されているが、それは少年の頃、天皇の行幸を迎えた時、もし天皇に危害を加えようとする人間が飛び出したら、お前たちはどうするか、という河野の父の問いに対して河野もその兄も答えなかったところ、その時は飛びついていって殺せ、という教訓が与えられたという話である。なぜその場合個人的テロリズムが許されるかについて、河野は「私は理窟は知りません。しいて私の理窟を言えば、父が子供の時教えて呉れた、賊にとびついて殺せと言う、たった一つがあるだけです」と語ったといわれている。磯部はこの話を録したのち「其の信念のとう徹せる其の心境の澄み切ったる余は強く肺肝をさされた様に感じた」と述べている。

磯部自身のテロリズムの考え方もそれと同じ起源をもっている。しかし、前掲の文章の中に含まれる一種の逆説は、何人にも明らかであろう。つまり、彼は一面では自然人としての天皇（＝玉体）の擁護を理由とするテロリズムの積極的容認と、理念としての「国体」擁護の現実的多義性との間にある亀裂を感じとらねばならなかったはずであり、それ故にこそ、天皇大権＝国体という客観的理念と「斬ることが国体」という強烈な主観性との矛盾をそこにあらわすことになっている。いわば、自然人としての天皇擁護が、かえって恣意的な国体にもとづく一切の行動（テロリズム）の容認として理念化されるという矛盾がそこにある。

ここに孕まれた悲劇的矛盾は、二・二六の行動に対する権力的処理の明確化の後に、もっとも激烈・凄惨な姿であらわれている。つまり、ほとんど宗教的情熱にもとづく求道として追求されたまさにそのもの（天皇）の名によって、かれらの行動全体の絶対的拒否が表明せられたとき、そこにいかなるドラマが生じうるかということである。そこにはほとんど神学的な問題が含まれる。たとえば、一生を賭して善行を追求した人間が、その生涯の終りにおいて、神であれ、何であれ、ある絶対者によって徹底的に拒絶されるというカルヴァン的な問題にそれは似ている。磯部の獄中の手記が、ほとんど『ヨブ記』を思わせるような凄まじい呪いを奔騰させており、悪鬼羅刹の面影をあらわしているのは理由なしとしない。それは、日本の国体論者が、その限界状況において、かえって致命的な国体否定者に転化する劇的な瞬間を記録している。磯部の手記を読むものは、あるいはそこにドストエフスキーの「大審問官」の問題を感じとるかもしれない。いわば絶対の探求者が、その絶対者によって徹底的に拒絶され、断罪された場面をそれは示している。

「陛下が私共の挙を御きき遊ばして

〈日本もロシヤの様になりましたね〉と言うことを側近に言われたとのことを耳にして、私は数日間気が狂いました

〈日本もロシヤの様になりましたね〉とは将して如何なる御聖旨か俄かにわかりかねますが、何で

もウワサによると、青年将校の思想行動がロシヤ革命当時のそれであると言う意味らしいとのことをソク聞した時には、神も仏もないものかと思い、神仏をうらみました

だが私も他の同志も、何時迄もメソメソ泣いてばかりはいませんぞ、泣いて泣き寝入りは致しません、怒って憤然と立ちます

今の私は怒髪天をつくの怒にもえています、私は今は、陛下を御叱り申上げるところに迄、精神が高まりました、だから毎日朝から晩迄、陛下を御叱り申して居ります

天皇陛下、何と言う御失政でありますか、何と言うザマです、皇祖皇宗に御あやまりなされませ」

「恐らく陛下は、陛下の御前を血に染める程の事をせねば、御気付き遊ばさぬのでありましょう、悲しい事でありますが、陛下の為、皇祖皇宗の為、仕方ありません、菱海（磯部の戒名——引用者）は必ずやりますぞ

悪臣どもの上奏した事をそのままうけ入れ遊ばして、忠義の赤子を銃殺なされました所の陛下は不明であられると言うことはまぬかれません、此の如き不明を御重ね遊ばすと、神々の御いかりにふれますぞ、如何に陛下でも、神の道を御ふみちがえ遊ばすと御皇運の涯てる事も御座ります」

「何にヲッ——、殺されてたまるか、死ぬものか、千万発射つとも死せじ、断じて死せじ、死ぬることは負ける事だ、成仏することは譲歩する事だ、死ぬものか、成仏するものか、悪鬼となって所信を貫徹するのだ」

ここに含まれる痛烈な、悲惨な逆説は、実はすでに北一輝の国体論そのものに含まれていたといえよう。久野収が書いたように、北の思想は「伊藤の作った憲法を読みぬき、読みやぶることによっ

て」(『現代日本の思想』) その革命的性格を鮮明にしたものだが、磯部はその思想のもっとも忠実、熱烈な使徒であった(同志中の理論家村中孝次はかなり異なった思想をもっていた)。そして、部分的には、北の思想をさえふみ破るほどのラジカルな行動に突入している。それは資質的なものかもしれないが、たとえば兇変の開始を告げる最初の銃声を聞いた時、磯部は「勇躍する、歓喜する……とに角言うに言えぬ程面白い、一度やって見るといい、余はもう一度やりたい、あの快感は恐らく人生至上のものであろう」というふうな感想をあけすけに記しているが、北はもとより、村中ならそうは記さなかったろう。ともあれ、磯部に象徴される二十年前の青年テロリストの悲惨な姿はそのようなものであった。そして、そのテロリズムの正当性の追求が、天皇と国体の原理をめぐって行なわれたこと、そして、それがある必然的な逆説を孕んだことは改めて述べる必要はないであろう。

なお、いうまでもないが、天皇は、もっとも早くかれらを叛徒の名で呼び、ためらうことなくその鎮圧を命じた一人であった。それは敗戦時における天皇のイニシャティヴとならんで、日本現代史を理解する重要な鍵であるとさえ私は考える。日本のテロリズムを、さらにはその宗教的根源を探ろうとする場合、われわれは、二・二六を無視することは絶対にできない。しかも、少なくとも私の眼には、二・二六が日本近代思想史の中で深くとらえられているようにも思われないのである。たとえば、先頃北一輝の著作集がその全貌をあらわしたとき、現代日本の右翼者の中には、その思想をもはや全く理解することができず「かかる不逞不敬の人物を尊崇した不明」を痛恨したものもあったという。私は、右翼者にとってもそれは後退であると思う。北を否定し、二・二六を否定するためには、そのようなのんきさは許されないはずだからである。

5

敗戦後の日本の社会は、もとより暴力やテロリズム一般を培養する幾多の要因を含んでいた。しかしまた、日本国家の正統性の変転に対応して、かつてのような国体論的テロリズムはその跡を断ったかに見えた。たとえばかつては天皇の御真影を延焼から救うために、多くの校長がその生命を失わねばならなかった。もしそれを逃避したならば、かれはあらためて「愛国的」テロリストの脅威にさらされねばならなかっただろう。そうした状況のもとで、完全に恐怖から免れるためには、己自身を小型のテロリストとして登録する以外にはなかったかもしれない。日本的画一性《コンフォーミティ》は、いわばそのような残虐のシステムを意味した。

　しかし、戦後はその事態は変ったとされた。天皇は自ら人間を宣言し「朕と爾等国民との間の紐帯は、終始相互の信頼と敬愛とに依りて結ばれ、単なる神話と伝説とに依りて生ぜるものに非ず」という思想が公然と述べられた。そのことによって、天皇がもし肉体的に亡びるならば、それとともに自分も死のうと考えて天皇を見守っていた少なからぬ「臣民」たちも「人間」に立ちかえることができた。もはやそこでは、自他の生命に対する国体信仰のテロリズムはその正統化原理を喪失し、人々は新たに「自由」というよりいっそう苛酷な責任の中に進入したかに見えた。サルトルのいう「自由への断罪」の状況がそこに始まり、それに応じて、戦後のテロリズムもその原理を変えたかに見える。たとえば、戦前のそれと対照的な意味で、戦後テロリズムの正統的形態の一つを例示してみよう。

「俺が欲しかったのは、俺が再度、この人間の世界へ決定的に還って来て結びついたと言う実感だった。その満足を与えてくれ得る何かだった。或いは、肉親が一人でも生き残っていたなら、それは容易に得られたものかも知れない。がともかく、高倉が俺に呉れた仕事にはそれがあったのだ。人間を殺すと言うこと。そこにはひとつの行為の完全な帰結がある。俺のやったことは、きりなく掘る俺と、きりなく運び出されて行くだけの鉱石との組み合わせとは違って、一人の人間の体を通りその男へ完全に俺を結びつけ、俺に還って来る。一人の人間の死に立ち会い、それを与えることの出来た、言わば親近感の密度を超えた絆だ。倒れた男を眺めながら、この男は死に、俺は、此処ででも生きているという自覚だ。俺は殆ど奴らを愛した。その時俺はようやく何処かへ失くして来た自分をやっと捉えきれ、ようやく一人前の人間として出直して行けるような気がしたんだ。」（石原慎太郎『亀裂』）

これはある戦中派の殺し屋の言葉である。鉱石というのは彼が中共軍の俘虜として働いていたことを指し、高倉というのは彼の雇い主の名前である。もちろん、これはお話であり、作者の不器用な幻想にほかならない。ただ、テロリズムの戦後形態ということを誇張していえば、それはこのようなものであろうというまでである。それは、神風連はもとより、二・二六とももちろん次元を異にしている。第一、それは政治的テロリズムでさえなく、ただの殺し屋の独白にほかならない。それは、山口〔二矢〕や小森〔一孝〕という十七歳のテロリストとさえ、何ものをも共有していないかに見える。ちょうどそれは、作者の石原が描いた『殺人教室』の青年たちが、二・二六や大東塾の青年たちと少しも似ていないのと同じである。にもかかわらず、私は、戦後テロリズムの原型がそこにいくらか生硬で、図式的な姿ではあれ、示されていると思わざるをえない。少し先走っていえば、そこにあるテロリズムの思想はきわめて孤独な、審美的な性質のものであり、戦前派テロリストの政治的ないし倫理的な性質のそれと顕著な対照をなしているということである。そして、それこそがまさに戦後派テロリズムの基調ではないかと私は考える。

ここで石原がぎごちない形で描いた一人の「殺し屋」の心情は、現代人にとっては、ある意味ではあまりにも自明のものといえるであろう。社会学者や心理学者は、周到精密にそのメカニズムを説明してくれるであろうし、マス化した現代社会における「孤独なる大衆」の一人としての人間の疎外と「漠然とした不安」をその深層において解明してくれるはずである。たとえば――

「私はサディズムとマゾヒズムのどちらの根底にもみられるこの目的を共棲（Symbiosis）と呼ぶことにしたい。心理学的意味における共棲とは、自己を他人と（あるいはかれの外側のどのような力とでも）おたがいに自己自身の統一性を失い、おたがいに完全に依存しあうように、一体化することを意味する。サディズム的人間は、マゾヒズム的人間が対象を必要とするのと同じように、対象を必要とする。ただかれは、抹殺されることによって安全を求めるのではなく、他人を抹殺して安全を獲得する。」（フロム『自由からの逃走』）

石原の描いた殺し屋をそのような形で説明することももとより可能である。かれは己の孤独な、空虚な「自由」にたえきれず、殺人による「共棲」の中にその安心を見出そうとする。それはいわば相手を無とすることによって、その原因である自己の無意味を確証しようとする。無意味の確定もまた一つの意味にほかならないという立場である。古来、暗殺者《アサシン》はその語源の示すように、麻薬《ハッシーシ》に酔える者という意味をもった。その種の殺人者は「けっきょく一つのことをねらっている。それは個人的自己からのがれること、自分自身を失うこと」（フロム、同上）にほかならない。そして、その場合、自殺もまた同じ意味の行動であることは、フロムの指摘をまつまでもない事柄であった。

しかし、そのような説明は、一般にサド＝マゾヒズムの潜在的衝動を解明するかもしれないが、なんら政治的暗殺の特殊性を明らかにするものではない、といわれるかもしれない。それはそのとおりである。たとえば、二・二六の青年将校たちの行動の動機を、その種の社会心理学で説明しようとすることがナンセンスであることはいうまでもあるまい。ただ、しかし、戦後の政治的テロリズムに関しては、その種の解明は必ずしも無効とはいえない。なぜなら、少なくとも天皇信仰とテロリズムの神学的な関連が解消した状況のもとでは、天皇の名による政治的暗殺の個人性ははるかに強化されていると推定されるからである。

ある社会において、個人のパースナリティがその人間の政治関与をいかに規定するかについては、前に記したようにラスウェルの研究がある。そこでは、たとえば政治的テロリストについて次のような分析が見られる。それは多数の政治的ノン・コンフォーミストに関するケース・スタディの後に述べられたものである。

「情動がとくに激烈にあらわれているそのようなケースの歴史を見るとき、政治的暗殺者はその父親を異常な辛辣さでもって憎んだ人間であるという結論にみちびかれる。E・J・ケンプはその精神病理学において、ガーフィルド大統領の暗殺者ギトーと、リンカーン大統領の暗殺者ブースについての歴史的証拠を吟味したあげく、次のように述べている。――私は、父親もしくはその等価への憎悪にもとづく少年期の苛酷な愛情の抑圧が、すべてしまいには暗殺ないし反逆の衝動にみちびくというのではない。ただ、そのような愛情の抑圧は革命的な性格を作り出すということ、そしてそれは、もし成年期においてなんらか適当な抑圧的環境が与えられるならば、容易に暗殺的行動に集中するであろうということをいいたいのである。少年期において、やや特殊なこの型の愛情の抑圧を経験しないものは、その後において暗殺への暗示にかかることはないはずである、と。」

この分析は、少なくとも精神病理学の意味ではかなりな説得力をもって述べられている。こうした説明をどのように評価するかは各人の自由であるが、少なくとも私は、戦後日本のテロリズム一般について、問題を「神学」的に考えるよりも、心理的ないし「審美」的に考えることにいっそうの適切さがあるように感じる。それというのは、戦後の日本社会の構成は、かつてのような宗教＝政治的原理の枠組を取り払った、契約原理にもとづく様相をあらわしているからである。そこでの政治的テロリズムは、原理的にはもはや天皇（＝国体）信仰の行動としてはあらわれえない。前に述べたように、戦前の右翼テロリズムは天皇＝国体の求道者的追求を根源的衝動としていた。その場合、神風連の思想と二・二六のそれとの間には、ある決定的な差異があったと思われるが、いずれの場合にも、それが国体の「真姿顕現」を追求する行動であったことは同様である。敗戦時における最後のテロリズムは、一方では八月十四日の近衛軍の暴動にあらわれ、他方では大東塾や尊攘義軍、明朗会等右翼の集団自決事件にあらわれている。後者はもちろんテロとはいえないが、たとえば大東塾の場合は一時戦争指導者の斬殺が考えられ、一転して自決に定まったということから見ても、その行動は上述した日本右翼のテロリズム信仰の脈絡で考えうるものであろう。ただその場合も、さきに二・二六について見たように国体と天皇の存在をめぐる原理的葛藤がそれぞれの行動の根源となっていたわけである。

戦後の政治的テロリズムの原理は、国体批判の倫理的追及などとかかわりなく、たんなる反共、反労働の動機にもとづくものと見てよいであろう。その場合、個々的な「国体」信仰の追求者は、何よりも敗戦の事実性と日本憲法との批判を通り抜けねばならず、それなくしては、およそいかなる右翼テロリズムの正当化にも到達できないことは明らかである。そして、その弁証はきわめて困難なはずである。私は、比較的純粋と見られる右翼においてさえ、昨年〔一九六〇年〕来のテロを容認する安易な空気があることに疑問をいだかざるをえない。

ところで、戦後の「右翼的」テロリズムの背景は何であろうか。それはいかなる動機によって培養され、いかなる条件によってその志向を政治的なるものに転位し、さらにいかなる合理化をその中に含んでいるであろうか？　この問題については、必ずしも実証的な解明は与えられていないはずである。事態を独占資本の赤裸々な反攻態度に帰せしめることは、いささか行きすぎておかしい。事態は昭和初年のそれとは異なり、不況と失業、恐慌と絶望の状況があるわけではない。何よりもまた、そうした大衆的幻滅感を強力に集中し、指導する軍部に当たるものも存在してはいない。もちろん現在の独占体制と経済的繁栄の強固さにもかかわらず（かえって、それ故に）、ムードとしての不安と自棄は明らかに存在する。いわば現代社会の残酷さは、白日の下の残酷さともいうべき、明けっぴろげの無残さを本質とする。社会的に自明とされる規範の体系、信条のシステムは必ずしも安定せず、いわゆる新憲法感覚はなお社会の底辺に確固と根ざしてはいない。戦争の危機感と世代（＝親子）間の亀裂は、その定着をたえず妨げる作用をいとなんでおり、個人はその帰属すべき価値の所在に自信をもつことができない。

このような状況、かんたんにいえば現代の高度の独占状況の中で生まれる個人の不安感は、必ずしも日本社会にのみ見られるものではない。そのような不安感は、しばしば社会的地位《ステータス》の意識と結びつくことによって、擬似的な保守主義の培養基となり、もしくはいわゆる権威主義的性格への帰属をひきおこすと考えられているが、そのような状況は、たとえばアメリカ社会においては、次のような形であらわれるものである。

「不況と経済的不如意の時代には――また、概して国家的非常時には――政治は、もちろん社会的地位の意識がなくなる訳ではないが、よりはっきりした形で、利害の問題である。ところが繁栄と物質面での一般的安定の時期には、大衆の間の社会的地位意識が、政治により大きな比重をもつことがある。」（ホーフスタッター『えせ保守主義者の反抗』）

ホーフスタッターによれば、現代アメリカの右翼的人間像の形成にとって、社会的地位の意識に含まれるさまざまな動機と欲求のダイナミックスが重要な要件と考えられている。たとえば、いわゆる地位の欲求不満（ステータス・フラストレーション）をいだいている親と子の関係は次のように一般化されて示されている。

「親たちは、しばしば、満足されることのできない、ないしは例外的な精神的負担をかけてのみ満足し得るような社会的地位欲を抱いている。彼らの子供たちは、親の欲求不満を解消し、その生活を買い戻すことを期待される。子供は、そうした目的のための操り人形になる。途方もない出世がかれらに期待され、それに伴って、社会的に同調《コンフォーム》し、尊敬されるための、ものすごい努力が期待される。子供にしてみれば、こうした期待は、敢えて疑ったり拒否したりできない絶大の権威をもった要求である。ギヴ・アンド・テイクの形での適当な吐け口をもたないので、抵抗心や敵意は内面的に抑圧されねばならなくなり、しばしば内的な破壊的憤怒となってあらわれる。権威にたいする敵意は、意識することを許されないので、強い権力にたいする文句なしの屈従というかたちにみられるような行きすぎた代償行為をよびおこす……つよい人種的偏見とえせ保守主義的性向をもっているもののなかでは、親たちの社会的落伍を正当にかつ穏かに批判する能力をもたない連中、現実生活によくある、思考や感情がはっきり割り切れないことがなんともがまんならない連中が高い

比率を占めている。」（同上）

　ホーフスタッターの指摘したこの種の右翼的パースナリティに含まれる性格的特徴と、そのイデオロギーや行動様式を考慮し、それらを前記のラスウェル流の分析と結びつけるならば、われわれは、日本現代の右翼者もまた、ある共通の基盤の上に立っていることを認めたくなるであろう。とくにわが国の場合、急激な社会構造の変化に対応すべき明確な社会的ヴィジョンの創出機能が不満足であったことと、企業と雇用関係の固定性のために、社会的地位に関する抑圧の意識はいっそう増幅される傾向がある。そして、とくに敗戦による地位関係の広範な断絶によって、かつての被追放者、旧職業軍人、神道関係者、旧右翼等々の年齢層においては、その欲求不満には一種の政治的・倫理的合理化が与えられており、そこに大衆的な不満感に対する触媒的な機能が発動しやすいという構造をもつ。たとえばいわゆる「進歩的文化人」に対するかれらの反感は、その外見的な社会的ステータスへの大衆的反感と容易に結びつく可能性をもつ。かつてわれわれは、昭和十年前後の天皇機関説攻撃の場合と、戦争中の文壇・論壇に対する右翼的攻撃の場合とを通じて、不純な個人的嫉視や地位的な不満感がいかに強力に働いたかを経験した。そして、多くの大衆は、そこに純粋な動機のみを見て、知らず識らずそれらのデマゴーグに利用される結果になった。そうした事情は、現在もまた再現していると思われる。とくにマスコミの機能の拡大によって、そのような欲求と不満とのダイナミックスは、より広範な規模を与えられているはずである。

　このように見てくると、現代日本の「右翼」は、その主観性においてはともあれ、一般的にいえば、日本独自の思想と機能とを打ち出す可能性は少ないといえよう。そのおかれている問題状況は、左翼と比べてももっと困難ではないかと私は考える。日本の左翼がその挫折の歴史から何を学びとったかは必ずしも明らかではないが、右翼もまた、その挫折（二・二六を思え！）から何を学びとったのか、少しもハッキリしないように私には思われるからである。

現代の右翼テロリストは、まさかその行為を天皇によって賞讃されるとは期待していないだろう。では、国民によってか？　現代日本において、天皇は国民の天皇であって、その逆ではない。いわんや、天皇は「右翼」の天皇でないことだけは明白であるはずだ。

（一九六一年四月）

右翼テロリズムと独占のイメージ

浅沼事件いらい、再び日本には右翼テロリズムがよみがえったかに見える。というよりも、そのイメージが急速に人々の間によみがえり、それが具体的に人々の心理や態度を支配し始めたように思われる。事実がまだ必ずしも正確に確かめられない以前に、そのイメージだけは急速にひろがっているようである。人によっては、天皇機関説から二・二六事件にかけての血腥い諸事件を反射的に想起し、その時代の世相にひきくらべて、おずおずと自己の足もとを確かめるような気分にひきこまれたものもあるのではないか。そして、それは、右翼勢力が、それらのテロを含めた最近の動向の中に「ぼつぜんたる民族精神の夜明け間近い息吹をひしひしと」感じとり、一種の自己陶酔を味いつつあることとちょうど見合っている。しかし、こうした奥深い思想の亀裂や動揺や変質の様相というものは、必ずしもわれわれの眼に見える場所では進行しない。あとになって、それらの隠微な変化の意味が、しかもごく不十分に理解されるというのがおちであって、われわれは当面手さぐりの認識と決断によって行動するほかはないのがつねである。

テロリズムの現実政治的な意味を要約すれば、かりに「パニックの技術」とでもいうことができるだろう。テロリズムのうち、とくに暗殺をとってみれば、そのことが了解されるはずである。それはなんらかの政治的同一化のシンボルを物理的（肉体的）に破壊することにより、そのシンボルを媒体とする人間の連帯感を衝撃的に解体しようとする狙いをもつ。効果はほとんどが心理的なものであり、一種の条件反射と結びついた作用をもつことになる。殺される人間は一人であっても、なんらかの形でその人間と心理的連帯によって結びついた人々は、それぞれの面前に一人ずつのテロリストの幻影を描き出し、一種のパニックにおそわれることになる。パニックの過ぎたのち、彼らの内部には条件反射というあの無残な痕跡がとどめられることになる。それは個人的には恐怖による自発性の放棄をひきおこし、社会的には政治的連帯の自由な選択の回避を作り出す。ナチスのテロリズムが、労働組合をはじめとする自由な市民組織の解体をもたらしたことは、われわれの記憶に新たなところである。ラスウェルのいうように、テロリズム、とくに暗殺は、その客観的、直接的成果の面では極めて限定されているにもかかわらず、その「心理的効果」のために、非常に特異な手段として意味をもつわけである。それはいついかなる場合にも効果的であるということはなく、事態を含めた政治や思想の諸要因によってその衝撃力はことなってくる。そして、昨年らいの政治テロは、何人も予想もしなかったような効果をあらわしている。それは、ある右翼の人物の言葉をかりれば「まさかこれほどには！」と思わせるほどのものであったという。

しかし、われわれは、いまのところ、このようなテロの「背後」にあるものについて、それが国民の各階層にいかなる作用を与えているかについて、日本の国家権力がそれをいかに評価し、いかに対処しようとしているかについて、十分に信用できる情報を与えられてはいない。テロの与えた直接的衝撃がうすれている現在でも、われわれは、あまり確実な知識をもってはいないのである。ただ、わずかに、国会における質問と、与党による曖昧な対策要綱の提示と、某々裁判官がテロ容認の特別談話を発表したことと、その他では誰それに脅迫状が来たとか、誰某にボディ・ガードがついたとかの、トリヴィアリズムに話題をさらわれているのがせいぜいである。もとより、各種組織のテロリズム抗議の声明や集会が開かれたこと、各種の出版物が現代テロリズムの背景をあらう試みを行ったことも事実である。しかし、それらすべてを含めても、われわれはいぜんとして、何かある肝要なものを知らないという感じを禁じえないのではないだろうか。その点では、右翼勢力の側でも、必ずしも明確な見とおしのもとにあるとは私は思わない。彼らが新たな気運の到来を漠然と信じているありさまは、テロリズム反対を型のごとくにくりかえしている左翼とどこか同じような無邪気ささえ感じさせる。かつて、日本の右翼は、日本を右翼にひき入れることに一役を買い、それには成功した。しかし、その成功は彼らの想像もつかない意味で、より大きい失敗によって支払わねばならなかった。私の考えでは、今でも彼らは何故に失敗したかを、正しくは知らないのではないかと思うことがある。そして、同様に、日本の左翼もまた、己れの失敗と成功の意味について、十分深い意識をもちえていないのではないか、と思うことがある。彼らの失敗や成功にかかわりなく、その背後にあるものは、依然として不変の実体として存在しているのである。私は、現代の右翼の思想家の多くが、ほとんど疑うことなく現代テロリズムを讃美しているありさまに怪訝の念をいだく。彼らはその先輩の失敗が何に由来したかを、真剣に考えねばならないのではないか。もしただ単純に自らの「気運」に随喜するだけであったら、それは「人民大衆の輝かしい闘争の昂揚」に陶酔する左翼的メンタリティと大差ないことになるだろう。

少し論旨がわき道にそれたけれど、いったいわれわれは、こんどの一連の事件を、国民大衆がどのようにうけとめ、その心理や態度、思想やイメージをいかにつくりかえているかを正確に知っているであろうか？　テロリズムは、前述のように、心理的効果という次元でその最大の意味をもつ。そして、その心理ということは、それぞれの社会の固有のカルチュアと、そこから形成される社会的性格によって規定されているはずである。具体的にいえば、テロリズムを押えるカルチュアの形態がある反面、容易にその衝撃によって、連鎖的なパニックをひきおこすカルチュアがある、といえるだろう。その意味で、テロリズムはその社会の体質をテストする作用をもっている。そして、社会の体質ということは、現代政治のさまざまな技術が、その前提条件として深刻に評定すべき目標にほかならないだろう。私は、この半年いらい、各国の心理作戦担当の機関が日本の情勢をどのように分析し、評定しているかに相当な関心をいだかざるをえない。そして、たとえば松平国連大使の「失言」問題や、飯守裁判官の特別談話事件などが、ある周到な回路を通じて行われた「実験」のように思われるという、いささか強かな空想をいだいたりする。私が、右翼や左翼の気分主義がいずれも無邪気に見えるなどと称言するのは、そのような「空想」の見地からである。しかし、まず、最近の事件に対するわれわれの側の反応を少し考えてみたい。

たとえば、農民層が右翼テロに対して、また皇室に対して、どのような意識を抱いているかという問題をとってみよう。その場合、ある農村の書き手は次のように伝えている――「まず、山口二矢の兇行と自殺に対して、行為の是非はともかく、その心情は見上げたものであるという囁きに、農民たちは最も無縁であったと言ってよいのではないか」（山上博「村からの報告」――『思想の科学』一九六一年三月号）。しかしまた、もう一人の山林労働者は、爺さん婆さんまでを含めて、右翼テロには反対の空気であった部落の人々が、一たん皇太子夫妻の記者会見のニュースが電波で流されたのちには

「こんないい人を誹謗する人は（深沢氏や左翼を一緒くたにして）悪いのだということになってしまった。……おそらく私の部落の人たちの多くは、もう嶋中事件に関しては、決して右翼を攻撃する言葉を口にすることはないだろう」（野添憲治「みごとな演出と花道」——「日本読書新聞」一九六一年二月二十七日号）という報告を寄せている。

ここに示されたような農民の感情がいかにも非理性的な構造をもつことはいうまでもないだろう。テロリズムへの反撥と「こんないい人を誹謗する人は悪い」（したがって、殺されても仕方がない）という思考とは、明かに理性的な結びつきをもたない。しかも、さらに事態を奇怪なものとするのは、それらの農民層において、いわゆる「皇室ブーム」に対する根づよい嫉視のごときものが存在するといわれることである。彼らは、皇族の華かな生活と無為に対して、そのさまざまな行事や外遊に対して、あたかもそれを自分たちの苦しい生活への「面あて」であり、心理的な「挑発」であると感じるような面をさえもっているといわれる（山上、前掲）。いわば皇室を「いい人」の集団であるとして敬愛する衝動と、その安逸を憎む衝動と、しかもその存在に己れを同一化する衝動とが同時にそこに見られるということである。そして、それらの奇妙な心理複合は、まさに「風流夢譚」がきわめて不幸な手ぎわで表現したものにほかならないだろう。

こうした農民心理の基本的な構造は、それぞれの契機をさまざまに変容した形で、一般の都市庶民層の心理に広範に継承されているとみてよいであろう。むしろ「左右暴力論」の承認という大衆社会的現象にうらづけされて、「テロ容認」へと飛躍する気分は、都市庶民層からオピニオン・リーダーの各階層にいたるまで、もっと硬直性をおびてあらわれているとさえいえよう。それは上述のような農民心理の原型を忠実に再生しているように見えながら、実は微妙な差異を含んでいるように思われる。端的にいえば、それは大衆社会の中で急速に培養されたステータスの不安感と結びついて、競争勢力に対する「ザマ見やがれ」の気分をさえ含んでいる。そして、そのような気分を背景として、経団連会長石坂某、国家公安委員小汀某、裁判官飯守某等々のかなり意識的なテロ容認の発言が行われているわけである。そして、これらの人々の場合、その発言は、上述のような農民的・深層心理的位相において理解さるべきではなく、明かな戦略とプログラムにもとづいていると私は考えざるをえない。

現在、日本の右翼勢力が何を意図しているかは私は知らない。ただ日本の独占資本とその政府とが何をしようとしているかは大体推察することができる。そして「右翼」はここでもかつてのような役割を与えられることになるだろうと考えている。つまり、右翼勢力が何を考えていようと、そのようにはならないだろうということだ。

たとえば、嶋中事件の起る前、大東塾の機関誌『不二』(一・二合併号)が「悪逆〈風流夢譚〉糾弾」のアンケートを各界から集めている。そこには安井謙、安倍源基、北岡寿逸、鍋山貞親、尾崎士郎、佐藤春夫、菊岡久利、大井広介、今東光、谷口雅春、佐郷屋嘉昭らの有名人を含む七十三名の回答が寄せられているが、通常この種のアンケートに見られるのとことなるのは、その憤懣を直接的暴力によって表明しようとする端的な意見の比率が高いことである。「深沢七郎の歯が一本ブチ折られ、中央公論社が焼打ちされたら、恐らく大多数の国民は胸がスーッとするでしょう」「万一彼(深沢)が法以前の制裁を受けても私は賛成します」「おそらく初対面の時、僕は彼(深沢)を張り倒す位いのことをしやしないかという気がします」「差当り深沢氏並びに中央公論の幹部には鉄拳制裁を喰わせるべきだと思います」等々、文字どおりの「悲憤慷慨」がそこにはあらわれている。いわば直接的肉体的な反応がいちじるしく表面化しているということで、思想的な短絡現象のごときものが濃厚である。彼らの多くは深沢七郎を目して狂人と考えている。しかしまた、その憤りを「焼打ち」や「鉄拳制裁」「天誅」によって衝動的、反射的に放出しようとすることは、深い意味でいえば、深沢文学の底にある庶民的倒錯とかわらないはずである。それでは彼らはその敵を打倒することもできないはずであり、かつてと同じように、何ものかのための露払いとなるにおわるのではないか。大東塾の塾生十四人が敗戦直後に自刃したとき、その中の一人は「聖戦」を批判して次のように遺書に記した。「道の峻厳なる、随神の厳粛なる神はかかる陋劣を許し給わず、最も悲惨の極に至りたる正に神国として当然なりと涙を以て論断せざるべからざるなり」と。それは日本右翼の究極的な悲劇と自己批判とを示したものではなかったのか。私は、したがって、昨年来のテロリズムをあまりに容易に容認しようとする右翼の傾向を不思議なものとさえ考えざるをえない。

恐らく歴史は、日本の現段階をある乱階の初めとして、記録するかもしれない。テロリズムは何よりも心理の領域における事件であった。そして、現在の支配層は、そこにひきおこされた心理的パニックの収拾を装いながら、たとえば国連における発言権強化の名目に援けられて、日本国軍の改造という方向にそのプログラムを進めてゆくであろう。個々のテロリズムの効果は、究極的には憲法改正の心理的基盤育成のために利用され、あわせて日本独占資本の帝国主義的競争力強化のために意味づけられてゆくであろう。その場合、日本の皇室にはいかなる役割がふりあてられるかは、もとより予測の限りではない。ただいえることは、独占のより大規模な進行にともなう社会的不満の増大に対応して、それは独占によるシンボル操作のもっとも有効な資産となるであろうということである。現段階において、日本の支配層は皇室を十分有効に利用しており、テロリズムの効果を天皇制復活の方向に誘導する必要を感じているとは思われない。テロ容認の言動が、もっぱら日教組や社会党勢力を目標として行われていることはその証左とみることができるだろう。そしてまた、政府、与党のテロ対策が、明かに皇室崇拝をその心理的基盤とする右翼テロをその固有性において識別することなく、暴力一般の形態のもとに取扱おうとしていることは、全く逆説的な意味で、彼らの意図するところを示しているのではないだろうか。つまり、そこでは、日本の独占自体が、あの農民層におけると同じような皇室コンプレックスを示しているのであり、その要素が、予想される独占の強力支配の心棒となることがたえず可能性として存在するのである。

（一九六一年四月）

日本テロリズムの断想

日本の現代が始るのは、大まかにいって一九二〇年代のことと私は考えているが、その現代日本において起った右翼テロリズムの事件数をざっと数えてみると、未遂を含めて戦前六十五件、戦後七十件ばかりになる（『右翼事典』から概算）。いずれも新聞に書かれたものばかりであるが、なかにはもう世人の記憶にのこらぬものも少なくないし、生きのこった加害者がその後どうなったのか、消息もわからぬものも少なくはない。私だけの関心でいえば、たとえば原敬を刺した中岡艮一は出獄後、満州に渡ってからどうなったのか、昭和九年、西園寺公望の坐漁荘を襲った「少年血盟団」の七名の子供たちはその後どうしてきたか、などを知りたいと思うことがある。五・一五や血盟団、二・二六の関係者については、今もなお次々と本人の回想や記録が出てくるので大ていのことはわかるが、そうでないものも少なくはない。

ここに短い手記を寄せた人々はいずれもよく知られた人物であり、とくに解説を必要とするものはない。また、それぞれが関係した事件の概略や動機についても簡単に語られているから、さし当りつけ加えることもないと思う。もっとも津久井龍雄の場合は具体的事件にはふれていないが、これはその人柄の関係から、とくに深く関わった事件がないからでもあろう。『日本国家主義運動史論』という好著があるところを見ても、この人は現代右翼には珍しい文筆家であることがわかる。

これらの短文のうち、やはり私の関心をいちばんひいたのは小沼広晃〔正〕のものであった。やはりというのは、かつて私は小沼の「上申書」を読んで、いかなる歴史教科書にもまさって昭和前期のテロリストの精神形成史がそこに生々と描かれているのに感銘したからである。この短い文章はその「上申書」の精神を極めて簡単に要約したものといえるが、ディテールでは上申書にないところもある。とにかくこの人は少しも変っていないという印象が鮮かであった。

＊

ところで、私がここで述べたいと思うことは、津久井の文章の中にある次のような一節に関連している。

「しかし、クーデタと見るべきものは、未遂に終った三月、十月両事件だけで、あとはテロリズムと解してよく、しかもその性格は多分に日本独自なもので、自己を犠牲とすることによって政治の歪曲を正すという考え方が強かった……。」

ここで問題になるのは、日本ではクーデタ成功の確率は乏しく、一方テロリズムはまた「日本独自」の性格をおびていたという指摘である。たしかに明治維新は一種の宮廷クーデタであった。それ以後もたとえば明治十四年政変にはその臭いがある。しかし、それ以後になると、クーデタという要素は急速にうすれて行く。そのかわりに、次々とくりかえされたのは個人的テロリズムであった。組織的、統制的な武力行使によって政権を奪取するという方式は定着せず、むしろ「自己犠牲」によって政権担当者の改悛を求めるという行動が伝統化したということである。その場合、前者の殺人行動は事態に無関係な人々をまきこむ可能性をもっていたが、後者ではそれを極力さけようとする傾向があった。前者はテロリズムの後の政権構成をスケジュール化することに熱心であったが（永田鉄山のクーデタ計画といわれるものはその典型）、後者では斬奸《ざんかん》そのものによってことは終ると観念され、せいぜい「維新」のための戒厳令施行までがその行動プランの限界点であった。津久井のいう日本独自の性格というのは、凡そ以上のような後者の特色をさしていると考えてよいであろう。

ところで、ここにいう日本独自のテロリズムを典型化したものは、一つは血盟団であり、もう一つは相沢三郎中佐の場合ではないかと私は思う。いまこれらの事件の背景にある思想の特性を通して、一般に日本独自のテロリズムといわれるものを少し考えておきたい。

＊

テロリズムによって政治の姿勢を正すという思想に一種の倫理学が含まれていることはいうまでもあるまい。この傾向はふつうに「精神主義」として片づけられるのが常である。それも「狂信的」という形容をともなうことが多い。そしてこうした傾向は恐らく幕末にその起源を求めることができそうである。

たとえば吉田松陰の場合でいえば、彼にとって政治担当者の姿勢を正すための究極の行動は「諫死」ということに決着するが、それはある微妙な転換によって、相手に対するテロへと移行しうる構造をもっていた。彼の場合はそこまでは行かなかったが、その人間論というか、倫理思想の根本にあったものは「至誠にして動かざるものなし」という信念であった。これは人間を極めて理想的に考える立場といってよい。次々と諫死をつみかさね、それが国民的規模に達するならば、いかなる邪悪な権力者といえども「感悟」しないはずはないという立場である。いわば性善説的ラジカリズムとでもいってよい。武力倒幕という考え方（クーデタの論理に当る）を、松陰は最後までとろうとはしなかった。理論的には勤皇僧黙霖によって、松陰のそうした善意の説は、歴史的にも、政治的にも支持されえないとして論破されながらも、松陰の資質は、やはり人間性について、そのラジカルなオプチミズムを離れえなかったように見える。

このような思想を母胎とするテロリズムは、かりに内面志向のテロリズムと呼んでよいかもしれない。それは必然的に他者を殺すことと自己犠牲とを同一のものとみなす傾向を含む。政治的暗殺は政治の世界の出来事というより、ある真理の自己実現の契機としてとらえられる。逆にいえば、政治はその一般的性格としての相対性の次元に止るべきではなく、ある絶対的なるものの自己表現でなければならないとされる。

このように、究極において人間性は善であり、政治はそのような究極の善の実現をめざすものだという考え方は、さまざまな変型をともないながらも、日本テロリズムの一特質をなしているようだ。小沼の短文にも引用されている「殺人は如来の方便」という一節は、彼の「上申書」の中の感想であるが、私はこういう観念のことを善意のラジカリズムとよんでみたわけである。如来という永遠の相下において、殺すものも、殺されるものも本来無差別という意識である。右翼革新派のラジカリズムが、しばしば「順逆不二」というのも当然のことになる。

＊

血盟団については関係者の多くの手記が残されており、それら青年たちを動かしたものを知るための材料にはこと欠かない。しかし、相沢中佐の場合には本人自身の記録というものは少なく、わずかに公判記録その他、第三者によって記されたものしか残っていない。しかし、それらを通しても、相沢のテロの背後にある思想が系譜的には上述のものと同じであることはわかる。

彼もまた一定の至誠にもとづく行動は、必ず人々を改悛改悟せしめるであろうと信じていた。相沢がそれをほとんど小児的純真さで信じていたことは、白昼、陸軍省の首脳を斬殺したのち平然と転任地へ向うつもりでいたという有名なエピソードからも知ることができる。彼は、事件直後の省内の空気から、さすがの軍首脳部にも改悛の徴が見えたと直観し、あとはただ命令どおり任地へ赴けばよいと思いこんだらしい。公判過程では、さすがにそれがあまりにナイーヴな考えであったことに気づいたらしく、「相沢は馬鹿でした」と述べているが、それも自己の殺人が間違っていたという意味ではなく、人間の改悟をあまりにも容易に信じた自己への反省であったと思われる。

こういう考え方の延長上にあるものが二・二六青年将校の思想であるといっても大過ないであろう。ここでも、斬奸によって人々は本来の善にめざめ、国体の「真姿顕現」は必ず実現するであろうというオプチミズムが全体として支配的であった。青年将校の至誠が神としての天皇の嘉納をうけるだろうことは大地を打つよりも確実と信じられた。だから、天皇激怒の情報に彼らは耳を疑わねばならなかった。要するに、これらの内面志向型テロリズムは、政治と人間について、実に甘美な、そしてラジカルなポエジーを幻想したことになる。三島由紀夫の場合にもそれに似たところがあると私は思う。

＊

しかし、凡そ人間が政治について、また人間性について、ある意味ではナルシシズムにも似た自己幻想をいだき始めるのはなぜであろうか。その政治的・社会的要因についてはここに寄せられた短文の中にそれぞれ記されている。津久井龍雄によれば、それは「国家が大きな危機に襲われたとき、また面目が著しく毀損されたとき」に成長する危機的反応であるということになる。政治はもっと強力であれ、政治はもっとゆたかな夢を我々に与えよ、という声がひろがるとき、人々は通常の政治概念の枠組みをいつかふみこえ、なにかある別個の政治をひとり夢想し始める。そのさい、世のヒューマニスト、上流階級の紳士たちと、比較的世に認められぬ人々との間に生じる意識の落差と歪みは、想像もつかないほどに巨大化する。現代日本では、いつもそれは思いがけない時、思いがけない形で爆発した。現代政治社会の弾力性はしばしば高層ビルの柔構造にたとえられるが、果してどんなものであろうか。

しかし、テロリズムというとき、それが必ずしも上述のような日本独自の精神主義にねざしたものに限られないことはいうまでもない。たとえばナチスのテロリズムが、国体の真姿とか、如来の方便などという発想と無関係なことはことわる必要もない。簡単にいえば、それは人間に関する完璧なニヒリズムを前提とするテロであって、たとえば小沼の場合のように、それが犠牲としたものの命日に回向するなどは考えられもしないだろう。同じくこの二つのテロリズムはヒューマニズムではない。しかし、日本型テロリズムでは、殺したものと殺されたものとは、一種不可思議な共生関係に入ることになる。近頃流行の言葉でいえば「甘えの構造」というべきものがそこにはある。しかし、ニヒリズムのテロにはどんな底もない。
そうした性格をおびたテロリズムは、現代日本でも全くなかったわけではない。戦前の軍部の中には、人を殺すことと虫けらを殺すことを差別しないタイプもいることはいた。しかし、その論理を拡大して行くならば、それが正に我々がふつう国家権力とよんでいるものの作用の中に含まれていることに気づくはずである。それは国家支配の日常的作用の内部にひそんでいる。目に見える流血をひきおこさないまでも、それは日常不断に我々を脅かす力である。テロの問題を考えるためには、やはり私たちは、国家と人間の関係にひそむそうした日常的恐怖の問題から出発せねばならないかもしれない。

（一九七一年十一月）

ニヒリズムに関する連想と断片——近代日本を中心に

1

一体日本にニヒリズムとよばれる思想が存在するかというのは、よくとわれる問題である。もし、西欧のニヒリズムをもっとも切実に象徴するものとして、ニーチェの「神は死んだ！」という言葉をあげることができるとすれば、そもそもそのような「神」の存在を伝統的に知ることのなかった日本人に「神」の死滅もしくは不在を前提とするニヒリズムの思想が生れるわけはないという疑問である。しかしこの疑問は、一般にキリスト教国に生れた思想と同じ構造の思想は風俗として以外に日本には見出せないというのと同じことであり、一種の同義反覆を意味するにすぎない。問題はもう少し別の視角からとりあげなければなるまい。

といってもニヒリズムに関してどういう姿勢をとるのがもっとも適切であるかについて、私はなんら哲学的知識をもっているわけでもなく、系統的な精神史的考察を試みたこともない。したがって私にできることといえば、この問題の周辺をいささか気ままな連想を追ってたどるだけのことである。

ところで、問題への手がかりとして、そのニヒリズムという思想が初めて私の眼に映ったのはどういうきっかけであったろうかを思い浮べようとしてみるのだが、それがどうもハッキリしない。恐らくは少年の日、やはりニーチェとかドストエフスキーとかの著作に刺激されて、人間存在の底知れぬ深さに恐怖することを覚えたころ、この思想の示唆するものをはじめて感じるようになったのだと思うが、考えてみれば、それもいささかいぶかしい事情のように思われる。ニヒリズムをどう定義するのがよいかはともかくとして、それは人間がなんらかの意味での世界崩壊を経験し、それとともに人間存在の根源的無意味さを知った状況のもとに生れる思想の一つにちがいないだろう。しかし、いまだ世界を経験せず、ほとんどまだ人生との真面目な交渉さえ知ることのない少年が、どうして世界の無意味さに恐怖するということがありうるだろうか。それはただ書物の上での新知識だったのか、それとも人間は、その生涯において遭遇するはずのすべての思想を、その少年期において予感するものであろうか。

しかし、こういう疑問は無意味かもしれない。一般に子供が世界の無意味さを知らないはずと考えるのがおかしいかもしれぬ。私は、何で見たのかもう覚えていないが、大阪（それだけを覚えている）のある小学生が、戦争への恐怖に関して「もし私がいなくなったら、どうしよう！」という言葉をつづっていたのを読んだことがある。この子供が、自己の滅亡とともに、宇宙崩壊の予感をいだいたことはたしかである。すべてのものが亡びることがありうるという恐れは、意外に早く人間の心をとらえるもののようだ。これはのちにまたふれるつもりだが、一般にニヒリズムの思想の中には、どこかそうした童心の恐れに似たかげがつきまとっていそうである。

2

ところで、日本におけるニヒリズムの問題に迫る一つの緒口として、その政治との交渉形態をとりあげることはかなり便利なアプローチである。いうまでもなく、前の大戦における日本人の思想態度と、人類史における「能動的ニヒリズム」の最大の表現とされるナチスとの比較という方法である。この問題については、すでに丸山真男の「軍国支配者の精神形態」が、両国の政治指導者のメンタリティを比較分析し、ナチス指導者の神をも畏れぬ不敵なニヒリズムに対し、日本の最高指導者たちがいかに小心翼々たる「官僚」的心性の持主にすぎなかったかを指摘し、後者の「ファシズム」の「矮小性」を説いていらい、しばしば論議されたテーマである。つまりそこではナチスは「神」の死を公然自明のものとし、その前提のもとで考えられるあらゆる戦争技術の可能性を究極にまで実行したにすぎないのに対し、日本人たちは、大陸に侵攻して中国の兵士・民衆を虐殺しながらも、それを「東洋平和」のための「涙の折檻、愛の鞭」と形容せずにはいられなかったほどに感傷的な道徳家だった。前者にはすさまじいまでに明快なニヒリズムの「決断」があったが、後者は世界の誰もが子供じみているとしか考えないような「理想」を本気に信じこんでいた。かつての駐日大使グルーは、日本人を「信じがたいほどの自己欺瞞の達人」と形容したことがあるが、ナチス指導者には凡そそうした自己幻想は断片さえも見られない。たとえば、次のような思想に相当するものを公然と述べた政治指導者は、日本に一人もいなかっただろう。ことがらは神とその教会の問題に関していた。

「坊主どもに勝手なまねはさせない……奴らの時代は終ったのだ。役を演じ終ったのだ。私はビスマルクの轍はふまない。私はカトリックなのだ。天の摂理がそう定めたのだ。カトリックのみが、教会の弱点を心得ている。……カトリック教会は、すでに相当の大きさを持っている。諸君、主なる神とは一つの制度である。そして二千年の長きにわたって生きながらえたということは、それだけですでに何ものかを意味する。ここからわれわれは学ばねばならない。知恵と世知がここにひそんでいる。諸君、これを学びたまえ。彼らは、わが身の弱さを心得ているのだ。しかし、彼らの時代は終ったのだ。牧師たちもそれは知っている。それを見通していて、喧嘩をしないだけの分別はある。もし、闘うとしても、彼らを一人として殉教者にはしない。ただの犯罪者の烙印を押してやるだけだ。頭から真面目くさった仮面をはぎとることになろう。それだけで充分でなければ、彼らを皆の笑いものにしてしまうこともできよう。映画をつくらせ、坊主の歴史を、皆に見せてやる。そうすれば、ナンセンス・我欲・愚鈍・欺瞞の入り乱れたさまにがくぜんとするであろう！」

これは、「神」と人間との関係について、ヒトラーの示した悪魔的な明察の片鱗にすぎない。見られるように、そこには二千年にわたる人間の聖なる信仰がとっくに亡び去っていることが冷然と告知され、神の集積した人間についての知恵はそのまま人類支配のための魔性の技術へと置換されている。もちろんここに宗教と教団に関する古くからの冷嘲者のシニシズムを見ることは容易である。しかし、ヒトラーのニヒリズムの恐しさは、こうした「神」の行状に関する彼の直覚が、そのかなり広い雑学的読書の幻想的結果とはいえ、たとえばマルクスやニーチェの洞察と同じ水準にあることである。そこにはただの無視・冷笑によって打ち消すことのできない異様な戦慄をよびおこすものがある。いいかえれば、ナチズムの恐しさは、それが世界史上のたんなる悪夢ではなく、その一定の必然であったことを思わせるところにある。

しかし、ナチスのことはここでは一応別として、日本におけるファシズムの周辺にその同じ問題をさぐるとしたらどうであろうか。日本には、ヒトラーのヴィジョンに似たヴィジョンに憑かれた人間を見出すことはできるだろうか。つまり、日本には能動的ニヒリストとよべるようなファシストがいたであろうか。

この点について、一つのヒントを与えるものは、竹山道雄がその『昭和の精神史』の中でのべている「日本にはファシストはいた。しかし、国はファッショではなかった」という言葉であろう。周知のように竹山のこの言葉は、講座派マルクス主義的な歴史家の日本ファシズム論に対する反論の含みをもって述べられたものであるが、彼はいわゆる「日本ファシズムとよばれているものは、その大きな部分が戦時体制との混同であるように思われる」とし、日本にファシズム体制が存在したとは認められないとしている。これは、さきに見た丸山真男の日本ファシズム＝矮小性の理論と逆説的には一致するという奇妙な関係になっているのが興味をひくが、それはともかく、ここではその竹山さえも、日本にファシストの実在を認めていることはたしかである。しかし、それはどんなタイプの人々であろうか。

3

一九三〇年代に入り、日本の満州侵略以後の動向がアジアにおけるファシズムの新たな登場と見られ始めたころ、欧米人がそのシンボルとみなした人物は田中義一と荒木貞夫であったようだ。ここで「ようだ」とのべたのは、必ずしも十分に調べたわけではなく、半ば叙述の便宜としていうからである。しかし、たとえばアメリカの政治学者フレデリック・シューマンの『国際政治』のある章は、日本のアジア進攻とその思想を述べているが、その冒頭にかかげられている三つのエピグラフは、一つが田中義一上奏文（いわゆる田中メモランダム）の一節であり、もう一つが荒木貞夫の演説の一節である（他の一つはルイス・キャロルの『不思議の国のアリス』からの諷刺的一節だが、これは除外する）。つまりこの二つの名前によって、当時シューマンは、日本のファシズムを代表させることができると考えたわけであろう。田中メモランダムからは「世界を征服せんと欲せば、必ずまず支那を征服せざるべからず、支那を征服せんと欲せば、まず満蒙を征せざるべからず、云々」の有名な一句が、荒木のは昭和七年七月に偕行社で行なったという演説から「日本精神はその本質からして七つの海に宣布せられ、五つの大陸に弘布されねばならぬものである。その行く手を妨ぐるものがあれば、武力によってもこれを排除せねばならない」という一節が引用されている（ただし後者の出典を私はつきとめていない）。

もちろん、田中メモランダムは、今なお謎につつまれた有名な怪文書であり、荒木貞夫をナチス的ファシストと見ることもいささかこっけいである。しかし欧米人の眼に田中や荒木のイメージがそのようなものに見えたことは大体ムリのないことと思われる。田中のメモランダムは当時国際的に問題化したものであり、荒木は満州事変後もっとも多弁に日本主義を論じた陸軍大臣だったからである。しかし、ここで荒木をなんらかの意味でニヒリズムと結びつけ、その意味でファシストと見ることはやはりムリというほかはない。彼には決定的に一九三〇年代の問題はわかっていなかったというのが私の判断であり、ここに論じる必要はない。むしろ問題となるのは田中メモランダムの作者に擬された田中の方である。少なくとも、この偽書として知られる怪文書にあらわれた思想の中には、容易にナチス的ニヒリズムとシニシズムに通ずるものを見出すことができるからである。といっても、もとより田中義一その人がそうであったというのではない。彼もまた、その思想とパースナリティから推して、ナチス的ファシストのカテゴリーにはほとんど入らない。「満州某重大事件」で天皇に叱責され、涙を流しながら辞任した田中は、どこまでも一個の「陛下の臣僚」にすぎなかった。というより、そもそも田中はこんな上奏などはしていないのである。したがって、私が「田中上奏文」にあらわれたファシスト的ニヒリズムというのも、その名のかげにかくれて実在した人物もしくはグループについていうのである。

いうまでもなく、この怪文書の作成者が何人であるかはまだ少しもハッキリしていない。しかしそれが何人であれ、ここにあらわれた思想はナチスの世界征服計画によく似ており、またその手段・策略をえらばぬシニシズムは、ほとんど日本人ばなれというべき印象さえ与える。しかしそのことを田中上奏文の内容分析に即して説明することはいくらか本稿の性質にもそぐわないので、簡単にしかいえないが、この「上奏文」の印象を少し極端にいえば、それは世界征服の大野望をその祖父（明治天皇）からうけついだ大魔王サタンとしての天皇に対し、あたかもその第一使徒ルチフェルの行なった恐るべき「上奏」のように見え、湿潤な日本人の日常感性からはひどくはずれているという印象はつよいのである。

しかし、もし田中自身もそうしたニヒリズムの持主でなかったとするなら、一体日本のファシストはどこにいたということになるだろうか。いくらか叙述を省略することになるが、もしそれらのファシストがいたとするならば、彼らはまず日本におけるもっとも正統な信仰としての天皇制と国体論に対するニヒリストでなければならないし、それと同時に、能動的に世界征服もしくは「新秩序」を構想しうるほどの技術的能力の持主でなければならない。一般に天皇信仰の呪縛にとらえられるほどの国体論者は、決してニヒリストではないし、また本来のファシストでもありえないというのが私の考えであるが、いうまでもなくそれは、いかに国家主義者、民族主義者、軍国主義者であろうと、その人間が天皇制秩序という秩序の感傷的な信仰者であるという理由によっている。もしここで天皇信仰そのものがニヒリズムの一形態であるという奇妙な仮説が立証されない限り、彼らにニヒリストの称号を与えることはできないということである。

また、ここで一定の技術的能力を前提としたのは、もし彼がたんなる受身のニヒリスト、いわば隠者的アウト・ローであるとするならば、それはいつの世にもあるすね者というにとどまり、とくに問題とするに当らないからである。自身相当なニヒリストだったらしい高畠素之に、次のような面白い片言隻句がある。

「理論的観点というものは無くて悪し、有りすぎても困る。有れば有るだけに、何とかその処在を晦まさないと客がつかない。烏賊が墨を流して処在を晦ますように、我々は、ややもすると野暮と単調に堕せしめやすい理論的観点の処在を晦まして行く必要がありはしないか。

晦ますというと、作意一方になってしまうが、どんな理論にしろ、性根のどこかに何程かのニヒリズムがないと本当に終りまで聴かせる魅力がつかない。社会主義にしろ、無政府主義にしろ、愛国主義にしろ、何主義でもよいが、性根の一角にニヒリズムを潜めない人間の議論くらい、その人間それ自身のごとく噛んで索然たるものはない。ニヒリズムのないニヒリストと称する人の議論と来たら、これはまた一段と困りものである。」

つまりこの文章の最後の部分では高畠は世間によくある通人ぶった「ニヒリスト」をからかってい

るのだが、その反面において「性根の一角にニヒリズム」を潜めた人物には魅力があるといっている。ニヒリストに魅力があるかないか知らないが、こんなことをいっているところを見ると、高畠自身もいくらか軽みをおびたニヒリストだったかもしれない。ただここで高畠がいささか大正期ユモリスト風にいってのけた言葉の中には、たしかに一定の真実がある。彼は、それがどんな思想、イデオロギーであれ（ニヒリズム＝虚無主義も含めて）、それを真面目くさって信奉するものを信じないという姿勢だけはハッキリしている。たしかにことがらの深みにちがいがあるとはいえ、高畠においても「神」は死んでいるのである。彼はまた「天皇」よりも「大統領」の方が好ましいという言い方もしている。ともかく高畠は、その人間不信とイデオロギー不信において相当徹底しており、また、マルクスの国家論などを信じないという意味でも、明治社会主義の系譜をひく人物の中では抜群に面白いニヒリストである。しかし、私が上述のところで暗示したかった人間群は、実はもう少しあとの世代に属している。ニヒリストにして技術者というカテゴリーで考えたい人間タイプというのは、たとえば次のような美文を平然とかくことのできる人間のことである。

「誠に資本の集中と、人間の砂粒化とは、現代個人主義経済の基本的特徴であって、それは国内に於ても、国際関係に於ても、同様に見受けられる二十世紀の悲劇である。個人主義は我々の社会生活から人間的紐帯と、内面的結合を奪い去った。自由主義は、自由を濫用して、その弊ようやく極まるに及び、社会経済の計画性、綜合性は全く喪われるに至った。孤独と寂寥、分裂と阻隔が二十世紀の人類を支配しつつある。」

恐らくこの美文は、現代のマス化状況のもとで、少し小才のきいた評論家が書き流したもののように見えるかもしれない。少なくともこの人間の眼には、現代人の「原子化」の姿とその背景とがちゃんと映っていた。やや詠嘆をこめたこの社会認識には、マルクス以後、二十世紀初頭の社会科学の影響を認めることもできる。そして、このような認識から彼はどこへ行くかといえば——

「政治も経済も国民生活も文化も教育も一切の国家国民の全領域における総活力を国防ということに結集して最高度に発揮するような仕組みになっている国家が国防国家であり、また、外交も経済も科学も思想も社会事業も家庭生活も映画も音楽、スポーツ等に至るまで戦争に従属し、国防にもとづいて存在せねばなりません。国民は一個人としてでなく、国家とともにあり、国家の胎盤の中で永久に生きて行くべきであります。」

つまり、「砂粒化」し、「孤独」と「寂寥」の中にある人間の行くべき道は、その目的がいかなるものであるにかかわらず、戦争を、戦争のみをその機能とする国家の中に完璧に組織化されるほかはないというのである。ここでは人間は戦争という目的に奉仕する資材・資源という技術的要因としか見られていない。人間と国家と戦争の諸関係を修飾する一切のイデオロギー的美辞麗句は必要とされていない。いわばそれは「技術的ニヒリズム」の立場の端的な表現にほかならない。

こうした文章が書かれたのは戦前、昭和十三年のころであり、執筆者は評論家ではなく当時革新官僚とよばれたものの一人である。これらの官僚たちは、日本の中国侵略が始ったころから頭をもたげ、混乱し、無力化した日本の思想界の中において、ただ彼らのみがものを考える人間群であるかのようにふるまった。ナチスにもっともよく学んだのもこのグループである。職業的思想家たちは、多かれ少なかれ彼らの設定したモチーフにしたがって、さまざまなみせかけの思想的変奏を行なったものがほとんどである。ニヒリズムの支配が成熟・完成の段階に達しようとしたのがその時期である。

このような官僚的・技術的ニヒリストとしては、別に幕僚型軍人という有力な集団がある。日本軍閥史上「統制派」とよばれるものと同じものと考えてもよい。これらの軍人の思想にひそむニヒリズムの要素がいかにして形成されたかを論じることも省略したいが、ここでは革新官僚、統制派幕僚を通じて、彼らの天皇信仰との関わりをかんたんに見ておきたい。ふつう統制派の一人と見られる池田純久が彼らの敵対者であった皇道派青年将校について、次のように書いている。

「……皇道派から統制派を眺めると赤に見えたり、国体を弁えぬ逆賊のように映るであろう。反対に統制派から皇道派を眺めると、神がかりだとか、足が地につかないと非難したくなるし、国体論だけでは飯は喰えんとつい口が辷りたくなる、云々」

つまり、ここでいわれていることは、天皇信仰だけでは戦争はやれない、勝つこともできないという技術的観点である。さらに論理的につきつめれば、近代的総力戦の遂行のためにもし天皇信仰の非合理的要素が阻害要因となるならば、それは一時的にせよ、停止されねばならないという含みがひそんでいる。さすがにこの観点が公然と示された資料というものは見当らないが、たとえば戦争末期の近衛上奏文にあらわれた疑懼などはその傍証にはなるであろう。そこでは幕僚軍人の一部が共産主義者とくんでこの戦争を指導しているという判断が述べられていた。

(それと別に、戦争末期、特殊謀略戦のために設けられた中野学校での教育においては、天皇信仰という非合理的心情によっては、残酷苛烈な謀略任務を合理的に遂行することは不可能であるとして、まずそうした天皇絶対の思考を清算することが求められたという記録をかつて見たことがあるが、その資料がいま見当らないので、たんにここに付記するにとどめる。)

このように、日本においても、「神」の形骸化を洞察し、同時に人間操縦の非情なテクニックをマスターしたものたちがいたことは事実であり、それが私の考えでは、ナチスにもっとも近似した日本のニヒリストであった。

4

これまで主として昭和の「ファシズム」期を素材としてニヒリズムの問題を断片的に考えてきた。しかし、それだけでは、この時期についてさえもとより甚だ不十分である。一般知識人とニヒリズムの問題もあるし、いわゆる「昭和維新」の主流をなした北一輝や井上日召、青年将校などの問題も残る。そのことを承知の上で、しかしここでは再び視座をかえ、この断片考の時代を少しさかのぼらせることにしたい。それが旨く昭和時代の考察に回帰・結合するかどうかはあまり自信はないのだが。

ふつう日本のニヒリズムというとき、ヨーロッパのそれに対して仏教の影響をいうのがこれまでの通例のように見える。仏教的無常感とか、西田哲学その他のいう「東洋的無」とか、老荘の虚無とかが引合いに出されることが多かった。しかし、そうした東洋思想の流れの中に日本のニヒリズムを位置づけるなどという作業は到底私の手にはあまるので、ここでも思いつくままの記述をすすめるほかはない。

そこで、話がかなり飛躍するかもしれないが、久しく坂本龍馬の作と信じられ、最近そうでないことがわかった幕末の怪文書(?)に「英将秘訣」というのがある。これなどは近代日本ニヒリズム文献の冒頭あたりに記載していいものではないかと私は思っているが、果してどんなものだろうか。ともかく、その文章は、意外なほど近代的なニヒリズムと、それに結びついた激越な能動主義との印象を鮮明にたたえたものである。たとえば、そこには次のような辛辣なことばがいくつも見られる。まずその冒頭——

「日月はあまり役に立たぬものなれども、日は六時の明り也、月は夜の助けにもなるか。」

ここでは、太陽も月も、わずかに己れの手まわりの道具のようなものとしか見られていないが、こういう発言は当時の知識人はもとより、ひょっとすると、月世界をすでに知ってしまった現代人にとってさえ、舌を巻かせるものかもしれない。いわばそれは天地宇宙という人間存在にとって究極的な保証となるはずのものをこともなげに卑小化した一例であるが、人間にいたっては、ほとんど全く歯牙にかけるほどの値打ちもないものとされる。なかでももっとも感情的な愛憐の対象となるはずの「親子兄弟といえども……蠢虫同様のものにして、愛するにも足らぬ生きもの也」ということになり、一般に人間を取扱うには「此奴いかに打殺さるるぞと見取る」のが唯一の正当な態度ということになる。凡そこの世界に、五倫五常などというものはなく、畏敬すべき権威というものもない。だから「今の世の生物にてはただ我を以て最上とすべし、されば天皇を志すべし」といい「悪人の霊魂を祈らば我に知慧よくつくもの也。まず釈迦、歴山王、秀吉、始皇。而して泉のごとく策略もまた生ず」という悪魔主義も当然のこととなる。とくにこの「秘訣」において強調されているのは、人を殺すことにいささかの感傷ももってはならないという細心な教訓である。「人を殺すことを工夫すべし。刃にてはかようのさま、毒類にては云々ということをさとるべし。乞食など二、三人ためしおくべし」「［人の］死にぎわに目をつくべし。大切にすべし」などというのは、実地に断末魔の人間を冷然と見守ったことのない人間にはいえないはずの言葉である。

この文章が幕末における異様な「悪徳のすすめ」であることはたしかだが、私がここで興味を感じるのは、こうした思想がいったいどこから生れてきたのかということである。もとより、この文書の作者は誰かある個人として識別されているわけではない。龍馬研究の権威平尾道雄や塩見薫の研究によって、それは少なくとも龍馬のものではなく、平田銕胤《かねたね》か、三輪田元綱か、いずれにせよ平田派国学者志士グループの著述であるとみられるにいたっている。銕胤はいうまでもなく篤胤の養子、三輪田は文久三年、足利三代木像梟首事件に参加した神官出身の国学者である。しかし、このような恐るべき人間蔑視と、その反面としての激烈な行動主義とが、果して幕末国学思想の中から生れえたであろうか、という疑問はのこる。

この問題についても私はただの感想をのべるほかはないのだが、要するにそれは幕末国学においてありうべき思想的変型であったと思う。いいかえれば、まず人間は虫けらにひとしいという知見は、国学思想の中から育成されてきたとしても不思議はなかったということであり、次には、その人間＝虫けら観から、通常の人間主義をふみ破るラジカルな行動主義が生れたとしてもおかしくないということである。

前者の点についても簡単にしかいえないが、要するに儒教的世界体系の崩壊ののち、一切の伝統的な人倫の虚構性があらわになったばかりか、西欧の天文学その他の科学的知識の断片的摂取によって、奇妙に不安定で、しかもラジカルな世界観がとくに平田派国学者によっていだかれるようになった。篤胤の奇妙な宇宙論はよく知られているが、その一つの帰結として、天地人と排列された既成の人間論のかわりに、太陽も月も、一切の生物もひとしなみに平凡な事実にすぎないという考えが生れたと見てよいであろう。ニーチェ風にいえば、人類などは「地球の疥癬」にすぎぬという認識である。儒教的人間論を打ちこわした余勢がついには人間そのものの蔑視へと進んだと考えてよいかもしれない。「英将秘訣」において人間は「言語して智ある虫」とよばれているが、実はそれと同じ性質をおびた人間論は、すでに本居宣長あたりに潜在していたと見ることは不可能ではない。人間はそれ自体に内在する価値ないし権威をおびたものではないという認識を宣長の「もののあわれ」の説から、またはその古道論からひき出すことは必ずしもむずかしくはない。人は要するに神々の意のままにあやつられるからくり人形にほかならないという例の見解がその根拠となるであろう。ヒューマニズムは、幕末知識層においてすでに広汎に解体しつつあったのである。

ここで思いあわされるのは、この文書の中に「王陽明曰く、六経は心の註なり、仏者曰く、断見と。これは見処あり」という言葉があることである。この一句の意味を正しく解釈しているかどうか、私はあまり確信はもてないのだが、ここでは王陽明の語も、断見という言葉も、いずれもそれぞれ異端の意味で用いられており、それを著者はあえて「見処あり」と述べているように思われる。前者はいうまでもなく陽明学の核心を表現する標語の一つであり、のちに左派陽明学の出発点となるものである。後者は涅槃経にいわゆる「衆生起見有二種、一者常見、二者断見、如是二見、不名中道」といわれる二つの妄見の一つであるが、それは、人間には現世だけあって、前世、来世などはないという世界観をさしている。この両者の意味が果して同じものかどうかを判断する知識も私にはないが、著者は多分これらを同じことを言っているものと見ており、そして、それを好ましい考えだと判断しているように思われる。著者にとっては、いずれの言葉も、いかなる罪悪感にもとらわれることなしに、ただその思うがままを為せと述べたものとしてとらえられているようである。つまり、私のいいたいことは、ここにあらわれたものがもし日本の早い時期のニヒリズムだとすれば、その媒介者として、陽明学もしくは仏教の一定の作用が考えられるのではないかということである。

ここで再び連想の飛躍を許されるならば、陽明学の幕末における影響の一つとして無視できない人物に吉田松陰がいる。その前に大塩中斎がいるがこれはここでは論じない。しかし松陰をさけることはできないだろう。なぜなら、彼の刑死の日をえらんで（旧暦新暦のちがいはあるが）、三島由紀夫が自殺をとげたという一説もあるほどだからである。

しかし、果して松陰をニヒリストとよんでよいかという問題になると、その点私には自信がない。第一、あんなに優雅な男はいないという印象が前々から私にはあるし、ラジカルな行動者はそのままニヒルを内在した人間ということにもならないはずだからである。そこで再び問題はニヒリズムとは何かということになるのだが、初めにのべたように、私はその定義から出発するという行き方はとらなかった。あくまで断片的思念をたどるだけであることは改めておことわりしておくが、ともかく存在論としてではなく、歴史的に考えて行くかぎり、ニヒリズムと松陰という問題は、ほとんど自然に出てくる。それは、北一輝がニヒリストかどうかという問題と同じくらいに、必然的にぶつかってくる問題のように思われる。

ここでもう一度連想にたよることになるのだが、ゲーテに次のような言葉がある。

Der Handelnde ist immer gewissenlos.

もしここで「没良心」という意味をニヒリズムに関わるものとしてとらえるならば、「行動者」はつねにニヒリストだということになる。このゲーテの言葉も、いつかどこかで覚えただけであり、前後の文脈も全く記憶にないので、甚だ無責任なことになるが、とにかくゲーテにもアポロン的な（？）ニヒリズムがあったらしいという印象をうけた記憶はたしかにある。それとこれとは関係ないかもしれないが、ゲーテをニヒリストといえないとすれば、松陰だってニヒリストというわけにはいかない。しかし、それならば、一体ニヒリストの理想型というのがあるのかといえば、それが私にはわからない。ただ、ここではほとんど非人間的なほどに行動的であったという印象を手がかりに、松陰をこの問題の範囲に引き入れてみるだけである。

その松陰が陽明学左派の李卓吾を読み「言往々心に当る」といい「僕去冬已来死の一字大に発明あり、李氏焚書の功多し」と述懐し、「このごろ李卓吾の文をよむ、面白きこと沢山ある中に童心説甚だ妙」など、極力共感を示していることはよく知られている。そしてその李卓吾が、当時「狂誕悖戻、肆行不簡、猖狂放肆」と弾劾され、「小人の忌憚なき、聖人に叛くを敢てするもの、李贄《りし》より甚しきはなし」とされた問題の人物であることも周知のところであろう。儒教の範疇でいえば、孔子が『論語』であげた郷原に対する狂か、狷の部類に属する人物であり、ただその中でも卓抜異類の存在であったということになろう。そういう人物のことを松陰は「一世の奇男子その言往々僕の心に当り、反覆して甚だ喜ぶ」と、あたかもその道の友をえたかのように喜んでいる。いうまでもなく松陰もまた、幕末の思想的混迷の中で自ら「狂」を自任した人物の一人——しかもその最も純粋な人物の一人であった。

そこで問題はその「狂」と近代のいわゆるニヒリズムとが同じものか、どうかということになる。ここでも私はこの問題を学者風に扱おうとは思わない。ただその両者の類似性は否定しえないと思われる。ニヒリストも狂狷も、いずれも世のフィリスティン（＝郷原）の文化と生活の様式に対する徹底的否定者である点で共通している。そのさい狂者はあえて「世の礼法を乱り政教を害う」ほどの能動的行動者であり、狷者はむしろ「為さざるところあり」で、前者の「気力雄健」に対していえば「性質堅忍」のタイプということになる。晋宋の清談の徒などは後者ということであろうか。

ここでまた連想に浮ぶのはヨーロッパにおけるアウグスチヌスのことである。最近その訳書が出たが、ノイマンの“The Democratic and Authoritarian State”の中に、アウグスチヌスの世界観からは、二つの極端にことなる生活態度が出てくるということが書かれている。一つは僧院主義《モナスティシズム》であり、他の一つはラジカルな行動主義（バプティストの運動がその典型とされる）である。前者は狷、後者は狂ということになるかもしれない。そして、ヨーロッパにおけるその二つの態度に共通するものが「神の国」への熱烈な翹望であったとするならば、狂狷に共通するものは「狂（狷）者の聖人を慕うことは孤子の父母におけるが如し」と松陰が述べたように、聖人の「道統」へのあこがれにほかならなかった。そしてそのバプティストの運動がほとんどニヒリズムに近かったように、狂者の行動もまた李卓吾に見るように、ニヒルの深淵に近く立つものであった。そしていずれの場合にも、いわば隠者風のニヒリズムと、行動者風のそれとに分流する傾向をもっていたことになる。

しかし、もちろんそれだけの類推から、たとえば陽明学の中にニヒリズムの要素がひそみ、それは李贄をへて松陰や「英将秘訣」にまで及んでいたとみることはムリかもしれない。いわんや、かりにそこに一定のニヒリズムを見出しうるとしても、それをニーチェに典型化されたような近代ニヒリズムと同一視することは飛躍とみるほかはないかもしれない。しかし、いま私はそれらを承知の上で、この断片的考察をすすめるほかはない。

松陰が李贄の「童心の説」に感銘したことは先にのべた。そしてこれまた奇妙な連想から、私はニーチェが『ツァラトゥストラ』の中で述べた精神の三つの変態のうち、その最後にあらわれる「幼児」のイメージを思い浮べざるをえない。李贄の「童心の説」の説明は省略するとしても、そのかわりにニーチェの「幼児の説」はそのまま「童心の説」の精神史的脚註になっているように私には思われる。

「幼児は無垢そのものであり、忘却である。一つの新しい始まり、一つの遊戯、一つの自ら廻る車輪、一つの第一運動、一つの聖なる然りである。然り、兄弟たちよ、創造の遊戯のためには一つの聖なる然りが必要である。今や精神が欲するのは、おのれ自身の意志であり、宇宙を失った精神はおのれ自身の宇宙を獲得するのだ。」

ここでニーチェのいう三つの変化とは周知のように駱駝から獅子へ、獅子から小児へというものであった。それをもし李贄の場合にあてはめていえばどういうことになるか、などと考えるのは、すでに余りにも恣意的な類推であるかもしれない。しかし、儒教のあの壮大な宇宙論的体系が、人間の心の中に、その三段の変化と同じものをひきおこさなかったとは私には思えない。少なくとも、李贄のあの激越な内面主義の立場が、キリストからアンチ・キリストへと旋廻したニーチェに比べて、いっそう甘い精神史上の徴候にすぎないとは私には思うことができない。そして、もしニーチェをニヒリストの祖型と見るのならば、李贄もまたそう呼んでよいだろうし、それに感動した松陰もまた、その同じ系列の人間と考えてかまわないはずである。

しかし、それにしても、その意味でのニヒリストは、なぜ不思議に相似する「童子の説」を立てるのであろうか。なぜ同じように神の死を説き、宇宙と歴史と道徳に関する十数世紀にわたる伝統的解釈が人間に及ぼした害悪を弾劾し、「真実というものはなにもない、すべては許される！」と童心のままに同じように叫び始めるのであろうか。ニヒリストというのはただひたすらに世の一切の偽善に対する告発者にすぎないものであろうか。

しかし、これはまたニヒリズムとは何ぞやというろくでもない迷路に行く道であるかもしれない。その道をさけて、私はさらにもう少し、気ままな連想に移ることにしよう。

5

さきに「英将秘訣」の人間＝虫けらの説を引いたが、それと同じ人間論を近代日本最大の啓蒙思想家福沢諭吉の中に見出すことができるのは、面白いというより、むしろ人を困惑させることかもしれない。もともと福沢は人間の「惑溺」（＝自己欺瞞）をもっとも力をこめて排斥した人物であるが、それなら一切の自己幻想から自由となった人間は、何によってその生活を支えることができるのか。人間がもしパンによってのみ生きるものでないとするなら、その死に至るまでの精神の支えとなるものは何かということである。福沢の考えは次のようなものであった。

「宇宙の間にわが地球の存在するは、大海に浮かべる芥子の一粒というもなかなかおろかなり。われわれの名づけて人間と称する動物は、この芥子粒の上に生まれまた死するものにして、生まれてその生まるるゆえんを知らず、死してその死するゆえんを知らず、よって来るところを知らず、去って往くところを知らず、五、六尺の身体わずかに百年の寿命もえがたし……されば宇宙無辺の考えをもって独りみずから観ずれば、日月も小なり、地球も微なり、まして人間のごとき無智無力、見る影もなき蛆虫同様の小動物にして、石火電光の瞬間、偶然この世に呼吸眠食し、喜怒哀楽の一夢中たちまち消えてあとなきのみ。」

まことに福沢らしい明快きわまる文章であるが「人生は見る影もなき蛆虫にひとし」というのは、福沢の世界認識の大断案であったようだ。そして福沢の場合、この人間＝蛆虫論が直ちにその行動論の基礎となっていることもすでに有名である。

「すでに世界に生れたる上は蛆虫ながらも相応の覚悟なきをえず。すなわちその覚悟とは何ぞや、人生本来戯れと知りながら、この一場の戯れを戯れとせずしてあたかも真面目に勤め……生涯一点の過失なからんことに心がくることそ蛆虫の本分なれ……人間の安心法はおよそこの辺にありて大なる過ちなかるべし。」

しかし人間本来蛆虫にひとしと判断しながら人間の行動になんらかの意味を見出すのは矛盾ではないかといわれるなら、そこはそれ「人間の心は広大無辺なり」として説明される。「人生を戯れと認めながら、その戯れを本気に勤めて倦まず、倦まざるが故によく社会の秩序をなすと同時に、本来戯れと認むるが故に、大節に臨んで動くことなく、憂うることなく、後悔することなく、悲むことなくして安心するを得るもの」は、即ち「一心よく二様の働きをなして相戻らず、すなわちその広大無辺なるゆえんなり」となる。

こういう福沢の考え方に一種宗教的な感覚が流れていることはしばしば指摘されるところであるが、とにかく福沢のニヒリズムと結びついた覚悟というものには、西欧の本を読んではじめてニヒリストづらするような連中とはことなった、ある深い伝統にねざした様相が認められるのではないだろうか。これがもう少し時代がずれると、森鷗外の「かのやうに」の哲学に通じてくるかもしれない。要するに福沢哲学は「事物を軽く視て始めて活発なるをうべし」という『福翁百話』の一節に結晶されていることになる。

ここで私はまた唐突に牧野富太郎のことを思い浮べる。というのは、この植物学界の巨人もまた、どうやら地球＝芥子粒、人間＝蛆虫論をもっていたようだからである。いま、その『自伝』が見当らないので記憶でいうのだが、関東大震災の体験を書いた文章がある。そのとき、普通の人とは全く異り、牧野はこの一大異変に遭遇したことに欣喜雀躍したらしい。めったに経験することのできない天変地異を見て、牧野はまるで子供のような好奇心をもやし、周辺におこる一切の現象をこまかに観察している。そしてその文章にはほとんど満足しきったもののような喜悦がみちているばかりか、空恐しいほどに慾ばった希望をのべてもいる。こんな意味の一文がしまいにつけられていた。

「この次には富士山の大爆発が見られないものだろうか。」

こういうのをニヒリズムの一種とみてよいのかどうか、私は知らない。しかしどうやら、ニヒリズムと「童心」の間にはどこか深い因縁がありそうだといえないであろうか。

かつて、世界にも、祖国にも見棄てられ、南方の辺地で死刑になったBC級戦犯の一人は、刑場におもむく途中、路傍を流れる小川を見ながら教誨師にただ一言、こういったという。

「この川は何処へ流れる川ですか。」

この時、この温順しい若い兵隊の無心の眼に映っていた世界はどういうものだったろうか。この兵隊がそれに先立ち、その仲間にのこした遺言は以下のようなものであったという。

「ホッとした。これで気がせいせいした。何故だか知らないが非常に自分はうれしい。私は生きる喜びをはじめて知って嬉しい。唯皆と別れるのが一番悲しい。」

これはニヒリズムだろうか、それともただ子供の心だろうか。

（一九七一年十一月）

III

近代日本の忠誠の問題

ここで忠誠というのは、ロヤルティあるいはトロイエという言葉でいわれるものと同じである。広義にいえば、人間がその自我の外部にあるなんらかの対象に対して、自我の一定の犠牲を冒しても——その犠牲には精神的な犠牲も、物理的な犠牲も含まれる——自己を同一化しようとする、そういう感情あるいは態度をさすものと考えてよいであろう。

従って近代日本における忠誠の問題というのは、もしそれを政治的意味で使えば、実は愛国心の問題とか、ナショナリズムの問題というふうにいいかえても、実質的にはそう違わないことになる。素材としても、そう違った素材をとり扱うわけではない。にもかかわらず問題をあえて忠誠、ロヤルティという角度から取り上げようとするのはなぜかといえば、一般に例えば近代日本において日本人の生き方を支えた根本の思想とか、その原理あるいはイデオロギーはなんであったかというように問題をたてると、しばしば、自我の内面性、内面からの対象への献身、対象への忠誠という契機が落とされてしまうからである。つまり、近代日本におけるナショナリズムの歴史とか、あるいは愛国心の問題というように問題を立てると、しばしばさまざまなナショナリズムの思想や運動、さらにその歴史とか、そのナショナリズムを生み出した国家の手段、教育とか宣伝とかの手段ということを、いわば対象化し、自我の問題から切り離して論ずることになりやすい。

ところが忠誠というのは、自我の内面の生き方というものと深く結びついた人間の心情の側面を捉える言葉であるため、その弊を免れやすいと考えたからである。

このように問題を捉えた場合、近代日本においてどのような問題群が考えられるかを順次にあげてみると、第一には封建社会から近代社会への推移に伴うドラマティックな忠誠心の構造変化という問題がある。第二には、一応幕末＝維新期における忠誠心のコンフリクト——忠誠心の矛盾、相剋という混沌の状況——が収拾されるのが明治二十年代初期、明治憲法体制、明治国家体制ができ上る時期であるが、この時期の日本人の忠誠心の構造は、はたしてどういうものであったのかという問題が大きく浮かんでくる。

第三には、時期的にいって、日清、日露の二つの大戦争を経て、初期的な産業革命が日本社会に浸透して来た段階で、従来のような人間と国家関係を規制するルールが大幅な動揺の中にたたき込まれる。日露戦争後そういう傾向が非常に強くなって来るが、この時期において日本人の忠誠心は大きく混乱、分裂を現わすことになる。象徴的には、例えば大逆事件のような事件が起るし、そういった忠誠心の混乱状態に対処する国家の側のさまざまな政策にも非常な特徴が現われてくる。これは、ある意味で明治国家体制というものがゆきづまり、新たな忠誠心の再編成が必要となったことを意味している。第四には、一般に大正期といわれる時代。この時代の忠誠心の問題の特徴を象徴的に示す一例は、例えば白樺派という問題がある。このグループの忠誠対象は、従来の国家とか政治を超越して、人類主義的、普遍主義的な傾向を現わしてくる。そして、それ以前の日本人のもっていた忠誠心に対する否定的な、嘲笑的な態度――例えば白樺派の志賀直哉や武者小路実篤が、前時代の忠誠心の象徴ともいうべき乃木希典の自殺を嘲笑し、批判するというような事態――が現われてくる。この時代の日本人全体の忠誠心の構造、その意味、内容はどうなっていたかということが考えられる。第五には、特に第一次大戦以降、日本人は従来のように明治憲法とか、あるいは教育勅語が予想したような、忠誠心をもはや失い、また白樺派とも違って、ある普遍的な原理――この場合コミュニズムの革命原理に基づいた行動様式をつくりだそうとする。この革命運動の内部において、忠誠心というものはどういう転移をたどっているのかという問題がある。つまり革命家たちの忠誠というものは、なにを志向し、それは従来のロヤルティとどこで断絶しているかという問題である。第六には、言うまでもなくあの前大戦中の日本人の忠誠心が問題となる。その前提としては、それ以前の共産主義者たちが、その忠誠対象を百八十度転換した、いわゆる「転向」という問題がある。これはまた現代日本人の思想を考える場合にも見逃せない重要なテーマになる。

第七番目には、大戦後の日本社会における人間の生き方、それを支えているロヤルティは、一体何を志向しているのか。特にこの場合には、ロヤルティの多元化、マルティプル・ロヤルティの状況が問題になる。そしてさらにその展望ということが問題になるであろう。

しかし、これらの問題をずっとフォローすることはここでは不可能であり、全体の序説部分に当る幕末＝維新期の問題に限って述べるほかはない。

ところで一般にロヤルティの問題は、ある意味では人類の歴史とともに古い問題であったことを想起しておく必要がある。ヨーロッパの歴史あるいは政治思想史というものをとってみても、それはロヤルティの意味をめぐる議論であり、その対象とされるものの変転の歴史であったといえるかもしれない。

ごく簡単に回顧してみても、例えば人間のもつ道徳のうち、最高の道徳は何かという問いに対して、ギリシャの都市国家の時代においては、ポリスへの忠誠が、最高の価値ある道徳であるという考え方が、支配的であった。そこでは、ポリスという政治共同体への、私生活、日常生活を含んだ献身的な態度こそが、人間の最高の道徳とみなされていた。例えばプラトンの思想においては、それは非常に強い特徴になっていたし、あるいはツキジデス、プルタークなどの歴史書の中にも、ポリスへの忠誠を讃美する多くの文章を見出すことができる。

しかしその後に、そのようなポリスへの政治的忠誠を最高のモラールとする考え方は、大きく転換して、こんどはいわば宗教的な忠誠――信仰が最高の人間的価値として現われてくる。キリスト教会と神への忠誠が人間の生き方の最高の姿であるという考え方がそれである。そしてこの時期においては、カイザルへの政治的忠誠ということは、消極的な意味しかもたないことになる。

しかし、さらにルネッサンス、あるいはマキアヴェリの時代になると、もう一つのはっきりとした転機がでてくる。つまりマキアヴェリは「自分の魂の救いよりも国家の方がだいじである」と言っている。これは当時の一般的なロヤルティの観念からすれば神をけがす言葉として大いなる非難をうけなければならなかった。つまり、ここに、近代的国家というもののもつ独自の性格――それが人間の忠誠のすべてを要求し得る存在であるという意識が、生まれたわけである。近代主権理論の主唱者ジャン・ボーダンのいうように、すべての国民の忠誠を要求し得るということ、これが主権の構成要素であるとされたことからもわかるように、かつての神への忠誠はむしろ主権国家への忠誠へときり替えられる。そしてそれ以後、現代にいたるまで、人間の忠誠を独占的に、排他的に要求し得る唯一の存在が国家であるという考え方が支配的となったわけである。

以上のように簡単に歴史をふりかえってもいえることは、要するにロヤルティというものは、それを個人の内面から見るならば、なにか大いなる力、あるいは崇高なる権威に所属しているという一体感の意識、いいかえれば一種の幸福の意識という要素を含んでいることがわかる。しかしまた、それを個人の外からみるとその政治社会のいわば一元的な支配と統合を支えるものがロヤルティであるということがわかる。即ち個人の内部における幸福感をつくりだすものとしてのロヤルティと、それらの無数の個人を集めた政治社会の統合を達成するという二重の機能をロヤルティは果しているということになる。

従って近代日本におけるロヤルティの問題というのは、近代日本における国家と個人の問題というふうに、いいかえることもできるわけである。

さて、近代日本の初頭において、忠誠の問題がどのような現われを示したかを簡単にいえば、それは従来の幕藩体制―封建的分国制のもとでの忠誠心がどういう構造をもっていたか、そしてそれがどのように崩壊し、どのように転換していったかという問題であるということができる。まず、封建的な忠誠心の特質は一般に地方主義とパースナリズムの二面性としてとらえることができる。即ち、前者は封建的政治体制がもともと中央集権への反対物であったことに関係しており、後者はその政治と軍事体制の中軸をなしたのが封建領主とその家臣団の主従関係であったことに関連している。この主従関係は、もともと戦場における主人と従者の身命を賭した結合をその原型とするものにほかならないが、それだけにその結合関係はしばしば強烈な恩愛感情――時としては恋愛感情にさえ似た人間関係であった。『葉隠』は封建的忠誠心のそうしたパースナリズムをもっとも鮮烈に述べたものとして有名であるが、そこにおいてしばしば説かれているのも、主君への至純な忠誠心は、男女間の恋愛感情に似たものであり、しかもその最高の姿としての「忍ぶ恋」(相手にそれと知らせることを願わない思慕のこと)に等しいということであった。山本常朝は、「君臣の間もかくの如くなるべし。奉公の大意、これにてらちあくなり、理非の外なるものなり」と述べているが、すべてそれはたんなるアナロジーではなく、少なくとも山本常朝の心情においては、主君への忠誠はまったくパースナルな、ほとんど情感的な愛慕の心としてとらえられていた。

こうした忠誠観念は、一見いかにも武士道の禁欲的・男性的な行き方と異なるという印象を与えるかもしれないが、封建武士道のあのきびしい自己鍛練を成立せしめたものは実はかえってこうした強烈な主情性と人格性にあるとみることができる。『葉隠』には日常的な心得について実に細心な教訓の数々が述べられているが、要するにそれらは、小さな日常の作法、ふるまいというものが、すべて前述のような主君への愛慕の心によって貫ぬかれていなければならないことを教えたものにほかならない。即ち、封建武士のあのきびしい自己鍛練の基礎には、主君に対する非合理的な、ほとんど信仰に近い愛着心が横たわっていたことになる。事実『葉隠』なら『葉隠』においては、主君はほとんど神に等しいものとしてとらえられている。たとえば、朝ごとに礼拝すべき方向は、第一に主君の居城の方向、その次に父母の居所の方向、第三に氏神、第四に自分の守り仏があれば、その仏という順序になっている。こうしたことから見ても、主君というのは、自己のすべてを包みこむ神に近いものとして、しかも恋愛ににた思慕の心で、敬仰される存在ということになる。

このような封建的忠誠心を、いわば身をもって表現した武士の一人として、たとえば川路聖謨《としあきら》がある。よく知られているように、彼は幕末の外国奉行としても名声を謳われた英才であったが、明治元年三月、官軍の江戸城接収に先立ち、徳川家に殉じて自殺した人物である。その書き残したおびただしい文書を見ると、そこにはそっくり『葉隠』を思わせるような表現が多く見出されるが、その精神といい、修業鍛練の心得といい、典型的な封建武士の生き方を示している。そして、彼の場合にも、徳川の最高シンボルとしての東照宮＝徳川家康への、まさに信仰というべき非合理的敬愛の情がいちじるしいことがわかる。

しかし、われわれが当面封建的忠誠心の構造変化、もしくはその転移を考えるとき、いわばその模範例となるのは、やはり吉田松陰であろう。松陰においてわれわれは、封建的忠誠心の極限までの純粋化と、その究極における転化の実験例というべきものを見ることができるからである。

しかし、その前に一般に上述のような原初的な封建的忠誠心は、封建体制の安定と成熟とともに、しだいに変質していたことを指摘しておかなければならない。かつて戦国武士によって抱懐され、『葉隠』などに純粋な反映を示していた主従的忠誠心は、いわゆる「太平」の時代が数百年にわたって打ちつづく間にしだいに単なるたてまえとして形骸化していった。武士団そのものが戦士として主君に従うのではなく、単に代々の世禄を主君から受けとる家産官僚のようなものに変化していったのに応じて、かつての生命を賭した主君への忠誠心というのは、封建的受益者としての地位の擁護という意識に変ってしまう。そこでは、「お家の大事」ということも、制度・組織として固定化した藩国の地位を守るという意識に集約され、あらゆることがらにおいて、伝統的な祖法・格式を守ることこそ主君への忠誠であるという「ことなかれ」思想に変質する。しかも成熟した封建社会においては、家臣団そのものが厳格な階級的ヒエラルヒーに組織されていたから、忠誠心の表現とその意味内容を決定するものは、むしろ伝統と祖法に通じただけの無能な門閥上層武士層ということになる。いいかえれば、忠誠という本来もっとも情感的でダイナミックな精神が、朱子学的＝官僚的な手続問題にすりかえられてしまうことになった。そして、幕末における武士団の忠誠心は、ほとんどそのような形に変形してしまっていたのである。川路聖謨などは、彼自身低い身分の出身者ということもあったが珍らしい例外というべき人物であった。

こうして幕末における内外さまざまな危機の中で、忠誠を尽すということは、何よりもまずお家の存続をいかに計るかということに集中した。それは、幕府にも、諸藩にも共通した思想であった。しかし、それに対抗して、かつての二百数十年前の戦国時代における忠誠心の姿を、なんらかの形でそのまま記憶に残していたというべきか、あるいは未曽有の危機にさらされて、その記憶を想起したともいうべき人々は、かえってお家の安泰ということを越えた新たな忠誠心のあり方を追求し始める。いいかえれば、一種の祖先返りといってもよいかもしれない。祖法墨守が忠節か、慣行遵守が忠義か、身分的秩序を守ることが忠誠のすべてか――という激しい疑いをいだきながら、彼らは新しい忠誠の原理とシンボルを求めて天下を横行し始める。そして、その代表例が、吉田松陰にほかならなかった。

一般に平穏無事の時代には、忠誠心の内容がきびしく問いつめられるということはない。いわばそれはその体制内におけるコンフォーミティに従うか否かという慣行の問題にすぎない。しかし危機の時代には、人間は相互にその生き方の根拠――その忠誠心の内容に対して疑念をいだき始める。「忠誠審査」が激しくなるのも、忠誠原理をめぐって分派の形成と対立が進行するのもそのためと見ることができるが、幕末においては、一般に「正論」「俗論」という分類によって忠誠内容が争われることになった。長州藩の場合でいえば「お家安泰」を眼目とする保守派＝俗論は、現在の君公に仮りにいくらかの犠牲がふりかかろうと、毛利家数百年の宗廟を絶たないためには、それもやむを得ないという考えであった。現存の秩序の維持がそのまま忠誠に等しいという立場である。

これに対して、周知のように高杉晋作、井上馨、伊藤博文あたりが対立し、反撃したが、その場合、彼らのとった忠誠の立場は、高杉晋作が言い放った「朱子学では戦争はできない」という言葉に象徴されるように、空疎な名分論的忠誠心の否定ということであった。彼らは、そうした伝統的な忠誠心は終局において、長州藩の幕府による征服をもたらすだけであろうというリアリズムの見地から、また、もう一つは、藩を超えた日本全体のためにもならないであろうという見地から、激しい抵抗に立ち上がったのであるが、とくに、その後者の見地を啓示したものが、彼らの恩師たる吉田松陰であったといえよう。吉田松陰の場合毛利家に対する絶対的な、信仰に近い忠誠心はもちろん強烈であった。ただ彼のそれは、藩のためにつくそうとするならば、かえってむしろ藩の法律を破ることとさえ必要であるという、ラジカリズムと結びついたものであった。いいかえれば、また真に君公のためであれば、その君公の意志に背いても、これを貫ぬく必要があるという思想と結びついていた。松陰がたえず主張した、いわゆる「諫」の精神がそれである。それは、主君の意志を正しくするためには身を賭しても諫争すべきであるという思想であり、主君への愛慕の心が強ければ強いほど、その「規諫」もまた強烈であるという性格をもつものであった。そして、まさにこのような姿勢こそ、前述の『葉隠』の精神でもあり、また、川路聖謨の精神でもあった。川路もまた、もしすべてが温順な家臣であったなら、そのお家は滅びるということを述べているが、要するに、その精神が失なわれたならば、真の忠誠心は成り立たないとする点で共通している。

松陰はその立場を極限まで貫ぬこうとした。即ち、そのままでは、一種の非現実的な結果に終ってしまうというところまで、突き進んでいる。つまり、松陰の精神でいけば、諫めても諫めてもきかなければ、結局諫死《かんし》することになる。そして、現実的にはなにも生まれてこないというところにまで追いつめられる。ここにおいて、彼のいわゆる「転向」が行なわれることになる。この転向というのは、和辻哲郎が松陰のその変化を述べた言葉であるが、従来の封建的忠誠対象をこえて、統一国家のシンボルとしての天皇のイメージがここではじめてハッキリとあらわれてくる。即ち、純粋な封建武士が抱いた封建君主へのダイナミックな忠誠心と同じものが、こんどは天皇に向けられることになる。天皇に対するその感情も、非常にパースナルなもので、戦争中に流行した「恋闕」という言葉にこめられたのと同じ実質が松陰あたりにすでに現われていたことを思わせる。ともかく、そういう忠誠対象の転換が、松陰においてかなり明確にあらわれているが、問題は、一般にそのような忠誠の対象ないし原理転換がどうして生じたのか、また、それを可能としたものは何かということであろう。即ち、従来の封建的忠誠心が、社会的階層秩序にしたがい、身分意識の固定化と結びついたものであったのに対し、それをのり超えるような新しい人間関係の把握、そして、それに基づくより広大な政治体《ボディ・ポリティク》への忠誠心をめざめさせたものは何か、という問題である。この問題に対し、私は一つの仮説ともいうべき考え方を提示してみたい。

従来の忠誠心は、前述のように、一つの忠誠心のヒエラルヒーをつくっていた。しかし、そのヒエラルヒーは、政治的な危機の段階では、有効な対処能力を失なわざるをえない。たとえば無能な御家老のもとでは、現実の政治的危機をのりきることはできない。したがって身分は低いけれども、有能な人材が直接に活動しなければならないことになるが、しかしそれは、藩の伝統的モラールからいえば忠誠ではなく、かえって不忠、不義とみなされる。封建支配階級の既成の秩序を超えた行動をすることは、それ自体武士にあるまじき不忠の行為だからである。従って、彼らとしては、忠誠と反逆のジレンマに苦しまざるをえないことになる。その場合、彼らにその反逆のエネルギーを保障したものはなにか。これは思想的にいえば、たとえば儒教的な天の理念とか、普遍的な道の理念が抱かれていたからとも考えられるが、もっと社会的にいえば、私は同じ世代の青年たち、同じ世代の集団が、彼らのそうした反逆のエネルギー、伝統的忠誠との矛盾をのり超えるエネルギーを与えたのではないかと考える。

ここでは、簡単にその事例をあげるにとどめるが例えば西郷隆盛は文久二年六月、二回目の島流しにされている。その理由は、彼が若い仲間たちを煽動して、主人である島津久光が考えていた政治路線をぶち壊すような行動を指導したということであった。それは久光にとって、主君の意に背き従来の藩の伝統的なモラールを蹂躙する許しがたい行動であった。そして、西郷の同志八名は例の寺田屋騒動で、久光の命によって斬り殺されることになるが、そのあとに西郷は、ある手紙で次のように述べている。

「骨肉同様の人々さえ、ただことの真意も問わずして罪におとしまた朋友もことごとく殺され、何をたよりにいたすべきや。……とてもわれらくらいにて補いのたち候世上にてこれなく候間、ばからしき忠義立てはとりやめ申し候、お見限り下さるべく候。」

つまり従来の伝統的忠義というものを、ばからしいという言葉であらわしている。彼は自分と同じような気持をもった、ほぼ同世代の青年たちへの弾圧などを通して、そのように実感するわけである。そして彼はそれ以後久光の意志をむしろ無視し、自分たちの同志を藩内だけでなく藩外にも拡げることによって、革命的な運動にのりだして行く。

この例だけではもとより不十分であるが、私は彼らをして数百年の伝統をもった忠誠心の枠をあえてのり超えさせたものは、そのような世代集団の支持ではなかったろうかと思う。そしてそれは、その後の日本の青年たちが、形骸化し、単なる慣習と化した忠誠心の押しつけに対して、反逆を試みた場合に、たえず現われてきた傾向ではなかろうかとも思う。

（一九六九年一月）

忠誠意識の変容

A　封建家臣団の忠誠心と尊王思想

幕藩体制のもとで封建家臣団のいだいた忠誠心の一般的なあり方について、たとえば渡辺脩二郎の『民情如何』（一八八一年）に次のような記述がある。

「昔時の武士は最も忠義の二字を重んじ、恩のためには砲丸の中をも厭わず、義のためには猛火の上をも避けず、国のために苦しみ、君のために死するをこよなき栄誉とは思いたるなり。今より論ずるも無益に似たれども、この輩の忠義と認めしものは、その見る所甚だ一方に偏し、善悪邪正を問わず主家の命令に従うべきこととし、一般の利害便否はこれを第二に置きたるが如し。また国といいしもその区域甚だ狭く、日本全国を指すにあらずして、わずかに主君の一家に止り、その他はたとい同胞の日本人たりとも、全く度外におきて顧みざりしが如し。士人始めて相見ればまずその藩名を問い、然るのちに語る、あたかも外国人に逢いたるに似たり。故に幕士にして皇室あるを知らず、藩士にして幕府あるを知らざりしもの少からずとせざるなり。いわんや日本国あるをや。」

当時、国家、邦家、本国などという用語はもっぱら自藩について用いられたものであり、日本全体をさすためには、神州、皇国、本朝、皇朝などというむしろ文学的な形容が使われたことは周知のとおりであるが、そのことはいいかえれば、武士がその生活を営み、その死を委ねる究極の政治体《ボディ・ポリティク》とみなしたものが、それぞれの主君を頂点とする封建的主従体制にほかならなかったということを示している。山本常朝（一六五九―一七一九）の『葉隠』冒頭の次のような一節は、そうした武士の意識を率直簡明に表現したものとして有名である。

「御家来としては国学心懸くべきことなり。今時、国学落ち目に相成り候。抑々国学の大意は、御家の根元を落着け、御先祖様方の御苦労、御慈悲を明かにして、御長久の事を本づけ申すために候。……釈迦も孔子も楠木も信玄も、終に龍造寺、鍋島に被官懸けられ候儀、これなく候えば、当家の家風には叶い申さざることに候……」

こうして、同じ佐賀藩出身の大隈重信が述べたように、「隣藩もなお雲山万里を隔てたる外国と一般なりし……多くは佐賀藩の人なることを知って日本国の人なることを知らざりし」（『大隅伯昔日譚』）という閉鎖的なエトスが形成されたのであるが、いうまでもなくそれは佐賀藩に限らず、各藩の封建家臣団に多少とも共通の性格であった。

もともと幕藩体制は「室町から戦国にかけてのダイナミックな歴史過程から生じた領主分国制を、いわばスタティックに凍結した」（丸山真男「開国」）という意味をもっており、「幕府及び諸藩の行政組織が一朝事ある時にはそのまま軍事組織に転化し」（同）うるように仕組まれていたところに、その特質があったとされるが、そのことは各藩藩主と家臣団の忠誠関係が戦場における主人と従者とのパーソナルな関係を実質としていたことを意味している。したがってそれが著しく情感的な様相をおびていたことも『葉隠』の中からいくつも例証を引き出すことができる。

ともあれ、こうして三百近い大名領国制にしたがって、日本全国にもっとも強固な忠誠集団の小宇宙がいくつも並立していたことになるが、その実質は、伝統的な主従の恩義関係を中核としていたために、その忠誠対象の転位ということはいちじるしく困難でもあった。たとえば日本全土のうち、そのどこかの部分が外国の軍事的脅威にさらされるというような場合、もっぱら自藩領域の防衛に関心が集中し、他藩のことにはかまわないという割拠的なエゴイズムも普通であったし、他面では「お家大事」という特殊利害が忠誠の対象であるかぎり、その「お家」の存在の根拠である封建的土地領有とその貢租体系の維持――したがって封建的身分制をともなう既成統治機構の擁護ということに固執することにもなる。いずれの場合にも、そこから日本国家一般に対する忠誠というイメージが生まれることはない。したがって、まずはじめに考察しなければならないのは、そのような忠誠心のポリアーキイが、一元的な対象へと転位されるその契機はいかなるものであったかという問題であろう。

ふつう、この問いに対してすぐにも与えられる明快な解答は、黒船来航に象徴される外国の圧力が、各藩有志者の中に日本全体の意識をよびおこしたとするものであろう。竹越三叉（一八六五―一九五〇）の次のような見解はその一例である。

「米船一朝浦賀に入るや、驚嘆恐懼の余り、船を同うして風に逢えば胡越も兄弟たりというが如く、夷敵に対する敵愾の情のためには、列藩の間に存する猜疑、敵視の念は融然として掻き消すが如くに滅し、三百の列藩は兄弟なり、幾百千万の人民は一国民なるを発見し、日本国家なる思想ここに油然として湧き出でたり。」（『新日本史』上）

いいかえれば、外敵という全く新しい目標の出現によって、従来もっぱらその主要仮想敵を各藩相互の間か、領内民衆に対して想定していた封建武士団の政治・軍事体制と忠誠心が、根本的に無意味になるかもしれないという事態が生まれた。外敵防衛のためには、従来の各藩割拠の体制は不利でもあり、その閉鎖的エゴイズムは有害でもあった。こうして、これまで表面化することのなかった日本人総体のシンボルのもとに、統一的な防衛体制を作りだすこと、そして、そのために新たな忠誠心の集中をはかることが必要とされるにいたった。いわゆる「尊王攘夷」のスローガンは結局そのことを目ざしたものにほかならない。この「尊王」という組織シンボルと軍事的危機との関連について、同じく三叉は次のように述べている。

「〔以前にも〕尊王の議論を唱うるものありしも、これただ詩歌的懐古の情に出でしにすぎずして……未だ天皇を政治上の立物とせんとする明白の思慮あるものなかりしが、外人の来航によりて、激昂熱沸せる我が人民の脳中に、国家なる思想を生じ、この国家に対し殉ぜんとする焔々たる烈志の生ずるや、国家と天皇とは初めて連絡を生じ、国難に殉ずるは天皇に勤むるものにして、天皇を尊ぶは即ち国家に勤むる所以なりとなし……ここにおいてか尊王の字、初めて政治上の意味を含むに至れり。」

すべて、このような解釈は、巨視的に見ればたしかにそのとおりであろうが、封建三百年の間に練磨されてきた武士団の忠誠心が、もし天皇という新しい忠誠対象に無造作に転位したものと考えるならば、それは少なくとも不十分な理解であろう。一八五三年（嘉永六年）いらい、当時の武士的知識人の内部における忠誠構造の変容が、まさにシュトゥルム・ウント・ドランクに似たドラマチックな過程をたどったことを無視するわけにはいかないはずである。そしてそのようなドラマチックな忠誠心転位のケースとして、しばしばあげられるのが吉田松陰（一八三〇－一八五九）の場合であろう。それは、もっとも熱烈純真な封建的忠誠心が、その限界状況において、ついに封建体制を超える新たな視座に転位した典型例を示したものであり、和辻哲郎によって、一種の「転向」とさえよばれたものであった（『日本倫理思想史』第一巻）。

松陰の場合にも、そのはじめにいだかれた忠誠観念は、むしろ一般的な封建家臣団の通念とことなるものではなかった。たとえば、一八五三年（嘉永六年）八月、あたかもその二ヵ月前、浦賀に来航したペルリ艦隊の動静を師の佐久間象山らとともに視察して帰京したばかりの松陰は、「将及私言」という意見書を藩邸の重役に提出しているが、その中に次のような一節がある。

「普天の下王土に非ざるはなく率海の浜王臣に非ざるはなし。この大義は聖経の明訓、たれか知らざらん。然るに近時一種の憎むべきの俗論あり。云わく、江戸は幕府の地なれば御旗本及び御譜代・御家内の諸藩こそ力を尽さるべし、国主の列藩は各々その本国を重んずべきことなれば、必ずしも力を江戸に尽さずして可なりと。嗚呼、此の輩唯に幕府を敬重することを知らざるのみならず、実に天下の大義に暗きものと云うべし。夫れ本国の重んずべきは固よりなり。然れども天下は天朝の天下にして乃ち天下の天下なり、幕府の私有に非ず。故に天下の内何れにても外夷の侮りを受けば幕府は固より当に天下の諸侯を率いて天下の恥辱を清ぐべく、以て天朝の宸襟を慰め奉るべし。是の時に方り、普天率土の人、如何で力を尽さざるべけんや。なおなんぞ本国他国を択ぶに暇あらんや。いわんや江戸は幕府のあるところ、天下の諸侯朝観会同するところたるをや。」（『吉田松陰全集』第一巻）

この意見書において、松陰のとっている基本的立場は、「当今の勢、いかにも列藩力を協するにあらざればとかくこと成らざるべし」とし、列藩協力して幕府を助け、攘夷の功をあげて朝廷の意を安んずべしというものであった。ここでは幕府は天皇の委任によって政治を総括しているという正統性に対して、なんらの疑問はいだかれていない。前記引用文において「天下は幕府の私有にあらず」とするのも、各藩の江戸防衛への不熱心を批判することに重点がおかれており、朝廷はその幕府の正統性の証人として引き合いに出されているという気味がある。すでにこの意見書を書いた前々年、松陰は水戸に赴いて会沢安（一七八二―一八六三）らの水戸学の宿老に面会し、とくに日本史研究への強い刺激を受けており、前年の一八五二年（嘉永五年）中はさかんに国史を勉強して、初めて「皇国の皇国たる所以を知る」と述べたりしているが、にもかかわらず、彼はいまだ幕府否定の必要を全く感じてはいなかった。その理解の枠組は、ほぼ水戸学の代表的著作『新論』（一八二五年）などにあらわれているような尊王＝佐幕論にほかならなかったと見てよいであろう。すなわち、「天祖洋々として上にいまし、皇孫詔述して黴庶《いくしょ》を愛育したまい、大将軍皇室を翼戴して以て国家を鎮護し、邦君各疆内を統治し、民をして生を安んじて寇盗《こうとう》を免れしむ。今その邦君の令をつつしみ、幕府の法を奉ずるは、天朝を戴きて天祖に奉ずる所以なり」とする『新論』のロジックを踏襲して、天朝―幕府―諸侯の序列の正統性の上に家臣団のそれぞれの忠誠が成立するという形をとっている。

この考え方は、その後もずっと松陰の基本的態度であった。一八五五―五六年（安政二―三年）の著『講孟余話』にも「列藩と心をあわせ、幕府を尊崇し、上は天朝に奉事し、下は封疆を守り、……」というような語句が用いられているところをみても、その認識がいぜんとして水戸学的尊王論（実は幕権補強のために天皇の権威を援用するというもの）の域を出ていないことがわかる。のちに見る勤王僧黙霖（一八二四―一八九七）との論戦においても、「僕は毛利家の臣なり、故に日夜毛利に奉公することを練磨するなり。毛利家は天子の臣なり、故に日夜天子に奉公するなり。吾ら国主に忠勤するは、即ち天子に忠勤するなり」ということばに明示されているように、藩と幕府の存在は、そのまま天皇への忠誠を達成するために必要な径路としてとらえられている。忠誠心の一般的集中のために、藩国制を廃止することはおろか、幕府を否定するという発想は全く認めることができない。というのも、武士としての自己の存在そのものを主君に負っており、その主君はまた幕府に二百年来の恩義（＝所領安堵）をうけているという封建家臣としての認識からは、それ以外の発想は不可能だったからである。

しかし松陰がのちに「天下は天下の天下」という考え方を超越して「天下は一人（＝天皇）の天下なり」の立場に移り、激越な討幕の実行を画策するようにさえなったのは、後述の黙霖による啓発という以外に、その封建的忠誠心そのものの中に、あるラジカリズムの要素が含まれており、それが彼の「転向」を推進したパースナルな契機となったと思われる。

たとえば一八五一年（嘉永四年）十二月の有名な藩邸亡命と東北旅行や、一八五四年（安政元年）三月の下田踏海の企図などは、いずれも表面藩庁の命に背き、幕府の法を無視した行動であるようにみえるが、松陰自身の心中では、むしろそれらのラジカルな行動こそ「事成れば上は皇朝の御為め、下は藩主のためにもなるべく」という究極的な忠誠の発動として決行されたものであり、しかも反面「事敗れば、私ども首を刎ねらるるとも苦しからず、覚悟の上なり」という冷徹な認識をともなうものでもあった。すべてのこうした忠誠のラジカリズムは、もっぱら格式・慣例の尊重になずんだ保守的武士層の事なかれ主義とはことなり、自己の強烈な信念によって、時として不忠不義とみなされるような異常な行動をも辞さないことこそ、真の忠誠であるという決断を前提としているが、松陰自身は、そのような忠誠のラジカリズムを「用猛」という言葉で表現している（「二十一回猛士の説」）。

それはしかし、当然一種のパラドックスを含んだ忠誠の態度でもあった。猛烈な主観性によって忠誠内容が解釈され、実行されるということは、それ自体、体制の安定要因としての忠誠の慣習化を破壊し、結果としては忠誠のアナーキイをもたらしかねないからである。松陰の生涯は、ある意味ではたえずそのきわどい境界線上を歩んだものであった。しかも、その主君に対する封建的忠誠心は、その主観においてはみじんも動揺してはいない。それをもっともよく示しているのが、松陰における「規諫」の精神であろう。

黙霖との論争において、松陰が強調しているのは「一誠」（＝誠意）をつくしてまず藩庁の士大夫たちを諫め、つづいて藩主を動かし、最後に同心の藩主たちによって幕府を「感悟」せしめ、全国的な忠誠心の集中をはかるというものであった。この考え方が前に見た水戸学的な忠誠序列の理念にひとしいことは明白である。しかし、もしその「規諫」が容れられないとしたらどうするか。松陰の答は明白であって、「他日、主人を諫めて聞かざれば諫死するまでなり」というのがそれである。この段階における松陰の忠誠心の究極の姿は、この「諫死」の二字にしぼることができそうであるが、ここにもまた松陰のラジカリズムがはっきりとあらわれていることはいうまでもない。

しかし、こうした封建的忠誠心をいかに無限に追究しても、そこから封建制否定の論理が出てこないことも明らかであった。一八五六年（安政三年）八月十八日の黙霖宛書簡には、「征夷のことは、我が主人の君には非ざれども、大将軍は惣督の任にて二百年らいの恩義一方ならず、故三諫も九諫も尽し尽すなり。尽しても尽してもついにその罪を知らざる時は、やむことをえず、罪を知れる諸大名と相共に天朝にこの由を奏聞奉り、勅旨を遵奉してことを行うのみなり、云々」とあって、松陰としては初めて討幕の可能性にふれた文句があらわれるが、それとても討幕はいわば事実上不可避の行動として想定されているだけであり、論理的には「諫争」による目的の達成が疑われているわけではなさそうである。もし「諫死」を前提とするならば、「諫争」の絶対的挫折ということもないはずだからである。

こうしたいかにも醇正な封建武士的なロジックに対し、黙霖が最も痛烈に反論したのは、そもそも幕藩体制そのものが天皇を無視した邪悪な権力体系（＝奸権）であり、真に朝廷を尊崇するならば、なによりもまず幕府否定の根本から出発すべきだということであった。松陰のいうような誠意の「諫争」によって、幕府が「感悟」せしめられるくらいであったなら、すでに現在の事態は生じていなかったろうというのである。

「幕府はたかだか我らが云うたることに百年しても感悟はせぬ。一日感悟すること決してなし。感悟せしむるには儒員あり。媚びるばかりにて何も云わずにいるなり。……感悟するほどに肝のある男ならば、内乱は恐れはすまい。それなれば互市などを許すことはあるまい。しかるにかくの如きありさまになり行きしときに何ぞ感悟することなるべきや。」（一八五六年八月二十四日、松陰宛）

黙霖の場合は、僧侶としていかなる封建的主従関係からも自由な身分であったから、純粋な尊王理念から、直ちに幕藩体制の否定という判断が生まれている。黙霖が、武士として主従の恩義を言う松陰の立場に半ば同情して、「これは尤もなることに候、我は将軍の禄を食まず、諸侯の臣にあらず、これを喜ぶのみ」と書いているのもそのことを示している。いわゆる「社会的に自由に浮遊する」（マンハイム）知識人としての黙霖は、純粋な価値の源泉である朝廷を中心に、政治も、軍事も、おそらくはまた、思想・文化も、すべてそこから流出するような組織を構想していたようである。しかし、松陰の血脈の中には、やはり封建家臣団の一人としてのエトスが強靭に残っており、黙霖の純粋な原理主義とはどうしても結びつくことのできない断層があった。両者の間に交された往復書簡による論争の機微は、その断層を前にした二人の知識人が、お互いの魂の奥底に透徹しようとして火花を散らしているその凝視の交錯にあるといえよう。

この論争は、周知のように「漢文を以て数度の応復これあり候ところ、終に降参するなり」という松陰の言葉に見られるとおり、松陰がその忠誠論において、黙霖の説に屈服したことによって終わっている。そのことを松陰は次のように述懐している。

「天朝を憂え、よってついに夷狄を憤るものあり。夷狄を憤りよってついに天朝を憂うるものあり。余幼にして家学を奉じ、兵法を講じ、夷狄は国患にして憤らざるべからざるを知れり。爾後偏く夷狄の横なる所以を考え、国家の衰えし所以を知り、ついに天朝の深憂一朝一夕の故にあらざるを知れり。然れどもそのいずれか本、いずれか末なるは、未だ自ら信ずる能わざりき。さきに八月の間、一友に啓発せられて、矍然《かくぜん》として始めて悟れり。従前天朝を憂えしは、みな夷狄に憤りをなして見を起せり。本末すでに錯まれり。真に天朝を憂うるにあらざりしなり。」（「又読む七則」）

ここに述べられているのは、しばしばある人間を急激に愛国者たらしめる一種の「回心」に近い経験であったと見てよいかもしれない。封建的主従関係を前提として尊王の成果をあげようとする水戸学的忠誠のロジックがここで初めて断ちきれ、擁護さるべきものは幕藩体制の修正形態ではなく、天皇の意志そのものであるという知見が、ここに生まれている。その知見の背後には、彼自身がさまざまな実践をとおして獲得した幕藩体制の形骸化の認識と、黙霖というこれまたラジカルな個性を通して伝えられた純粋な尊王心の印象があったと見てよいであろう。天皇は、ここではじめてたんなる歴史的知識としてではなく、彼の魂が直面するきわめて具体的な忠誠対象として浮かび上がってきたといえよう。

しかし、ここに松陰について見てきたような忠誠の転位ということは、必ずしもその門下生や同志たちにおいて、そのままの形で継承されたものとはいえない。後に見るように、後年彼の志をついで倒幕に邁進した維新指導者たちは、天皇というシンボルに対し熱烈純真な心情的傾倒をささげたわけではない。その意味では松陰における忠誠心の変容は、やはり松陰という独自の個性においてのみあらわれた事態にすぎなかった。彼の後継者たちは忠誠の問題において、いわばもっと冷静であり、シニックでさえあった。ただ、松陰の魂の内部に生じたこのドラマチックな「転向」は、その内容の純粋さによって、しばしば忠誠心の内容が空洞化し、形式化しようとする場合、一種猛烈な回想をよびおこすという作用をもったのである。

B　維新政府における忠誠の諸矛盾

明治維新の直後、新たな朝臣として議定・参与となり、もしくは徴士・貢士に任命された武士層にとって、直ちに大いなる困惑の種となったのはその二重身分にもとづく忠誠の矛盾にほかならなかった。彼らは一方ではいぜんとしてそれぞれの藩の家臣であるとともに、他方維新政府の新官僚として、藩の利害から独立した行動をとらねばならなかった。とくにその矛盾が著しかったのは、「諸藩士、その主の択に任せ、下の議事所へ差出するものを貢士とす。即ち議事官たり。輿論公議を執るを旨とす。……その主の進退するに任す」とされた貢士の場合で、彼らの立場は、まさしく朝廷と藩の間に引きさかれた忠誠心の分裂をまざまざと象徴するものであった。

「……朝政に輔弼たる徴士の中について、貢士なるものは一意に天下のために籌謀《ちゅうぼう》を画し、忠実無二の志を致すこと能わざりき。その故いかにとなれば、一身あたかも両君に仕うるものの如く、その身朝に立ちて天下の政要を謀議する時は、即ちその君主を議し、その故国を謀るにあたるが故に、此に忠なれば彼に不忠の名を蒙り、その故旧同列の士より誹謗を受け、罪悪を鳴らされ、甚だしきは目して国を売るの奸とよばるるに至ればなり。故に節操志気に乏しき多額の貢士は、媚を本藩に献じ、朝政の機密及び天下の藩情を密察し、これを本藩に通じ、その弊たる全くその出身本藩の密偵に異ならず。」（鳥尾小弥太『国勢因果論』上）

しかし、これと同じ事情は、参与として朝政の中心に参画した藩士はもとより、各種事務官として政府各省の官吏となった藩臣たちにも通じるものであった。数百年来の藩国制の伝統は、一朝にして朝臣となった武士（それも軽格の下級武士が多かった）に対して、いぜんとして強い拘束力をもっていた。朝廷のために専心画策しようとすれば、藩主もしくは本藩の世論によって排撃されるということは少なくなかった。たとえば当時兵庫県令であった伊藤博文が一八六九年（明治二年）一月、「国是綱目」という建白書を提出し、版籍奉還の必要を主張したところ、「長藩においてさえも公の説を以て宗社を滅ぼす曲論なりとする者少からず。かかる奸物をして朝に在らしむべからずとて、自ら藩論の代表者と称するもの京都に来り、しきりに諸顕官の間を奔走して公の排斥を企てた」（『伊藤博文伝』上）というような事態が生じたのもその一例であるが、おそらく藩主への恩義と新政府への忠誠の矛盾にもっとも苦しめられたのは、西郷隆盛と大久保利通の場合であろう。

彼らの旧主島津久光は、封建領主中もっとも強硬な保守派として有名であるが、それだけに維新以後における新政府の急進的な政策のことごとくに反感をいだき、その推進力として、とくに西郷・大久保への嫌悪と反感をかくそうとはしなかった。一八七〇年（明治三年）二月、久光上京の勧告のために鹿児島に下った大久保の日記には「［久光より］言うべからざるの御沙汰等これあり、やむをえず引退き候、ああ今日のこと、何の因縁なるや存じよらざることなり」というような嘆息が記されているが、西郷の場合は事情はもっと深刻であった。一八七二年六月、明治天皇の鹿児島行幸は、久光を慰撫して西郷・大久保らと和解せしめようとする意図があったといわれるが、それに随行した西郷が大久保（当時外遊中）に宛てた手紙には、久光のことで困惑しきった西郷の表情がありありとあらわれている。

「……さて鹿児島にて副城公〔＝久光〕御建白書差出され、なお御建言等これあり、意外の次第にて、江戸へまかり帰り候て承わり候くらいのことにござ候ところ、貴兄をはじめ、私どものことよほど御申立相成り、ことに私儀一番重罪のことにて、ぜひこの者ども御退去あらせられたく、さなく候ては御上京は遊ばされずとのことの由、何分にも御激論甚しく、徳大寺〔実則〕卿もよほど御論遊ばされ候由にござ候えども、なかなか御承知の向にこれなく、おこまりの由に相聞かれ候。」（『大西郷全集』第二巻）

その後間もなく、西郷は久光の激怒を解くため、同年十二月に鹿児島に帰っているが、そのときのもようを伝えた書簡にも、「御詰問の次第、なんとも言語に申しがたきことにて、むちゃの御論あきれはて候ことにござ候」（同年十二月一日付、黒田了介〔清隆〕宛）というような困惑が述べられている。

当時、西郷とともに、岩倉使節団の外遊中の留守政府をあずかっていた大隈重信は、そのころの西郷の心事について次のように述べている。

「……然るに久光の憤怒は、決してしかく軽軟なるものにあらず。種々の讒誣もまず深くその心肝に銘せられ、容易にこれを慰解すべくもあらず。西郷も一旦陛下に供奉して鹿児島に到り、久光と相見るに及びてはじめてことのここに至れるを知り……いたく失望落胆し、その極は処世の難きを厭うて、人事を抛ちて深く隠遁し、閑游自ら慰め、世と相接せざらんとの意を決するに至り、余らに向ってもこの悲しむべき意衷をもらし、悄然として嘆声を放ちしことは、ただに一再に止まらざりし。……彼をしてしかく失望落胆に陥らせしめたる一事、乃ち久光の激怒にふれたる一事は、彼が将来における運命の上に容易ならざる関係を及ぼせしものなりと想うなり。」(『大隈伯昔日譚』)

ここで大隈は、征韓論から西南戦争にいたる西郷の一種デスペレートな行動は、あるいはその傷つけられた忠誠心の傷痕から生まれたものではないかと暗示しているが、一方その大隈は、久光を訪問することを勝海舟からすすめられたとき、「昔は藩臣たり、今は朝臣たり。不肖ながらいやしくも一国の大臣なんである。久光公を尊敬せんではないけれども、久光公は無官の大夫である。今日の地位は顚倒している」(『早稲田清話』)と広言して、こちらからの訪問はことわるというような見識の持主であった。純情な西郷には、そういうふるまいができなかったようである。

西郷と同じ立場にあった大久保もまた、久光に困惑したことは同様であるが、彼もまた、その持前の冷徹なリアリズムからして、久光がいかに憤懣しようとも、「とても激に出候ことは決してこれなしと見こみ候間、退き候」というほどの余裕を示していた。これらを思いあわせるならば、大久保や大隈はその練達した政治的判断力によって、その目標実現のための「可能性の技術」を追及することに全力をあげることのできたタイプであり、すでに眼中に旧藩への愛着などなかったと思われるのに対し、西郷はいぜんとして、封建的情誼にもとづく忠誠心から十分に脱却していなかったと見ることができそうである。

ここで、大久保に象徴される維新官僚の典型像において、その忠誠心の構造がどのようなものであったかについて、かんたんに見ておく必要がある。なぜなら、その後の日本国家における忠誠心の造出は、まさに彼らによって指導されたからである。

大久保に限られないが、一般に維新政府の官僚となったほどの人々は、それぞれの形で伝統的な忠誠観念から離脱していたことは改めていうまでもないことであろう。久坂玄瑞（一八四〇―一八六四）が武市瑞山（一八二九―一八六五）にあてた書簡の中に、「……失敬ながら尊藩も弊藩も滅亡しても大義なれば苦しからず」（一八六二年）という一節があることは有名であるが、大久保もまた、少なくとも慶応年間に入ってからは、もはやそれまでのようにお家大事を眼目とする見解を棄て、「今や国家〔＝薩藩〕のことも憂うるに足らず」とか、「容易ならざる御大事の時節につき、朝廷のため国家を抛ち、必死尽力仕るべきこと」（『大久保利通日記』上巻）などという表現をしばしば用いるようになっている。これらの表現は、いうまでもなく、その忠誠対象の転換を暗示しているが、問題はその新しい対象が何であったかということである。それが「朝廷」であり「天朝」であることはまちがいないが、具体的にはそれはどのような内容をもっていたかという問題である。

このことが問題となるのは、一般に維新政府の中核を形成し、のちにはまた日本国家の骨格をつくりあげた人々の尊王思想と、主として国学系統の人々によっていだかれた尊王思想との異同ということが疑問となるからである。ひろく尊王攘夷運動といえば、この二つの流れの区別をたてる必要はないが、維新後における境遇という点からすると、一方は時代の要求に的確に対応して国家支配の主流を形成したのに対し、他方はむしろ失意と幻滅感の中に、政治の世界から退場していったというちがいがある。岩倉・大久保・木戸らの場合と、玉松操（一八一〇―一八七二）・平田銕胤（一七九九―一八八〇）・大国隆正（一七九二―一八七一）らの場合とを思い合わせるならば、そのちがいがわかるはずである。文学作品から例をとれば、たとえば島崎藤村（一八七二―一九四三）の『夜明け前』によって、その主人公青山半蔵のような国学心酔者たちが、明治以後、いかに深刻な挫折感のうちに敗北していったかを知ることができる。いったい、彼らの場合、その純真な神国思想と朝廷に対する忠誠心が、どうして敗北しなければならなかったのかが問題となる。後年の事件でいえば、一八七六年(明治九年)の神風連なども同じ問題に含まれるであろう。いずれも尊王をその理念としながら、そこにはかなり重大な思想上の亀裂があったと見るほかはない。

一般に国学者たちの忠誠意識の内容を簡単にいえば、まず政治を含めたあらゆる人間の営みを神々の意志のあらわれとみなし、その神意に対し「さかしら」だてなしに信従することが惟神《かんながら》の道であり、すなわち人間の真情《まごころ》としての忠誠であるというものであった。しかもその神々は、神典の教えによれば、日本をこの世における最善最美の国として創造し、「地球上万国の総本国」たる資格を付与しているというのが彼らの信仰であった。したがって、たとえば外国との交際ということも、国際公法にしたがう対等の国交ということはありえず、外蕃朝貢の例式によって応接すべしというのが大体彼らに共通の意見であった。要するに、彼らは「神道」による国家統治——一種の宗教国家を構想したわけであり、しかもそれが世界最高の価値を体現することを疑おうとしなかったのである。彼らにとって新たに西欧の文明から学ぶべきものは本質的になかったのであり、開国も「文明開化」も必須のものとはみなされなかった。ただ、その神国思想の純粋さだけは疑えなかったが、要するにそれは加藤弘之などの批評したように「万国ともに開明の域に進まぬ時」に、どの国でも見られた未開の土着信仰にすぎず、「その見の陋劣なる、その説の野鄙なる、真に笑うべき者というべし」(『国体新論』)とされねばならないものであった。いわばこれら国学派の忠誠意識は、近代国家の必要に適合しうる忠誠心ではなく、古代的な天皇信仰の復活として、一種の部族的誠忠(tribalism)というべきものであった。

これに対し、維新政府の実権を握った武士出身の官僚たちは、そうした神秘主義的な古代崇拝や天皇信仰の持主ではなかった。彼らは、何よりも嘉永・安政以降の激烈な国内政治の紛争に揉みぬかれ、また幾度かの外国との戦闘の経験をとおして、一切のイデオロギーのドグマ性に眼を開かれた政治的なリアリストたちであった。彼らもその初めは尊王と攘夷のイデオロギーを信仰し、そこに自らの忠誠意識を集中したが、一方では攘夷の不可能を外戦によって体験するとともに、他方では、一八六三年（文久三年）八月の政変などをとおして、尊王の核心をなす「叡慮」の絶対性そのものについて、したたかな経験をなめねばならなかった。当時の文献の中に数多く見られるものは、「勅諚何をか真とする、勅諚何をか信とする」（『奇兵隊日記』）とか、「八月十八日以前の叡慮真正なれども、同日以後の叡慮は真正にあらず」（『続再夢紀事』）とか、「非議の勅命は勅命に非ず候故、奉ずべからざる所存にござ候」（大久保利通）とか、天皇の意志とは何かをめぐる激しい懐疑の表現である。幕藩体制を超える新たな忠誠心統合の対象として見出された天皇のシンボルは、その内面において、かえって激烈な政治的対立を含むことがここで明らかに自覚されるにいたった。そこから、天皇を敵対勢力間の争奪目標（いわゆる「玉《ぎょく》」）とみなすマキアヴェリスティクな態度も生まれたし、さらに「勝てば官軍」という卑俗なリアリズムもまた発達した。そのことは、一般的にいえば、あらゆる大義名分論へのシニシズムをともなう「政治」の発見ということにほかならないが、そこでは、「忠誠心」もまた政治化されざるをえないことになる。前述の国学者たちの場合に欠如していたものは、まさにそうした政治的リアリズムの観点と、忠誠心そのものをさえも相対化する政治の論理の意識とであった。

こういう認識のちがいからして、同じく忠誠対象として天皇を掲げながら、国学派の心情的、非政治的天皇信仰と、維新政府によって推進された政治的忠誠シンボルとしての天皇崇拝との間には、かなり巨大な裂け目が生まれざるをえなかった。官僚派の眼には、国学派の忠誠心は固陋未開の習俗としか映じなかったし、その逆に国学派からすれば、官僚派は天皇を傀儡として自らの権力独占をはかる奸臣としか思えなかった。神風連の乱などは、そうした亀裂から生じた象徴的な事件にほかならない。すなわち、彼らが「在上の官吏みだりに朝憲を弄し、祭政一致の大詔を藐視《びょうし》し、政令法度ことごとく西洋を模倣し、固有の物は文物典章有形無形の別なくすべてこれを取らず、而して外人を尊信すること恰も師父のごとし。その弊ついに邦土をさえ売与せんとす。すでに樺太千島のごとき、名は交換なれど、その実強奪せられたるにて知るべし」(『神風連烈士遺文集』)という認識から、「洋風を好み、醜夷に心をよせ、皇国を亡さんとする大姦賊」を誅戮するために決起したとするのに対し、他方の開明派の側では、「実にこの神風連の一党は最も頑固きわまりたる者どもばかりにて、千石の硫酸を頭上から浴せかけるとも、容易に溶解すべき輩にあらず、云々」(「東京日日新聞」一八七六年十月三十日)と嘲笑し、「暴徒の兵営を焼きて切り入る時には、神楽を奏して進退の期を指したりという はもっとも笑うべし」(同十一月十日)として侮蔑するというありさまであった。

ここでは、忠誠対象の異同が問題ではなく、それぞれの忠誠を基礎づける原理の差異が問題であった。一方がそれを伝統的固有信仰に求めたのに対し、他方は「文明」に求めたというちがいである。そして、実はこの「文明」の原理にもとづく「忠誠心」の形成ということこそ、日本における近代国家形成のための最重要な課題の一つであり、維新後およそ一世代を経て、ようやくに達成されたものにほかならなかった。

ここで一般的に問題となるのは、それまでたとえば国学派によっていだかれた伝統的・土着的な忠誠のイメージと、文明を媒介として形成された新しい社会関係のなかにおける忠誠のそれとを原理的に区別するものは何か、ということである。より詳しくいえば、封建家臣団の忠誠概念が、主従の恩義を核心とするきわめてパースナルな関係において成立し、国学的忠誠心がいわば民間固有信仰と結びついた部族的生活関係に根ざしていたとするならば、あらたに文明を前提とした社会関係における忠誠の意味は何か、ということである。

この問いは、すでにその設定そのものから容易に推定されるように、まさに近代的ネーションとの関係における忠誠とは何かを問うことにほかならない。すべてそれ以前の忠誠が、なんらか具体的な人間関係と結びついていたのに対し、この新たな忠誠は、ネーションという全く未知の抽象的実体と結びつくものでなければならないということである。明治維新後、七、八年をへたころから、日本における忠誠意識の問題は、まさに日本におけるネーション形成の問題と同一の意味で問われることになるはずである。

C　生成期のネーションと忠誠の転位

これまでに見てきた忠誠変容の問題は、主として武士階級を中心としたものであり、せいぜい、国学を信奉した人びと（豪農・商もしくは神官など）を含むにすぎなかったが、明治政権の一応の安定ののちには、忠誠心の問題は、ひろく一般民衆を視野にくみ入れることを必然とした。たとえば、徴兵令の制定一つをとっても、それは忠誠心をいだいた国民の存在を前提としないでは成立しないものであったし、地租改正もまた、納税者としての国民意識の形成と不即不離の関係にあった。すなわち、従来忠誠の問題はもっぱら武士団内部における主従関係のカテゴリーに含まれ、一般民衆は積極的にそれにかかわることはなかった。『自由党史』の伝える有名なエピソードであるが、板垣退助が征討参謀として会津攻撃にたずさわったとき、彼は一藩の滅亡に殉じたものがただ武士階級のみにとどまり、一般民衆はその興亡を冷淡に傍観した状態を目撃してショックをうけ、すべての民衆が国家に殉ずる忠誠心をいだくようにするためには、なによりも身分的差別の廃止と、民権の拡張とが必要であるという着想をえたという。忠誠の問題は、そういう形で、平等なネーション形成の問題と結びつくにいたったわけである。

しかし、明治初年において、そのような意味での国民はどこにも存在しなかった。後年、福沢諭吉がその『学問のすゝめ』第四篇（一八七四年一月）において述べたように、「これを概すれば、日本には唯政府ありて、未だ国民あらずというも可なり」というのが実情であり、ほとんどがいぜんとして封建制下の「無気無力なる愚民」（同）にほかならなかった。彼らから「忠誠」を期待することは到底不可能と思われた。明治政府のいわゆる「啓蒙的専制主義」はいわばこの民衆をして、いかに自発的な国家への忠誠心をいだくネーションたらしめるかという施策にほかならなかったし、福沢諭吉の生涯の仕事もまた、同じ目的を追求したものにほかならなかった。その仕事は、ほぼ明治二十年代において一応の成果に到達し、とくに日清戦争を画期として早熟な軍国主義化への傾向をはらみながらも、福沢を狂喜せしめるほどの成功を収めたとみるのが通説であろう。しかし、そうした一般的経過は自ら別のテーマに属することなので、ここではそうした過程に含まれる問題の一側面——すなわち、西南戦争から初期の自由民権運動にかけての忠誠問題について、若干の問題点を指摘するにとどめておきたい。そのさい「忠誠の相剋という点でも、これほど広汎な規模でこれほどの緊張度に達した時代を近代日本はついに今日まで経験しなかったといってよい」（丸山真男「忠誠と反逆」）とされる西南戦争がやはりまず問題となるであろう。

西南戦争の政治史的な意味ということはここで論ずる限りではないが、それを忠誠論という見地から見るとき、いまもなお興味津々たる論点を提示し、問題の核心にふれた堂々の論を述べたものとしては、やはり福沢の「丁丑公論」（一八七七年）にしくものはないであろう。他にそれに匹敵する意味を含んだものとしては（民権論者と明治社会主義者の文章のあるものを除いて）、わずかに明治の末、大逆事件の後に徳冨蘆花の行なった「謀叛論」（一九一一年）という演説くらいのものかもしれないが、ともかくこれは、明治初期の十年間という激動にみちた時代のみが生みえたような鮮烈な忠誠論であり、また反逆論でもあった。

福沢はこの論文を「維新の際に勲功第一等にして古今無類の忠臣」とされた西郷が「十年を経て謀反を企て古今無類の賊臣となり、汚名を千載に遺したること平将門のごとし。人心の変化測るべからず。畢竟大義名分を弁ぜざるの罪なり」とするような解釈を俗論として排斥することから始めているが、ここで問題とすべきは、一般に忠誠の根拠を「大義名分」に求めようとする思考様式に対する福沢の激しい否定の含む意味であろう。すなわち福沢は、「今のいわゆる大義名分なるものは、ただ黙して政府の命に従うにあるのみ、一身の品行は破廉恥の甚しき者にても、よく政府の命ずるところに従い、その嗾するところに赴いて以て大義名分を全うすべし」という皮肉に見られるように、「大義名分」が権力に対する卑屈な従順さの口実とされることを批判するとともに、その反面「名分を破ってはじめて品行を全うしたるの例は古今に珍しからず……徳川の末年に諸藩士の脱藩したるは、君臣の名分を破りたるものにあらずや」とのべて、ことなかれ主義的な「忠誠」の形骸化を嘲笑している。

ここで福沢は、前にのべた吉田松陰におけるような忠誠のラジカリズムにこそ、むしろ「一国の品行」の核心がある、と考えていたとみなしてかまわないはずである。そしてその見地から、西郷が「大義名分」を破ることによって一国のモラルを破壊したという道学者的批評を一笑に付したわけである。「この事実によって考うれば〔西郷が尊王心に於て非難されえないばかりでなく〕西郷は立国の大本たる道徳品行の賊にもあらざるなり。」

さらに福沢は、いずれにせよ西郷は国法を破ったではないかという批判に対しても、「いやしくも政府の名あるものは顚覆すべからず、これを顚覆するものは永遠無窮の国賊なりとせば、世界古今いずれの時代にも国賊あらざるはなし」とし、政府の名義はあっても、その実を失ったものは「これを顚覆するも義において妨げなし」と論じて、西郷を弁明している。

「丁丑公論」の痛烈な論旨をくわしく紹介するゆとりはここにはないが、その根本にある福沢の思想は、「近来日本の景況を察するに文明の虚説に欺かれて抵抗の精神は次第に衰弱するが如し」という認識の上に立って、すべて「忠誠」の名のもとに、権力批判の精神が失われてしまうことをいましめようとするものであった。前にみた『葉隠』にいわゆる「本来忠節も存せざるものはついに逆意これなく候」という思想、もしくは吉田松陰のいわゆる「規諫」の精神と同じものを福沢は日本国民に求めたともいえよう。それらの見地からするならば、西郷の挙兵はむしろ間然するところがないというのが、福沢の結論にほかならなかった。

こうした福沢の弁明が、果たして現在の歴史学的な士族反乱の研究からみて、どこまで正当であるか否かは、ここでは問題にしない。ただ少なくとも一八七七年〔明治十年〕までは、いまだ明治国家の正統性は確立していたわけではなかったし、したがって、忠誠と反逆をめぐる状況はきわめて流動的なものであったことはたしかである。福沢の論旨をふえんするならば、西郷の反乱が、一種の第二革命として、決してたんなる封建反動にはならなかったであろうと考えることもできるのである。

西南戦争の終焉が、自由民権運動展開のきっかけとなったことはよく知られている。そしてこの運動もまた日本近代史上最もはげしい反政府運動であり、したがってまた権力の期待する「忠誠」に対して、激烈な「反逆」の意味を持ったこともあらためて説くまでもない。彼らはいわば西郷が剣によって主張しようとしたものを、言論に替えて政府に抵抗したものといえるが、そのさい、彼らの主張の要旨は、専制政府のもとにおいては真に国民的な忠誠は成立しないというものであったといいかえてもよいであろう。少なくとも、立志社・愛国社をはじめ、各地に勃興した政社の趣意書を見るかぎり、そのほとんどがあるいは「民権未だ行われず、政体未だ変更せざれば、その国民の愛国心を増殖する能わず」(「尚志社趣意書」)とし、あるいは「国勢を張り万国と対峙せんと欲す。則ち必ず亦人民の権理自由を拡張伸達するよりせずんばあるべからず」(「嶽浄社主旨書」)と述べるなど、国民的忠誠心(=愛国心)培養の基礎が民権の拡張にあるという立場をとっている。いわばそこには、民権の主張と国権の主張とが奇妙な共棲関係によって結ばれており、そのかぎりでいえば、容易に一方から他方への転換が生じうるような構造が含まれていた。そのため、自由民権運動における忠誠論の分析もまた、かなり微妙な困難を秘めている。

しかし、少なくとも理論的に見るかぎり、民権の主張は従来のあらゆる忠誠形態とはことなる原理と結びついていた。植木枝盛が『愛国新誌』第十三号(一八八〇年十一月十二日)から三号にわたって連載した「人民ノ国家ニ対スル精神ヲ論ス」は、一般に人間のいだく忠誠心の発達形態を三段階にわけ、第一を主君への「奉公」「忠義」「勤王」「御用」という意識の段階とし、第二を「昔日ノ尽忠ハ今日ニ至テ報国トナリ愛国トナリ、君ノ為メト云イシモノハ国ノ為メニトナリ、君ニ従ウト云イシモノハ国法ニ従ウト云」うにいたる段階としている。植木はこの第二段階における忠誠心が、しばしば「治者交リノ気取リ」を混入し、「治者了簡ト被治者了簡」の未分化をともないやすいことを指摘しているが、彼が忠誠心の究極の発展形態としたものは、「精神ノ主部ニ己レ人民ト云ウ者ヲ置クニ至ル」第三の段階であった。ここでは、第二段階におけるように、民権の主張は国権拡張のためであるという「治者了簡」が介入してくることはなく、「民権ハ国権ノ奴隷ニハアラザルナリ。何ゾ国権ノ為メニ民権ヲ張ランヤ。民権ヲ張ラントスルハ民権ヲ張ルガ為メノミ」という立場が確立される。いわば人民の忠誠心は、人民そのものに志向されることになる。植木の見るところ、当時の日本人民は「第二ノ地位ニ立ツ者ト云ワザルヲ得」なかった。そこでは未だ人民は「十分ニ己レノ己レタルヲ知ラザルガ故ニ」、政府に対して国会開設は「国家ノ為メニナルモノデゴザリマス。国家ノ為メニ御開キナサレマセト申上奉」るような始末であるというのがその論旨の一つであった。しかし、現実の自由民権運動の歴史は、ついにこの第三段階に到達することなく、かえってその主流はいわゆる「治者了簡」の肥大へと傾斜し、むしろ国家権力拡張のために従事することになったこともよく知られるとおりである。

他方、天皇の権威を擁して専制的に民衆の開明化を強行した政府の側では、権力と教育のあらゆる手段をつくして、日本人を近代国家機能に適応しうる「国民」に育成しようとした。その結果として、史上稀に見るほどの従順な「日本臣民」が形成されたことはよく知られるとおりであるが、それはすでに本章の範囲をこえ、一般に日本における近代国家形成の歴史に属することになる。

（一九六八年十一月）

過渡期の忠誠――浪士と『葉隠』

1

「何某、喧嘩打返しをせぬ故恥になりたり。打返しの仕様は踏込んで切殺さるる迄なり。是にて恥に不成なり。仕果すべしと思う故、間に合わず、向は大勢などと云いて時を移し、終に止めになる相談に極るなり。相手何人にもあれ、片端より撫切りと思い定めて、立向う迄にて候が成就なり。多分仕済すものなり。又浅野殿浪人夜討も、泉岳寺にて腹切らぬが落度なり。又主を討せて、敵を討つ事延々なり。若し其の内に吉良殿病死の時は残念千万なり。上方衆は智慧かしこき故、褒めらるる仕様は上手なれども、長崎喧嘩の様に無分別にすることはならぬなり。云々」

赤穂浪士の一挙から十年ばかり後のこと、山本常朝はそのように事件の評を述べている。まさに『葉隠』の面目躍如といった断定であって、さすがの「赤穂義士」の光彩もいささかそこでは色あせるほどに思われる。山本常朝の「打返し」の思想は、「恥をかかぬ仕様は別なり。死ぬ迄なり。……是には智慧も業も入らぬなり。……無二無三に死狂いする計りなり。是にて夢覚むるなり」という周知の「死狂いの行動主義」であって、その観点からすれば、大石良雄の「深謀遠慮」も同志四十数名の「艱難辛苦」も、すべて「上方衆」の才覚のあらわれにほかならず、武士道の本意からいえば、未だしの振舞いとされるに不思議はなかった。ともあれ、このような批判が一方にあったということと、他の一方の極に、後述の荻生徂徠による批判があったということを考えるとき、われわれは、この時代における忠誠の問題状況のある複雑な過渡期的性格を思い浮べることができるであろう。『葉隠』が幕藩体制の組織化の進行にともなう武士の思想と行動様式の変貌に対して、徹底的な否定の立場をとったことは周知のとおりである。たとえば——

「……今時の若者、女風に成りたがるなり。結構者、人愛の有る人、物を破らぬ人、柔なる人と云う様なるを、よき人と取りはやす時代に成りたる故、矛手延びず、突っ切れたる事をならぬなり」といい、同じく、ある医師の話を引いて「五十年以来、男の脈が女の脈と同じ物になり申し候……偖は世が末になり、男の気おとろえ、女同然になり候事と存じ候」という社会診断を下し、あるいは刀の差し方にふれて、昔の「手覚えのある衆、皆落し差しに仕り候上は、利方よしと相見え候」として、当世風の「抜き出し」の差し方を批判するなど、一見老人の昔恋しの繰言めいた発言は随所に見られる。しかし、『葉隠』がたんなる懐旧趣味の著述であるとはいかなる「封建」論者もいうことはできないはずである。なぜなら、そこには山本常朝という人物をとおして、ある一つの完璧な世界の実在が強烈な迫力をもって述べられているからである。それは、あらゆる時空を超越して妥当すべき生活の原点、「釈迦も孔子も楠木も信玄も、終に龍造寺、鍋島に被官懸けられ候儀、これなく候えば、当家の家風には叶い申さ」ずとして斥けるような、極度の実感主義的パースナリズム、イデオロギーの絶対的拒否の思想を表現したものであり、それによって、戦国武士のモラルの体制への組入れに対してラジカルに反対を表明したものであった。

丸山真男によれば、『葉隠』は「嘗ての戦国華かなりし武士道を無限のノスタルジヤを含めて回想した」ものであり、そこに示された忠誠とは、それが「真摯で熱烈であるほど、かえって分限をそれぞれまもる形での静態的な忠誠と、一旦緩急の非常事態に分をこえて〈お家〉のために奮闘するダイナミックな忠誠とが生身をひきさくような相剋をひとりの魂のなかにまきおこす」(「忠誠と反逆」)底のものにほかならなかった。そして、そのようなラジカルな忠誠観が観念されたということこそ、戦国時代の終焉が政治体制や社会制度の面に確乎と刻印された時代の内面的矛盾を最もあからさまに示すものであった。『葉隠』の赤穂浪士批判も、たんなる非難というよりも、実はきわめて逆説的に時代思想の内的構造を暗示するものとなっている。

2

「……於爰許も人並に存詰罷在候者共者各格之儀にて御座候、一儀難黙存居候者は、渡世之儀差置、此儀を第一と存候故、差当難儀仕者も有之候、事を永く相待、末に必定遂本覚申儀手に取申候者如何様之体に成下り申候ても、其段厭申間敷候得共、何を本意に相待可申道理相見不申候得者、互に見苦敷体に不罷成内にと、是而已心に懸り申候。」

これは浪士中のいわゆる「関東急進派」の、その中でも最も尖鋭な「復讐専門家」(福本日南の形容)堀部安兵衛の書簡の一節である。ここに危惧されていることと、その心底にある行動主義の実質とは、山本常朝の論評とまさに見合うものであろう。安兵衛以下急進派の動きは、元禄十五年六月の頃には一党の組織を破壊し、激烈な分裂と思想対立をまきおこしかねないところに来ていたと想像される。「……存切たる真実の者十人も有之候わば、心安く本望は相違すべくと存候」「近頃江戸侍了簡多く、畢竟腰の不立故と可申歟」などという激語が彼の書信の中には見えるが、それはまた、小野寺十内の寺井玄渓に与える書簡の中に吉田忠左衛門の功を称して「……勇猛甚しく沙汰したる当座中の若き面々をあしらい、云々」と記されているところと符合するものにほかならなかった。このあたりの事情は、まさに「組織論」と「戦略」の問題にとって好個のテーマと思われるものであり、生活の基盤を喪失した激派分子の思想統一の問題、非合法活動にともなう党内コミュニケーションの機能破壊の問題、思想的・心理的動揺の激化にもとづく「転向」の問題、等々、現状から見ても切実な幾つかのテーマをはらんでおり、義士伝中のもっとも興味ある部分をなしている。しかし、ここでは問題はそのような状況の中で、「忠義」の理念がどのように一党の組織過程に機能したかということである。

江戸時代における「士道」が戦国武士道といかに異るかということは、前に引いた『葉隠』の文意の中からも凡そ理解することができるだろう。戦国時代において、主従の結合は抽象的ではなく具体的であり、制度的ではなく人格的であり、公的ではなく私的であり、理性的ではなく実感的であった。たとえ主君が「朝敵」「逆賊」とよばれようとも、主家と家子郎党との人格的結合関係はそのこと自体によってはなんら本質的に影響されなかった。それは「もともと武士的結合の本質がゲルマン法の忠誠Treue関係のように、主人と従者との間の、どこまでも具体的、感覚的な人間関係に」（丸山、同上）ほかならなかったからであり、それが武士の現実生活の感性的内容をトータルに支配するものだったからである。たとえば『葉隠』の中に「知行御加増、金銀過分に拝領ほど有難き事はなく候えども、それよりは唯御一言が忝なくて腹を切る志は発るものなり」とあるが、その「唯御一言」にこめられた具体的な人格的結合のあらわれこそが戦国武士道の基盤であった。

そのような「忠誠」関係が成立したのは、いうまでもなく戦闘を日常の習いとするものたちの異常な状況のためであり、生死の境地にたえずさらされたものたちの運命的共同の感覚のためであった。そこには当然に非合理性の契機が優越していた。『葉隠』のごときは、いわばその非合理性を「太平」の世において純粋に培養した一例にすぎず、一種のユートピアとして高級な文明批評となったものにほかならない（あれほど畳の上の死を口惜しがった山本常朝は、平穏に六十一歳で往生した）。

3

赤穂浪士の夜討は、明かに戦闘が日常事であり、主家の興亡に一身を賭けること以外に、なんら抽象的な規範を知らなかった時代のエートスを基盤としてひきおこされた。主君が戦場で討たれた時、戦国武士にとって、切死するか相手を殺すことは自明の行動であり、それは「仇討」といったイデオロギーとさえ無縁のものであった。状況そのものの中に生きることが、端的にその行動を必要としたからである。初めに引いた『葉隠』の「打返し」は、まさにそのようなエートスを表明したものであった。

しかし、幕藩体制の整備と成熟の始った後において、このような行動様式はある種の時代錯誤にほかならなかった。徳川封建制は、世界史上にも珍しい「集権的封建」の性格をもったが、その成立過程において、右に述べたような武士的結合の基本的形態は、極めて巧妙な操作によって、徐々に尨大な封建家臣団の日常的倫理要目の中に吸収され、合理化されていった。その過程は必ずしも上述のような原初的忠誠観念を廃絶するものではなく、幕藩体制の終焉にいたるまで、強固なイデオロギーとして残存したことはいうまでもないが、体制の正統的なモラルは、次第に「戦国」にかわる「太平」

の時代の「士道」へと変貌していったのであり、まさにその変貌に対して、『葉隠』は痛烈な反措定としてあらわれたのである。

たしかにその時代は人間の生き方と死に方に関する過渡期であった。その過渡期たる所以は、赤穂事件に対する当時の政治家やイデオローグの意見の中に歴然とあらわれている。たとえば『義人録』の著者室鳩巣は、事件に対する最も一般的な感激を代表するかのようにその書簡に記している。

「江戸旧臘十四日夜、浅野氏旧臣共、君仇吉良上野介殿討取申候。前代未聞、忠義之気凜々、名教之助と奉存候。……当地なども此儀のみ沙汰仕候。御地輿論如何に候哉。長（伊藤東涯）民（並河天民）象水（梁田鼎）等の豪士、如何評し被申候哉。四十六人の中、予て御存知の者も可有之、誠に以て田横海島五百人之英気と奉存候、云々」

この文章など、今の御時勢とも照し合せて、いささか気の良い知識人の面影を類推させるところが面白いが、そういう軽薄さの中にも、これが当時の社会的なムードであり、未だ遠からぬ時代への鮮明な追懐と結びついた社会心理であったことは否定しがたい。林信篤もまたこの「義挙」に熱狂したものの一人である。その浪士の処刑を悼んだ挽歌の終りは「四十六人斉伏刃。上天猶未察忠情」となっているが、時の教学の長ともいうべき林でさえこの調子であったところから推して、戦国武士道への懐旧――むしろ戦乱時代への郷愁が全体制の心理的基礎にあったことが想像される。

それらの「戦国派」（?）に対して、唯一人正面から対立したものは荻生徂徠であった。『元禄快挙録』によれば、彼の意見は次のようなものであった。

「義は己を潔する道にして、法は天下の規矩也。夫四十六士の其主の為に仇を報ずるは、是臣たる者の恥を知る也。己を潔するの道にして、其事は義也といえども、其党に限る事なれば、畢竟私の論なり。……是法において免さざる処也。……若私論を以て公論を害せば、此以後天下の法は立つべからず。」

いま、われわれが手ごたえをもって読むことができる論評はこの徂徠の論であろう。彼は浪士の一挙をなさしめた思想と行動様式の「私党」性、かつては主従関係の基本的パターンであった人格的一体化（＝一味同心）の原理が、いかに幕藩体制と原理的に矛盾するものであるかを的確に洞察していた。その政治感覚は明かに鳩巣などをはるかに上回るものであったが、それはともあれ、われわれはまた、全く別個の意味で、やはり手ごたえをもって読むことのできる論評を知っている。それがこのエッセイの冒頭にかかげた『葉隠』の文章にほかならない。徂徠は義において潔いという点で、浪士の忠誠のパースナリズムを承認し、法においてこれを否定する論理をとっている。ところが山本常朝は、それらのいずれの立場にも関わりなく、彼らの義そのものの不徹底性を衝き、それは真の戦国的忠誠の姿ではなく、世に「褒めらるる仕様」にすぎないと言い切っている。しかし、私見をいえば、山本常朝の全称否定法はここではいささか口惜しさに歪んでいるように思われる。「上方衆は智慧かしこき故」という時、彼は鍋島のことを思っていたにちがいない。そして、畳の上でしか死ねない己れの口惜しさと、口舌の徒にしかすぎない己れの宿命とを噛みしめたでもあろう。ともかく、吉良は病死せず、浪士たちは主君の「外聞」を海内に高めおおせた。動機の純不純について常朝に異論があろうとも、彼らは常朝のユートピアとラジカリズムの陥穽に陥入ることなく、ことを「分別」よく仕とげたのである。そして、時代の堕落の論理を巧みに組織化しながら、智慧のある方法でその目的を達成し、そして死んだ。永遠の行動哲学者である常朝には、それはついにできないことがらであった。

（一九六〇年十二月）

『葉隠』と『わだつみ』

1

「武士道というは、即ち死ぬことと見つけたり」というのは、あまりにも有名な『葉隠』の中の一句である。しかし、同じ『葉隠』のなかで、「恋」の極致が同様に簡明に述べられていることはあまり知られていない。それは次のような一節である。

「此の事此の中も承り候。此の節の御話如レ斯なり。恋の部りの至極は忍恋なり。〃恋い死なむ後の煙にそれと知れ終にもらさぬ中の思いを〃かくの如きなり。命の中に、それと知らするは深き恋にあらず、思い死の長けのたかき事限りなし。たとえ、向より、〃斯様にてはなきか〃と問われても、〃全く思いもよらず〃と云いて、唯思い死に極むるが至極の恋なり。（略）」

ぼくはこういう思いきった考え方は日本では珍しいと思う。もし日本に恋愛論と称すべきものがあるとすれば、『葉隠』などはほとんどその唯一のものではないかとさえ考えている。そこには恋に関する本当の哲学と思想がこもっていて、世間に多い恋愛心理の巧妙な解説とは類を異にしていると思う。

一体、日本には恋愛はあっても恋愛論はないというのがぼくの考えである。ちょうど、「言霊の幸う」国でありながら修辞学がなく、「惟神《かんながら》」の国でありながら神学らしい神学がないのと同じように、記紀万葉いらい、男女相聞の心ばえにおいてすぐれた達成を示しながら、日本人は、恋愛の哲学をもっていないのである。

むろん、恋愛行動に「論」が必要なわけではない。すでに万葉があり、伊勢や源氏を伝統的に教養化している日本人にとって、恋のあわれさと技巧を学ぶ上で何の不自由もなかったはずである。ぼくの知っているある国文学者は一年で源氏の全帖を学生に読ませているというが「源氏を読んだあとの女性と、読まない女性とでは恋の心持がハッキリちがっている」といって、かれのクラスの少女たちを礼讃している。また、これは伝聞に属するが、窪田空穂氏はお年に似合わずよく外国の映画などを御覧になるそうである。ところがその映画の中で、どんなに感動的な恋愛物語がくりひろげられようと、「ああいうのはみんな伊勢（もしくは源氏）にあってね」と、かるく若者たちをたしなめられるそうである。これらのことから推してもわが国の古典文芸の中には、およそ恋愛に関するあらゆる経験が、いいいみちたらわっているといえよう。なにも論がないからダメだなどといっているのではないのである。ところが『葉隠』の恋愛論は、明らかに恋愛哲学であり、その点で例外的なものとなっているとぼくは思う。そのことを以下に少し考えてみたい。

一般に恋愛論が成立するためには、恋愛とそれ以外の人間的諸価値との間に、ある緊張・葛藤の関係が存在せねばならず、しかもその関係が社会的な文化形態として成立していなければならない。これは、およそなんらかの価値（恋愛が一定の価値行為であることはいうまでもない）に関する人間の思索の根本条件となるものであって、すべてのものがある最高の価値的存在から流出してきたり、もしくはすべてのものがそのまま汎神論風に価値化されたりしている場合には、本来的な哲学や思想は生まれないし、逆にその必要もない。恋愛がもし、ありとある生物のひたすらに自然ないとなみであるにすぎないならば、そこではその行動の価値化の必要やそれにともなう他の価値との葛藤は生じない。

この点をもっともよく示すためには、ヨーロッパ的な恋愛論の基本にある「アダムとイヴ」の神話を考えればよいだろう。そこに示されているものは、人間の自然な衝動によってひきおこされた「楽園追放」――堕罪の観念であり、人類の歴史をその最後の瞬間にいたるまで支配するであろう「原罪」の理念である。そこでは、アダムとイヴという原初のカップルをとらえた、ある曖昧な好奇心と衝動が、全人類の歴史理念を決定するものとして提示されている。これはほとんど理不尽ともいうべき観念であるが、しかし、ヨーロッパにおける恋愛論の究極の根拠はそこにあったとぼくは考えたい。いいかえれば、ヨーロッパ文明における恋愛は、「神」による人間の楽園追放と「恩寵」による人間の救済との幕間に行なわれるある付随的なドラマとしてあらわれている。もっとかんたんにいえば、人は恋愛の中に神の恩寵と復讐という二重のドラマを感じとっている、といえよう。ヨーロッパにおいて、恋愛と「天国」もしくは「地獄」の観念とが切りはなせないイメージをともなってあらわれることが多いのはそのためであろう。こういう考え方は日本には存在しなかった。恋愛がある罪の意識をともなうこと、もしくは、少なくともそれが人間的・社会的諸価値との間に原理的な分裂をはらむということは、それほど意識されることはなかったといえよう。その点において、『葉隠』の恋愛論が例外的だとぼくはいいたいのである。

なぜ「それと知らするは深き恋にあらず」とされ「思い死に極むる」が至高の恋の態度とされるのか？　この問題は『葉隠』の他の箇所を見ることによって容易に解くことができる。『葉隠』においては「恋」のうちに孕まれるある価値的矛盾の意識が強烈につらぬかれているのである。

「星野了哲は、御国衆道の元祖なり。弟子多しと雖も、皆一つ宛を伝えたり。枝吉氏は理を得られ候。江戸御供の時、了哲暇乞に若衆好きの得心如何と申し候えば、枝吉氏答に〝好いて好かぬ者〟と申され候。了哲悦び、其の方をそれだけに成さんとて、多年骨を折りたりと被レ申候。後年枝吉に其の心を問う人あり。枝吉申され候は、命を捨つるが衆道の至極なり。さなければ恥に成るなり。然れば主に奉る命なし。夫故好きて好かぬものと覚え申し候由。」

この最後の言葉の中に、ごく簡明に『葉隠』の恋愛哲学が語られている。つまり、主君に対するロヤルティと、念者に対する恋と、この二つの間に生じる価値的葛藤の意識が『葉隠』の思想のライト・モチーフだといってもいいくらい「忠誠」と「恋」に関する多くの思弁が述べられているのである。その解決の一つが前述のような「思い死」の断案となるわけであるが、この断案と「武士道とは、即ち死ぬこと」という決断の精神構造とは同じものから来ている。『葉隠』が、そのような価値意識の明確な緊張関係のもとで、いかに恋の道について細心かつ果断な注意を払っていたかは、たとえば次のようなところからもうかがわれる。

「……念友は五年程試みて志を見届けたらば、此方よりも頼むべし。浮気者は根に入らず、後に見離す者なり、互に命を捨つる後見なれば、よくよく性根を見届くべきなり。くねるものあらば障ありと云うて、手強く振り切るべし。障はとあらば、夫は命の内に申すべしと云い、尚むたいに申さば腹立、猶無理ならば切り捨つべし、云々」

五年の「試み」といい、無体な恋慕を仕掛けるものは切り捨ててもいいというところに、いかにも『葉隠』らしい理想主義があるわけだが、しかも、そのような試みののちにおいても、なお「好いて好かぬ」の原理的矛盾が意識されるであろうところに、ぼくは大いに共感しているわけである。別の形でいってしまえば「人間ぎりぎりに生きる場合に愛は余計になるもの」かどうか、そういう問題が『葉隠』の思弁の基調である、ということである。

なお、つけ足していえば、『葉隠』の恋は、そのまま主君へのロヤルティと同じ構造をもっている。「衆道」の心得は、そのまま奉公の心持に通じている。殉死というのも、今のことばでいえば、情死と同様の心持にほかならないであろう。少なくとも、たんに封建的などというものではないはずであった。

ぼくはこういう『葉隠』の思想が恋愛論として正当であるといわんとしているのではない。まして、男女の恋愛と同性間の恋情とを一しょくたにして考えているのでもない。しかし、『葉隠』の全体は封建的な主従契約という普遍的規範との関連において日常的な思索を集成したものであって、恋ということも、その普遍価値との緊張関係においてはじめてその気高さを認められているということは確かである。そして、ぼくが日本におけるほとんど唯一の恋愛哲学という意味もそこにある。つまり、ある普遍的理念との葛藤関係において、恋という独自の価値がこれほど端的に意識されていた例は他に乏しいと思うからである。

2

ヨーロッパにおけるように、つねに見えざる神の手を意識せざるをえない文明形態の場合と異なり、日本において、そのような鋭い価値意識の矛盾が生まれるのは、多くは戦争のような場合であろう。

そこでは、いわゆる「私情」の価値と「国家」価値の間に猛烈な分裂が生じないではいない。あらゆる恋人たちや夫婦たちの愛情に付与される価値感情は、そこではかえって否定さるべきものとされ、軽蔑さるべきものとされる。戦争はいわば普遍的理念として、そこにあらゆる私的な価値観を動員しようとする。

そこに生じる矛盾については、明治の戦争いらい、いくつもの伝説的なエピソードが伝えられている。日清戦争の時の「水兵の母」のような教訓的な話もあれば、日露の時の「君死に給ふこと勿れ」の問題もある。それらは、いずれも私情価値と国家価値の分裂の例証であるが、そのような場合でなければ、私情としての恋愛が、それ自体のうちに、いかに恐るべき「原罪」的内容を含んでいるかは、意識の中にあらわれてこないのである。なぜそうかといえば、わが国の国家理念をなした家族国家の考え方においては、男女の結合によって成り立つ家族そのものが、そのまま無媒介に国家価値に連続するというタテマエがとられており、いわば国家へのロヤルティは、連続関係として恋愛関係を包容するとされていたからである。恋愛がいかに独自に個性的な作用であり、いかに深く普遍的秩序に対する破壊的要因として働きうるかという意識は、そのような国家存在の構造においては成熟しえないはずである。そこからして、わが国の近代において、恋愛らしい恋愛はむしろアナキスト系統の人々において見られたと推定しても、大きな間違いではないであろう。

3

そのような精神構造においては、恋愛はむしろたんに情緒的なものとして、その喜びも悲しみも、ただ国家価値の枠内で流動することを許された私的価値として、いわば抒情的な情感の対象としてしか考えられないであろう。そこでは、やはり恋愛行為はあっても、その哲学はなかったと考えるほかはなかった。そして、そのみじめな象徴となったものが、『きけわだつみのこえ』に記されたいくつかの恋愛の場合ではなかったか、とぼくは考えている。つまり、恋についての思想の強さにおいても、深さにおいても『わだつみ』にあらわれた限り、日本の青年学徒は『葉隠』のそれに及ばなかったというのがぼくの考えである。

そこでは、恋愛と国家との二者択一の可能性が危機感として意識せられることもなく、死の濃厚な現実性と恋愛との緊張はいわば抒情的に流されている場合が多いのである。その例証となるような文章はここにはあげない。ただそれに関連して、ぼくが、かねて不思議な思いをいだいているある事実をあげてみたい。

それは、出陣をひかえて、生還を期待できないはずの青年たちに、世間の親たちがあわただしく結婚を行なわせ、本人たちも、そのむしろ異常なやり方を普通のことのようにうけいれていたのはなぜかということである。そのような例と思われるケースは『わだつみ』の中にも少なくない。そして、それは、当然のことながら、出征者の感情に深い葛藤をよびおこしたはずである。しかし、その価値の葛藤は、大体において、肉親愛と国家愛との情的同一化において解決されたものとされ、本来的な価値意識の形成と国家批判のエネルギーにみちびかれることはなかった。そこでは、価値分裂の意識にともなう心の苦悩は、結局「心を欺瞞したのだろうか」という疑惑をよびおこしながらも「否そう思いたくない、一切の心の葛藤に打克ち素直に愛国の誠だと考えたい」という願望的な調和観へとそらされてしまうのである。そのような例が多く、異なった例は少ない。恋愛というもっとも恐るべき価値感情でさえも、すべてを「総攬」する日本帝国の擬普遍的な価値体系のなかにかんたんに解消しているのである。

なぜ『葉隠』においてむしろ人間情熱に関する深いリアリズムがあり、『わだつみ』においてむしろ微温的な調和観があったのか——これは社会意識の変遷の問題として別に考える必要があろう。ただ、かんたんにいえば、前者における恋は、封建的主従体制の深刻な意識に媒介された主体的決定の意味をもち、後者においては、恋はただ自然な人間の情性の表現として考えられていたという区別はあるだろう。ただその自然があまりにも抒情的自然であったために、国家を越ええなかったのではないだろうか。

（一九五九年十一月）

IV

水戸学の源流と成立

1 「水戸学」の名称起源

「水戸学」という名称の起源は明白にしがたいが、ただそれが水戸人士の自称ではなく、外部からの命名であること、またその他称が、天保以前にはなく、天保期のある時期に発生し広まったものであることは間違いないと思われる。

「この記文〔「弘道館記」のこと〕の一たび世に公にせらるるや天下の識者は概ね駭目驚心して、とくに天保学又は水戸学の名称を付した」（加藤虎之亮『弘道館記述義小解』）とか、「弘道館の興るや始めて水戸学又は天保学の名を以て称せられ、それ以前に此の如き名称なし」（菊池謙二郎『水戸学論藪』）というのはその点に関するもっともふつうの説であるが、誰が、なんのために、この名称を与えたのかということになると、かならずしも明らかではない。たとえば、深作安文《ふかさくやすぶみ》（この人は常磐《ときわ》神社正面の碑文の撰者でもある）はある講演の中で「水戸学という名称は佐倉藩の学者西村茂樹翁が、伊藤仁斎の古学や林家の朱子学に区別して付したものであります」（『水戸学要義』）と断定しているが、このように断定していいかどうかはやや疑わしい。それよりもむしろ、彰考館末期の史家栗田寛（栗里《りつり》）がその『天朝正学』で述べているもう一つの断定の方が、断定としても興味があるし、また事の真相に迫っているように思われてならない。安政五年（一八五八）から明治三十二年（一八九九）まで、彰考館の仕事に携わったこの人の判断には、一定の実感の裏打ちがあるように思われるからである。

「水府学などいう説は、佐藤捨蔵〔一斎〕より起りしに相違なし。その淵源は、林家と捨蔵と相結びて、水戸学派のことをも議し、藩邸に捨蔵を入《いれ》しも、彼が説を信ずる者なく、月一回の講釈さえ聞く人も少ければ、かたがた不平なりしところ、某ら北帰し、君公〔烈公〕も頗《すこぶ》る彼が心術を看破せられしかば、いよいよ面白からず、折しも水野越州とかく君公をひしぎたき素心なれば、そこに乗じ、水府学などの異名をつけ、平田大角〔篤胤〕らの党に入れんとする組織と見ゆ、憎むべき漢なり、といえることあり。かかれば、水戸学という称はふさわしからぬ名なれども、今日に至りては、義烈二公の学術を水戸学というがごとき通称となりたれば、まずこれを用いてあらんも可なるべし」

このかなり敵愾心《てきがいしん》にもえた一文は、烈公の第一次の仇役であった水野忠邦と大学頭《だいがくのかみ》林述斎への嫌悪をあらわすとともに、林家の塾頭となり、のち水戸の江戸藩邸において経書の講義をしたこともある佐藤一斎への軽蔑をかなり露骨に描いており、水戸学と幕末政局の錯綜した関係さえもおのずから反映しているところがあって、なかなかに興味ぶかい文章である。水野忠邦が烈公にとっても、またその腹心藤田東湖にとってもいかにてごわい相手であったかは、『常陸帯《ひたちおび》』その他に描かれているとおりであるが、「水戸学」という「異名」にこもる悪意の持主として、佐藤一斎の名があげられているのはとくに興味ぶかいところである。「水戸学」という称呼の発生に拘泥するようであるが、そのことはかならずしも無意味とは思われないので、以下、この一文についてもう少し述べておくことにしたい。

この一文の中で、もっとも興味を感じさせるのはやはり佐藤一斎の名である。それは、たんに彼が「水戸学」という称呼の発明者（ないしその関係者）として敵意をもって想定されているからではなく、ここでは自然に藤田東湖の一斎観ということにも連想が赴くからであり、また栗田の右の一文には、おそらくその東湖の一斎への考え方などもかなり影響していると思われるところがあって、そのあたりに、いわゆる後期水戸学の人々の感受性があらわれているように思われるからである。

一斎についていては多くをいう必要はない。林家の塾頭として天下に文名をはせ、将軍以下、諸大名の信望もあつく、三千と称されたその門下の中には、安積艮斎《あさかごんさい》・佐久間象山・横井小楠・渡辺崋山・大橋訥庵《とつあん》・中村敬宇《けいう》らがいたということだけからも、幕末におけるその存在の思想的な大いさは想像されるであろう。しかし反面、「陽朱陰王」というその学問的性格と、大塩中斎の事件や渡辺崋山の事件にさいしての明哲保身ぶりに関連して「一代の偽君子」という評判が当時からあったということも、考慮しておくべきことである。そういう人物が水戸の人士からどのように見られていたかを示す一例が右の栗田の一文である。

一斎が水戸人士のために講釈をするようになった事情は私には不明であるが、東湖の「東藩天保月表」には、天保三年（一八三二）五月四日「始めて処士佐藤捨蔵名坦《たん》をして経《けい》を小石川史館に講ぜしむ」という記事があり、またその「丁酉《ていゆう》（天保八年）日録」四月十三日の条には、「八つ時より御書院にて佐藤捨蔵『論語』を講ず。これ六、七年前より月々史館にて講じたるを、当月より御書院へ移し玉う」という記事がある。この両者では出講時期の記載に食違いがあるが、ともかく天保三年に一斎がはじめて出講したとすれば、それは烈公が襲封してから間もない時期に当たる。そしてこの時期に林述斎が一斎を水藩に推薦したものとすれば（そう考えられる）、そこにはなんらかの含みがあったかと思われるが、いまはその事情を詳らかにし得ない。後のいわゆる甲辰（弘化元年）の難の伏線の一つがすでにこのあたりにあるとみるのは行きすぎかもしれないが、ともかくその一斎に対する東湖の態度は、敬愛の念などとははるかに遠いものであった。

天保八年七月、東湖は斉昭の命をうけて、水戸学の眼目というべき「弘道館記」の草稿を脱稿したが、その草稿への批評について、はじめ斉昭は彰考館の会沢正志斎・青山延于《のぶゆき》に諮問し、さいごに一斎の評をきく予定であったというが、それではいかにも一斎の決裁を仰ぐようで面白くないという東湖の意見をいれ、順序をかえて一斎にまず文案を示すことになった。それに対し、一斎は文案の大旨について全然賛意を表し、次のような返書を斉昭に呈している。

「御国元学校御取立の御含あらせられ候につき、尊慮の趣御書取を以て盛問を蒙り、謹みて拝見奉り候。御大意のところ、恐れながら間然すべからざるの御事と存じ奉り候。（略）坦、平生の持論もかくのごとくに候間、御書取の御趣意一々敬服仕り候、云々」（天保八年九月十八日）

つまり一斎は東湖の起草になる「館記」の原案（もっともそれは斉昭の文案として示されたものである）に全面的に賛成しているのであるが、斉昭からそのことを聞かされた東湖の方は、かえって会沢安に宛てて次のように無作法な一斎批判の手紙を書いている。

「さて一斎は右様のこと大嫌いのところ、九五〔斉昭のこと〕より御懸にあいなり候えば、悉く媚を献じ、御尤御尤と申上候よし、可笑可笑。楓、北〔小宮山楓軒と藤田北郭のこと〕の徒に御懸にあいなり候えば、決して宜きとは申さず候ところ、一斎へ御懸候故、先は右の通り也、云々」（会沢安宛）

これがけっして一斎の学問・人格に対する敬意を示したものではないことは明らかであり、こういう書簡を先輩である会沢に遠慮なく書き送っていることから、会沢もまたほぼ同様な考えの持主であったと考えてよさそうである。また本書に収めた『見聞偶筆』の中に、幕末の名文章家林鶴梁《かくりょう》（述斎の弟子）と知己の交わりを結んだ東湖が、鶴梁を林述斎に推挙するように一斎に依頼した話がのせられている。それに対する一斎の返事はいかにも如才ない調子のものとして紹介されているが、ここにも言外に一斎頼むに足らずとする東湖の感情が浮かんでいるように私には感じられる。

この一斎への嫌悪が何に由来するのか、たしかなことは私には不明である。ただ思想的にいうならば、一斎はいかにも東湖ないしその派の人々に不信感をいだかれそうな人物であったことはたしかである。

さきの東湖書簡に「右様のこと大嫌いのところ」といわれているのは、おそらく「館記」において強調されている「学問事業その効を殊にせず」というあたりの主張であったかと思われる。前記の一斎書簡には「儒者唐贔屓計《ばかり》致し本邦之事跡一向弁不申候は心得違之儀と奉存候、（略）文武素より一途に候えば無文之武は真武に非ず、無武の文は是亦真文に非ずと奉存候」とあって、「館記」にいう「神儒一致、文武不岐」にはまったく賛成しているが、ただ「学問事業不殊其効」の一句については、その字句を無視して「聖学王道決《けっし》て二に非ず候所、当方儒風不レ宜、治務有用之心得は毫毛も無之候、是も可笑之一に御座候」と述べ、事実また、文案の当該箇所への意見においても「聖学王道不殊其効」と改めるよう提案している（青山延于・安積澹泊《あさかたんぱく》の二人は共に「原稿よろし」と付記している）。

一斎は学問・事業という字句を忌み、それをそしらぬ顔をして聖学・王道の意味に読みかえ、そのうえでそれに賛意を表明しているわけであるが、これはいうまでもなく、前者の字句があまりにも露骨に陽明学の臭味をおびることをさけたものであろう（この句が熊沢蕃山の影響をうけていることは後述）。聖学・王道といえば古典儒教の政教一体の理念を表現する無難な句となるが、学問・事業といえば理論と実践という不穏な問題にかかわらざるをえない。あたかもその年の二月、大阪に起こった大塩平八郎事件にさいし、「その人かねて余姚《よよう》信仰と申すことに候。仲々もって一通りの病狂喪心にはこれなく、狂漢逆賊、浩嘆にたえず」（天保八年三月、山田方谷宛）などと書かねばならなかった一斎としては、とうてい見のがしがたいところであったはずである。

そしてそういう一斎の姿勢こそが、東湖らにはもっともいやらしい高等俗物の振舞いとして映じたはずである。博大な学問としたたかな世俗的狡智をあわせ、それによってたとえば西郷隆盛のような人物をも心酔せしめた一斎は、とうてい一筋縄ではとらえきれない幕末知識人の一典型であった。高度に洗練された俗物であるか、俗をさけようともしない達人高士であるか、見わけがたいようなところが一斎にはあった。しかし、東湖らから見れば、要するに一斎は儒教でいう「郷愿《きょうげん》」の典型にほかならなかった。水戸学の人士がその学問と実践においてもっとも嫌悪した因循姑息——現状維持の思想を、もっとも美しく磨きあげられた章句によって表現したのが一斎であり（「言志四録」はその結晶である）、東湖派の人々がむしろ好んだ狂の進取性、狷の不羈独行を内心もっとも嫌悪したのも一斎であった。しかもその一斎は、大学頭林述斎を通じて、その実子である鳥居耀蔵《ようぞう》とも手を結び、さまざまな政治的謀略にかかわりをもったと噂《うわさ》されている人物である。そしてその謀略は、すべて体制擁護のためのものとして、水戸藩に対しても陰険な監視をつよめようとしている——すべてそういうイメージにとりまかれた一斎に対し、水藩の改革派（その筆頭が東湖である）が不信と嫌悪の念をいだいたのも当然であった。

ともあれ、ここでは、「水戸学」という名称そのものの起源が、上述のような政治性につつまれたものであったことを見るだけでよい。

ところで「水戸学」という名称についてもう一つ問題となるのはその時期的区分である。ふつう前期水戸学・後期水戸学という区別が行なわれているが、この区分もやはり「弘道館記」以前と以後とを基準としている。この前後において水戸の学問・思想にどのような違いがあるかについて、次のような文章をはじめに参照してみたい。

「水戸学という語は二様に解せらるるが如し。一は初代威公以来水戸藩に伝来し開展したる学風全般を指し、一は弘道館記に叙述せられたる教義信条をいう。余の見る所を以てすれば、前説は取るべからず。水戸学といえば必ず後者なるべきを疑わず。水藩二百七十年間の諸学説を概観すれば、学者の諸説各々異同あり、(略)到底その体系の整斉を発見すること能わず。これ余が前説を取らざる所以なり。弘道館記に至りては然らず。広義の国学を基礎とし国体を宣明し儒学を参酌して国士の率由すべき徳目を提示して体系具わり、理義明かにして寔《まこと》に堂々たる大文章なり、云々」(菊池、前掲書)

この菊池の主張は、「水戸学」という異名を逆手にとって、その性格を強調しようとするイデオローグの立場からのものであり、いかにも「水戸学」の宣伝者としての菊池の立場にふさわしいものであるが、私はその考え方にはかかわりなく、やはり水戸藩成立の時期にさかのぼり、「体系の整斉を発見すること能わず」とされた前期水戸学を視野に収めることから始めることにしたい。いわゆる後期水戸学、菊池のいう「水戸学」そのものを知るためには、その母胎となった水藩二百年の学問的蓄積を無視するわけにはいかないからである。「水戸学」の精髄が「弘道館記」に結晶していること、それがとくに問題視されるのが斉昭や東湖・正志斎の名前に関連していることは事実であるが、しかし水藩の大事業は、かならずしも彼らの幕末における政治的宣伝活動に限定されるものではなく、その『大日本史』編修事業のごときは、実に二百五十年にわたり、水戸徳川家の代でいえば十二代にわたって継続されたものであった。そしてその『大日本史』はいわゆる後期水戸学のカテゴリーに収めるのはとうてい無理であるというのが私の判断である。本書に収めた幽谷の『修史始末』を見ても、光圀の薨じた二年後の元禄十五年（一七〇二）、安積澹泊の文章の中には「紀と伝を較するに成るもの六、七に居り、而して未だ成らざるもの纔《わずか》に三、四のみ」といわれている。ここには志と表とは考慮されていないが、ともかく『大日本史』の骨格はすでに義公在世中に形づくられていた。そしてそのことがなかったなら、いわゆる後期水戸学の人々だけの力では、『大日本史』はおそらく完成するどころか、義公時代の達成の水準にも及ばなかったであろうと私には思われる。『大日本史』を水戸思想の集大成とみなすかぎり、それを生みだした義公時代を無視することはとうてい許されないはずである。

2 『大日本史』のこと

ところで初期水戸学の思想、すなわち『大日本史』の思想を吟味するさい最初の困難というべきものは、何よりも『大日本史』が、現代の私たちにはかなり縁遠いものとなっていることである。西諺《せいげん》にいう「誰でも名前は知っているが、誰一人読むものはいない」という書物の代表的なものといってよいかもしれない。しかし、明治・大正のある時期までは、『大日本史』は歴史書の模範として読まれていたのである。

たとえば徳富蘇峰は「日本における三大歴史家は、第一は舎人《とねり》親王、第二は北畠親房、その次は水戸の義公であります」(「維新回天の偉業に於ける水戸の功績」)といっており、また『訳文・大日本史』の著述を行なった山路愛山は『大日本史』を「日本の文学史上不朽の大功」とよび、その意味を敷衍《ふえん》して次のように論じている。やや長文になるが明治期の在野歴史家の感覚を示す一典型として引用しておきたい。

「世或は『大日本史』の特長を以て、大義名分を明かにしたるに在りという。たとえば南朝を正統とし、北朝を閏位《じゅんい》とし、神功皇后を后妃伝に列し、大友皇子を帝位に列したるが如きことこれなり。これらのことは義公の誠に心を用いたる所にして、『大日本史』編修の主意もこれより起り、しばしば史臣と討論に及ばれたりしは疑うべからざる事実なり。さりながらこれによりて義公の志はたんに宋儒『通鑑綱目《つがんこうもく》』の顰《ひそみ》にならい、勃窣《ぼっそつ》理窟を以て史実を律せんとするにありと思わば、恐らく義公の意を解せざるものならん。(略)義公の志、ただ事実を明かにするにありて、決して宋儒の史論にならい、『通鑑綱目』の後塵を拝したるものに非ざりしを知る。ただそれ事実を明かにすれば、神功皇后は帝紀に列するをえず、大友皇子は帝紀に列せざるをえず、南朝の天子は正統の天子たらざるをえず。これ水藩の私論にあらず、史実の示すところなり、義公の意、けだしかくのごとくなるのみ。

我らの見るところによれば、『大日本史』の不朽の大典たる所以《ゆえん》は実にここにあり。即ち紛々たる伝説の雲霧を排して、直に事実の青天に達せんとしたる努力にあり。名山石室の秘もこの努力のために出でたり。百襲珍蔵して世に隠くしたる簪纓《しんえい》の私儲も、始《はじめ》て公共のものとなれり。稗史小説の類もまた人事の一片を語るものとして、もれなく集められたり、その業あたかも日本文学のために大なる文庫を建て、天下の秘書珍籍を集めたるにことならず、而してこれを比較し、これを選択し、ただ真実に達せんことを求めたる努力は、ついに日本史学そのものに新生面を開きたり。
　たとえば明治の世に至りて、新しき史家ははじめて『太平記』の信ずるに足らざるを称道せり。されど水戸の史家は『大日本史』編修の当時に於て、早くも『太平記』は叙事豊富の書なれども、取舎を撰ばずして多くの誤謬を伝え、文章の妙を誇りて事実の真を失えるもの少からざることを看破したり。明治の史家はまた京都公卿の家乗日記を一等史料と称してこれを重んぜり。されどこれもまた水戸の史家にありては既知の事実なり。ただ水戸の史家はかかる史料の記すところは周旋規矩の小節、十の八、九に居り、沙を抜きて金を練《（マヽ）》り、材を蒐めて屋を構うることの難事たるを歎じたるのみ。凡そ現代のいわゆる進歩したる史学といえども、材料の範囲及びその批判の法においては、ついに『大日本史』作者の模型を出づるあたわず。我らの『大日本史』に対して深くして大なる敬意をいだく所以は、実にここにあり、云々」（「大日本史紀伝編修始末」）

　さらにもう一つ、昭和の初年、哲学者西田幾多郎に次のような『大日本史』観があるのを引いておきたい。

「明治以来、我が国の歴史学は、西洋史学の影響を受けて、長足の進歩をとげたとは、しばしば耳にするところであるが、自分の見る所を以てすれば、明治大正の間、歴史の名に価するほどの著述は一つもない。むしろ我々の考えている歴史というものから見て、真に歴史といってよいものは、水戸の『大日本史』があるだけである[1]」

　この評価の背後には、「従来の歴史家が、徒らに些細の考証に流れて、その背後にGeistをつかむ歴史の本質を忘れている」という西田の思想があるのだが、この愛山と西田の『大日本史』評の間には、少なくとも外形上かなりな食違いがある。前者ではその事実の厳密な追求が高く評価され、後者では史料の綿密な考証をこえて、その背後にあるイデーの鮮明さが貴ばれている。一方は「大義名分」論はその第一義の目的ではなかったといい、他方は「大義名分」論を直接讃美するのではなくとも、その歴史記述をみちびいた雄大な精神《ガイスト》に注目している。

同じく『大日本史』を高く評価しながらもこうした差異が見られることは、興味ある点である。明治以後、東京大学史学科系統の歴史家――抹殺博士重野安繹《しげのやすつぐ》以下、三浦周行・三上参次らによって行なわれた『大日本史』批判は、それが道徳主義的評価のために事実を歪めていることがあるというのを論旨としたが、それに対する弁護論は、あたかも愛山の論旨と同じように光圀の記述方針は「直に事実の青天に達せんとしたる努力」にほかならぬことを力説している。ここではこの論争には立ち入らないが、およそ『大日本史』の日本史学史上における位置づけを定めるうえでたえず問題となるのがその点であった。一方はそれが先験的判断をさけてただ事実を追求し、そこからおのずからに大義名分が明らかになったとするのに対し、他方はそのいわゆる事実はすでに先験的価値判断によって規範化されたものであり、実証的な史実とはいえないと主張するわけである。この問題の意味についてはのちに述べるが、ここではただ、いずれの立場をとるにせよ、『大日本史』は通常の歴史書として、特別の偏見なしに読まれていたということに注目したい。そしてそれはかなり広範な読書人の立場でもあった。しかし現代ではそういう人々もほとんどいなくなった。『大日本史』に関心をもつ人々でも、それは『大日本史』そのものを読むという関心より、むしろこのように尨大な歴史書の作成過程に興味をいだくという傾向があるように見えなくもない。

この問題は、一言でいえば、江戸時代初期の歴史意識と、現代のそれとの巨大な断絶を物語るものにほかならない。歴史への関心の構造が変わり、かつて意味ありと思われた歴史の姿が、今はまるで別のものとなっているということである。その記述の基礎としての事実さえも、もはや意味ある事実とはみなされなくなったということである。いわゆる「三大特筆」がかりに事実を直写したにすぎないものとしても、たとえば大友皇子を本紀に入れ、神功皇后を列伝に加えるということにいかなる歴史的意味があるのか、もはや私たちの感受性にはとくに訴えてこないし、南朝正統の事実記載も、ほとんどなんらの感動を喚起しないということである。要するに歴史の意味と歴史への感受性とが『大日本史』の時代と今とではすべて変わっている。その結果、二百五十年にわたる水藩史学者たちの努力もまた、ことごとく無意味なものとしか見えかねないということにもなる。

しかし、そういう感じとまったく逆に、今も私たちに生々しい実在感を与え、時として劇的な感動をさえよびおこすのは、水戸光圀の生涯と思想であり、また、史館に集まった個々の史臣たちの個性と、その相互間の論争の生々しさである。『修史始末』だけを読んでもそれがわかるはずである。水戸学とか『大日本史』とかにかかわりなく、それらは空疎なものとしてではなく、私たちの感情移入の対象たりうるものである。かりに一方が陳腐退屈であるとしても、他方その作者たちの人間と思想は興味津々であるという断絶を結びつけるためには、やはりここで光圀の時代における歴史意識一般の問題にさかのぼって考えるほかはないであろう。

（1） この文、平泉澄「大日本史概説」（『大日本史の研究』所収）による。

3　水戸藩修史の意味

『大日本史』においてまず私たちの眼をひきつけるのは「大日本史叙」の冒頭の一文であろう。これは光圀の後をついだ三代綱条《つなえだ》の撰文であるが、『修史始末』にもあるように、彰考館総裁大井広（松隣）の代作である。この序文が同僚の史臣たちを感嘆せしめ、一語を賛する能わずといわしめたことは幽谷も記しているところである。

「先人十八歳、伯夷伝を読み蹶然としてその高義を慕う有り。巻を撫して歎じて曰く、載籍あらずんば、虞夏《ぐか》の文得て見るべからず、史筆によらざれば何を以てか後の人をして観感するところあらしめん、と。ここにおいてか、慨焉として修史の志を立て、上は実録に根拠し、下は私史を採摭し、旁《かたわ》ら名山の逸典を捜り、博く百家の秘記を索《もと》め、綴緝数十年、勒して一書を成す、云々」

当時から名文の誉れがあった序文ではあるが、後世の私たちにも、一定の感動を喚起するところがある。それは主として、このような体験をくぐりえた光圀の人間性についての興味と感嘆であるといえよう。

正保二年（一六四五）、義公十八歳の時のこの体験は、たんに彼の一生の生き方を定めたばかりでなく、その後二百数十年にわたる水戸藩修史事業の出発点となったものであった。特に学問に無関心な「不良少年時代」を過ごしたといわれる光圀個人にとっては、それは一種の天啓に似た意味をさえもったと思われる。「彼は実に徳川幕府時代に於て、宗教以外に、日本国民に最も多くの精神的感化を及ぼしたる一人である」（徳富蘇峰）といわれるが、もししかりとすれば、そのような光圀の人間形成はこの時に始まったものと見ることができる。しかしそれなら『史記』「伯夷伝」が彼にいかなる意味でそれほどにも大きな衝撃を与えたのであろうか。この点についてはかなり微妙な問題があると思われるので、いささかそれにふれておきたい。

大井松隣の『大日本史』序文は正徳五年（一七一五）冬の起草であるが、義公の死の直後元禄十四年（一七〇一）に撰述された『桃源遺事』には、「正保二年乙酉、西山公始て『史記』の伯夷の伝を御よみ御感ありて、御父威公の御世つぎには、御兄頼重どの、御たちなさるべき所に、西山公御世つぎに御たち候段、甚《はなはだ》御本意ならず思し召候、是よりして、御嫡家へ御ゆずり被レ成たきの御存念おこり中候」とあり、また享保八年（一七二三）安積澹泊によって書かれた『義公行実』にも「年十八、たまたま伯夷伝を読み感あり、遂に茅土《ぼうど》を頼重の子に伝えんと欲す」と述べられ、「大日本史叙」とはその趣きが異なっている。前者は伯夷伝を読んでただちに修史の志をおこしたもののように述べられ、後の二者では伯夷・叔斉が父孤竹君の死後たがいに家督を譲りあったことに心をうたれ、兄（頼重）をこえて世嗣となった苦衷の自覚に力点がおかれている。この二つの記述のいずれが正当であるかについては義公研究者の間で若干の議論がないわけではない。しかし、それはそれほど重大な問題とは私には考えられないので、ここではただ「伯夷伝」を一読することによって光圀の内部に生じた決意がほとんど常人の想像を絶するような性格のものであったことに注目しておきたい。

『義公行実』には「その迹を表わさずして中心に蔵すること素あり」と書かれている。これは光圀の師となった朱舜水《しゅしゅんすい》が、その「与陳遵之書」において「上公国を譲るの一事、これを為して混然迹なし。真に大手段たり、云々」と述べているのと同じであるが、およそ光圀の生涯を見るとき、しばしば私たちを驚かせるのは、その言動を貫くきわめて厳密な論理性というべきものである。しかもそれがしばしば事後においてでなければ人々の目に明らかにはならないような傾向をもっていることである。兄の子に国を譲るという決意を実現するために、光圀がいかに周到な配慮を払ったかは『弘道館記述義』などにも述べられているが、それが実現されるまでには実に四十五年という歳月が経過している。その間多くの人々は、光圀のその思考と実行の水ももらさぬ緻密な関連にそれほど気づくことはなかった。したがって光圀の言動は、ときに近臣の者たちにも端倪《たんげい》すべからざる「意外性」にみちたものに見え「いかなる御心底に候やと、いろいろ打寄申あ」ったり、「西山公の御心中は、何とも推量奉りがたき事なりと、皆々申あ」うことしばしばであったという。それらの具体的な例は『桃源遺事』などにいくつか記されているが、それはいずれもいかにも疾風迅雷のごとき果断な精神と、物事を見る緻密な論理性の結合を思わせるものであった。そうした光圀の性格についてはしばしば戦国風雲時代の英雄のおもかげがあるとされるが、私もまたその点については異論がない。しかしここでの問題は、そうした尋常ならぬ人間の志した修史の事業とは、いかなる意味のものであったかということである。そしてその問題に入るためには、光圀がその二代当主となった水戸藩のある特殊な性格について、最小限必要な事柄にふれておくのがよいであろう。光圀の思想の「意外性」ということと、水戸藩の存在そのものの意味とは、どこか微妙に関連していそうに思われてならないからである。

水戸の初代藩主頼房は家康の末子（十一子）で、慶長八年（一六〇三）家康六十二歳のときに生まれた。すぐ上の兄頼宣は家康の十子、その上の兄義直は九子であったが、この末の三人がいわゆる御三家の祖となったわけである。頼房は三歳のとき常陸下妻十万石に封ぜられたが、のち慶長十四年、七歳にして水戸城に二十五万石を賜い、さらに増封されて二十八万石の領主となった。当時すでに義直は尾張に、頼宣は紀伊に封ぜられており、いわゆる御三家の体制ができ上がったわけである。

ここでいつも問題になるのは、この末の三子の年齢にそれほどの隔たりもないのに（義直と頼宣は一年四ヵ月、頼宣と頼房は一年五ヵ月の違い）、頼房の石高と官位だけが兄二人のそれに比べて下位にあることである。尾張・紀伊はそれぞれ六十二万石、五十五万五千石に対し、水戸は二十八万石（のち元禄十四年、三十五万石となる）にすぎない。また尾・紀は参議、中将、従三位をへて中納言から従二位大納言に昇るのが例であったが、水戸だけは正四位下少将から参議をへて正三位中納言となるのがとまりであった。なお一つの違いは、水戸は他の二家と異なり、常時江戸に在府する例であり、そこから天下の副将軍という名称も生まれたが、それらはいずれも水戸にとって有利な条件とはいえなかった。石高の差異にかかわらず、儀仗鹵簿《ろぼ》および諸事の格式において三家は対等でなければならなかったし、定府ということも、水戸にとっては二重生活の出費と藩論統一上の困難とをもたらしたにすぎなかったからである。

このことが水戸藩にとってある宿命的な意味をもったことは容易に想像せられる。諸藩に先立って早くから内攻化した藩内派閥の対立は、財政上の困難の解決策をめぐる国元と江戸表の意思不通によって促進されたものとみることが可能であり、むしろそれが最大の要因とさえ考えられるからである。だから人によっては「水戸の党争の遠き一因は、家康が頼房に五十万石を与えずして、二十五万石を与えたにありともいいえらるる」（徳富蘇峰）という観察もなされるのである。

こうした無理が生じうる可能性をあの聡明にして世故に通じた家康が見通さなかったはずはない。そこから、家康の胸中になんらかの深謀遠慮があったのであろうという想像もなされるが、私がそれに関連して思い浮かべるのは、次のような家康の頼房観というべきものである。

「東照公仰せおかれける御意の中に、源威公〔頼房〕のことを仰せられて、曰く。腰刀と思い秘蔵すべし、鞘はしらざるように仕まつるべしとなり、これにより大猷公〔家光〕の御代まで、別して御念頃《ごねんごろ》になされ、尾州紀州よりも御心安く御親昵になされけるとなり」（『義公遺事』）

ここで「腰刀」といわれる意味もなにか謎めいて見える。それは最後の頼みとすべきものという意味には違いないであろうが、それも最大の危機にのぞんで、まっさきに犠牲になるという意味に解せられなくもない。水戸藩からいえば、それは宗家の最大の守りであるという強烈な使命感と、にもかかわらず現実にはもっとも苛酷なスケープ・ゴートの役割を与えられるかもしれないという意識とを二重に喚起することになる。太平の時代はともかく、幕藩体制の危機が進行すると、この二重の意識は矛盾をはらんだまま猛烈に噴出することになる。『回天詩史』などにも述べられている斉昭の思考の論理――水藩は一般大名とは異なり、公然率先して天下の危機に対処する道を進むべきであり、そのために幕府の嫌疑を招こうとも、むしろそれをあえてするのが真に幕府に忠をつくす所以であるという論理などは、右に述べたような水藩の意識形態からくるものであった。いわば水藩の存在はそれ自体一種の逆説であり、藩として自滅することこそがその存在理由であったという感じをさえともなっている。

しかしそれは後の話であり、ここでは頼房の時代に一定の萌芽をあらわし、光圀に至って実現化した水藩修史事業と、水藩の存在形態との関係が問題である。いったい初期水藩にとって、歴史とは何であったのか、なぜ光圀は、当時日本の学界においてほとんど不可能と見なされた日本史の編修を意図するに至ったのであろうか。

光圀がはじめて史局をもうけ史料蒐集に着手したのは明暦三年（一六五七）、その三十歳のときであったが、当時、儒臣の多くは修史の困難を主張するだけで積極的にこれを支援するものはいなかった。『修史始末』にもその事実を録して「初め公の史を編せんとするや、これを〔人見〕卜幽、〔辻〕了的二人に諮《と》う。二人は当時の宿儒。皆曰く、修史の挙、誠に当代の盛事たり。然れども、六史以下、載籍備らず、考拠に資するなし。今の学者、又史筆の才に乏し。恐らくは、その成功を保し難しと」と述べられているが、これが当時の学界の実情にほかならなかった。たとえばそこに六史といわれているものは、いわゆる六国史のことではなく、その中から『日本後紀』『三代実録』を除き、別に『古事記』と『旧事紀』を加えた六つの史書をさしている。いわば日本史研究のための基本史料さえもなお発見・整備されていなかった段階である。光圀の発想はかなり先走ったものという印象を与えないではなかった。

しかし史局開設当時の光圀は、自己の構想する日本史の編纂が不可能ではないというビジョンだけはあったという印象がある。なぜならば、十八歳で修史の志を発してから史局を開設するまでの十二年間、光圀はかなりのていど歴史研究の基礎的教養を身につけるとともに、史料蒐集の面でもユニークな作業をつづけており、そのいわゆる「本朝の史記」構成の基本的デザインも、あるていどは具体化しつつあったと思われるからである。

光圀の修史への準備作業がすでに十八歳ごろから開始されていたことを示す史料として、しばしば引かれるのが冷泉為景《れいぜいためかげ》の「報源光圀詩歌序」という一文である。為景は藤原惺窩《せいか》の実子で、叔父冷泉為将の跡をつぎ、和歌・和文で朝廷に仕えた少壮の公卿であった。

「さてもわが中将の君〔光圀〕なん、いにしえをこのめる御心ざしふかくて〔略〕からやまと、あつめ給える巻のかずかず、むな木にみち、牛もあせすばかりなるに、なおあきたらずおもおすあまりに、かかる文なん、さぐり出よと、の給うを、いかがし侍らん、いずらにもたる人やありと、せちにたずね物するも、彼《かの》秦始皇の不死の薬もとめけんたぐいにかわりて、いとつきづきしくおぼゆ。あなかしこ、外にとう事なかれ、われたまたま家にかくせり。こうようの人にあいてこそ、うさぎの裘もこたえまほしけれ。いささかひめおくべきにあらねば、やがて是をゆるす。幽〔人見卜幽軒〕こよのうよろこびて、夜日となく、うつしとりて、みずから魯魚《ろぎょ》のもじをこうがえて、是をけずりかれをくわう、云々」（『扶桑拾葉集』）

これは正保三年（一六四六）春、人見卜幽軒が光圀の命を奉じて京都に赴き、古記録・逸書の類を捜索したときのことを述べたものであるが、この人見はもともと京都の人であり、惺窩の弟子菅徳庵に学んだという縁もあって、為景とは旧知の間柄であった。水戸に来たのは寛永五年（一六二八）、初代頼房のときであるが、外部から水藩に来仕した最初の儒者でもあった。のち彰考館初代総裁となった人見懋斎《ぼうさい》はその養子である。

こうして未見の光圀と為景とは卜幽軒を通して相知るにいたったが、その後の京畿における史料蒐集作業の拡大のきっかけとなったものがこの接触であったかと思われる。そしてそのことは同時に光圀の朝廷尊崇の情感を培養するきっかけともなっているが、そのことはまたのちに述べるとして、ここでは当時すでに光圀が汗牛充棟の蔵書の上に、さらに熱心に未発見史料の蒐集に着手していたことに注目するだけでよい。

すべてこのような光圀の学問（とくに史学）への関心の背景には、彼個人のパースナル・ヒストリーの面では上述の「伯夷伝」との遭遇があったが、より一般的にいえば、徳川家の同族の中に、同じころ、学問への関心をいだくものが多かったということが思いあわされる。彼の伯父に当たる尾張の義直、従兄に当たる保科正之《ほしなまさゆき》らはもっとも著名であるが、そのことはさらにいえば、当時の日本思想界全般における傾向であったとみることもできる。

つまり、修史への関心は十七世紀初頭における一般的風潮であった。その風潮の意味についてはまたのちにみるが、光圀の修史事業がそれらの風潮に刺激されたものであることはいうまでもないとして、御三家の一つ、しかも副将軍の俗称さえあった水戸藩主として、「本朝の史記」（「日本史」「国史」など、『大日本史』の名称が決まるまで、さまざまに通称されていた）を編修する一念を発したことは、それ自体ある特別な関心をひかざるをえない。尾州においても、紀州においても似たような試みはなされている。そればかりでなく、宗家である将軍家においても、『本朝編年録』（『本朝通鑑』）が六国史につぐという意識の下に大規模な修史作業を開始しているという状況下で、光圀はいかなる観点を自己の独創として確信することができたのかはかならずしも答えやすい問題ではない。

一つには、光圀自身がかなりすぐれた史眼の持主であり（そのことは『修史始末』における光圀の発言、また『西山随筆』などのなかの史論から想像される）、またその教養・学識がたんなる殿様学問の水準をこえるものであったという点が他の場合と異なるということはいえる。「義公御壮年、御勤学のとき、十三経全部に句読をなされ、『六臣註文選』全部に和訓を御付なさる……大名学問にかくのごとく精励なる者あるべきや」（「玄桐筆記」）という記録があるが、少なくとも、「伯夷伝」の体験からもわかるように、彼は歴史をたんなる士大夫的教養科目の一つとしてではなく、人間の生存の根本原理にかかわるものとして内在的に読みとることができる人間であった。そのうえ、彼の学問は、たとえば僧契沖の万葉研究に刺激を与え、国学の成立に一定の影響を与えるほどの指南力をそなえたものであったし、その和漢の詩文創作においても、当時の儒者・文人を感ぜしめるだけの水準に達していた。いわば自身一個の学者・思想家としての資質において、彼は己れの日本史のイメージをいだいており（もちろん当初からという意味ではない）、その歴史がけっして類書の比ではないことをひそかに自負していたかと思われる。とくに『本朝通鑑』に対しては、のちに見るように、その記述のある重要部分を、根本的誤謬として即座に指摘しているくらいであるから、彼は当時何人も想定しえない歴史を編述しうると信じていたことは間違いないであろう。

通常、光圀の独創としては、『大日本史』のいわゆる三大特筆と、紀伝体の史体とがあげられるのがふつうである。光圀のよき協力者であった安藤年山の『年山紀聞』に記された次のような文章は、さまざまな意味で印象的なものであるが、それはこの点についてこう述べている。

「この館〔彰考館〕にして、神武天皇より後小松帝までの本紀、ならびに公武諸臣の列伝を、史漢の体に撰ばせたまう。其中に神功皇后を后妃伝に、大友皇子を帝紀に載せ、三種神器の吉野よりかえりたるまでを南朝を正統とし玉うなん、西山公の御決断なりけらし。館の諸儒たちさまざま議論ありて、御顔ばせを犯したる輩も有しかども、これ許《ばかり》は某に許してよ、当時後世われを罪する事をしるといえども、大義のかかるところいかんともしがたしとて、他の議論を用いたまわず」

光圀が優雅な寛濶さの持主であったことは広く認められている。「その人となりや、物に滞らず、事に着せず、神儒を尊びて神儒を駁し、仏老を崇めて仏老を排す。つねに賓客を喜び、ほとんど門に市す。暇有るごとに書を読み、必ずしも解するを求めず。歓も歓を歓とせず、憂も憂を憂とせず、云云」（「梅里先生碑陰幷銘」）という銘文はよくその襟度・風懐を伝えているが、反面また武将的豪胆さと決断において、時に面も向けられぬ猛烈なところがあった人物でもある。能楽にことよせて、何人も知らぬうちに重臣藤井紋大夫を手討ちにした事件など、いかにもよく光圀のそのような側面をあらわしたものといえよう。そして『年山紀聞』にいう「これ許は某に許してよ、云々」の決断も、また、ある尋常ならぬ人物の容易ならぬ決断という意味を暗示するはずである。

4　十七世紀日本の歴史思想

十七世紀初頭に徳川幕府体制が成立して以来、いわゆる文治主義の浸透とともに、日本人の思想の中に新たに歴史への関心が生まれ、さまざまな修史事業が興ったことは周知のところである。それが一種の流行現象とさえなったことについて、徳富蘇峰は「修史は彼〔光圀〕の時代において一種の流行ともいうべきであった。山鹿素行の『中朝事実』『武家事紀』のごときもそれである。尾張義直の『類聚日本紀』のごときもそれである。山崎闇斎《あんさい》も一時は『倭鑑《やまとかがみ》』の編纂を思いたった。幕府は『本朝編年録』、すなわち『本朝通鑑』の撰編を林道春父子に命じた。而して林春斎の私撰には『王代一覧』あり、鵜飼石斎の作には『本朝編年小史』あり、宇都宮由的の著には『日本古今人物史』あり、云々」と述べ、さらにおびただしい史書の名前を列挙しているが、そうした歴史への関心を促したものは、一つには新たに成立した幕藩体制自身がその正統性を歴史的に証明しようとする欲求をいだいたからであることは否定しえない。そのことは幕府によって進められた諸大名家譜の編纂にもっともよく示されており、また「神祖」家康の伝記編纂も同じ動機にみちびかれたものであった。

しかし、そればかりでなく、この時期の歴史的関心の展開にはいわば対外的契機が大きく作用していたことを見のがすことはできない。それは一つは大陸における明朝の衰亡と異民族金〔清〕の勃興という変動がひきおこした危機感であり、もう一つは織豊時代から浸透し始めたキリスト教への思想的対抗の契機である。そのうち、明の衰退が日本思想界に与えた刺激について少しふれておきたい。

それはとくに水戸学に若干の関係をもつからである。

一般に、中国における王朝の交替はそのつどなんらかの文化的影響をわが国に及ぼしている。過去においても、宋末元初における亡命僧たちがいわゆる五山文学の源流となり、朱子その人の宋末志士的気分がわが国の朱子学に一定の傾向性を与えたなどのことがあるが、明末の騒乱はよりいっそう深い思想変化をわが国の学者たちに及ぼしている。光圀の師となった朱舜水や、同じく光圀が招聘を試みて成就しなかった張斐《ちょうひ》ら、亡命志士の来日の影響もあるが、そうでなくとも、明末の情況を記した『中興偉略』『明季遺聞』などはほとんど出版と同時にわが国にも紹介されたといわれる。ちょうど幕末期に、ヨーロッパの清国への侵略事情が、ただちにわが国読書人の関心となったのと似た情況であった。そして、いずれの場合にも、北狄西戎《ほくてきせいじゅう》という異民族の侵攻という事態がとくに注目されている。

このような大陸事情に関連して、当時国防の問題にまで関心をそそいだ少数者の一人が熊沢蕃山である。蕃山は藤田幽谷の『熊沢伯継伝』をとおして水戸学にもかなりの影響を与えているので、その国防意識の一端を引いておこう。

「北狄唐土を取りて本邦に来りしこと度々なり。今すでに唐土を取れり〔是れ清が明に代りたるを云う〕。よも来はせじと思いだのみは武備にあらず。今北狄来りなば、明と合戦までに及ばず。内虚にして、人心散ずることあらん。今の諸侯、一国の人数を出して兵粮あらんことは、二十侯に一、二侯もまれなるべし。大坂に出したる売米の残りは、みな国々へ戻すべし。その上に用銀あらば米を買うべし。十日二十日のうちには米は一石銀百目二百目の売買になり、二十日三十日の間には四、五百目とならん……」（『大学或問』）

蕃山はそのような情況を予想し、そこから生じる内乱の事態までを憂えているのであるが、これらの国防的経世論の中には、どこか会沢正志斎の『新論』の先駆を思わせるところがあることだけをつけ加えておこう。

江戸初期において、国家意識の形成の要因となったのは大陸事情のほかに、キリスト教浸潤の問題があった。前述の蕃山も儒教・仏教・キリスト教と日本固有の「水土」（民族的カルチュアの基本的条件ともいうべき蕃山特有のカテゴリー）との関係から考えて、「仏法は水土にかなうところあり、儒法は水土に応ぜず。是を以て知れり、仏法は絶ゆべからず。儒道起らず。仏法たえずば、ついに吉利支丹《キリシタン》のために奪われぬべきか。然らば神道も儒道も尽く打ち破られて、畜生国となり、禁中もなくなるべし」（『集義外書』）という危機感を述べている。彼は日本の「水土」の必然からして儒教は定着しえないとし、むしろ仏教が適性をもつが、その後世の教えにおいては吉利支丹の方が「仏者よりも上手なり。理をいうことも仏道よりはまさ」っているため、仏教もついにはキリスト教に一変してしまうであろうというのである。

しかしここでは蕃山の論の内容が問題ではなく、宗教・文化のレベルにおいてもまた、日本の特殊な地位をどのようにとらえるかという問題意識が、かなり広範な視野のもとに形成されつつあったことに注意すべきである。そのさい、蕃山のいう「水土」という文化地理学的な自覚の上に神道・儒教・仏教・キリスト教という基本的精神文化のカテゴリーがそれぞれ明確に区別され、それらの同一性ないし異質性を比較考察することによって日本の特異性の規定に到達しようとする知的欲求が生じていることが問題の要点である。いわゆる「神国」思想が一般知識人の視野に登場してくるのが同じ時期であることも、この時代の思想の運動を象徴する事柄であり、『日本書紀』が勅版によって刊行され、『書紀』研究が新たに学問の問題となるのも同じ意味の事柄である。いわば十七世紀の日本は、世界をいかに解釈し、日本をいかに位置づけるかについて、混沌とした解釈体系のうずにとりまかれ、かなり活発な精神活動を開始したものといえるであろう。

それら星雲状態ともいうべき精神活動の中で、従来ランクされなかったものはやはり「神国」「神道」という新しい概念であろう。たとえば秀吉は印度副王に与える書に「それ吾朝は神国なり」と宣言し、家康も耶蘇《やそ》教を禁じた慶長十八年（一六一三）のある文書で「それ日本はもとこれ神国なり」と述べている。これらはいずれも天下一統の業を終え、改めて海外の国々とその文化に眼を注いだとき、自己主張の言語としてむしろ素朴に選ばれた気味のものであり、そこに体系的な自己意識の深化があったとは思われない。ただ日本の神道と儒教と仏教という三つの世界観の区別ないし統合の必要という意識がかなり鮮明化していたこと、そしてそれだけ、一部神道者流の自家経営の手段としての神道が、ようやく知識人の普遍的問題として登場しつつあったことを示しているのはたしかである。

近世儒学の祖というべき藤原惺窩の『千代もとくさ』の中に「日本の神道も、我心をただしゅうして、万民をあわれみ、慈悲を施すを極意とし、尭舜の道もこれを極意とするなり。もろこしにては儒道といい、日本にては神道という。名はかわり、心は一つなり」というように述べられ、その弟子林羅山もまた、「本朝の神道はこれ王道、王道はこれ儒道、もとより差等なし」とか、神道と儒教とは「我よりしてこれを観れば、理一のみ、その為《わざ》ことなるのみ」というふうに述べている。これは当時かなり一般的な神儒同一観の一例であるが、ただ、仏教に関しては、惺窩が儒の致知の極と仏教の悟りとは同一であるという寛容さをもっていたのに対し、羅山はこれを排撃してやまなかったというように、学者によってその態度に差異はあった。キリスト教にいたっては、江戸初期に関する限り学者の知的世界に内在化することはなかったといえよう。

このような問題状況を考えるとき、山崎闇斎の朱子学や山鹿素行の古学の意味も当然考慮されねばならないが、ここではただ素行の著『中朝事実』（寛文九年＝一六六九）の発想と文体までが後期水戸学の中にかなり再現していることを指摘するにとどめておきたい。

ともあれ、明朝の衰退というアジア世界の変動と、キリスト教という異次元の世界との接触は、さまざまな屈折をへてようやく政治的安定に到達した日本人の心に歴史への関心をよびおこしたことはたしかである。しかし、そのいわゆる歴史とは何を意味したか、また、その歴史関心はどのような現実意識から生まれたのかはかならずしも平明ではない。

ふつうにはそれは太平時代の人心は回顧にかたむきやすいとか、生活の余裕と文教の興隆とは、とくに儒学において「経《けい》」とともに最も重んじられる「史」への傾倒を自然にもたらすとか、新たに成立した政治権力は、その正統性を歴史によって立証しようとするものであるというふうに説明される。そのいずれもが徳川初期における「歴史の流行」の理由を説明しないではない。しかしまた、それだけとみてよいかというと、私にはなお割りきれないものが残る。少なくとも、光圀の『大日本史』修史の根本動機に関しては、何かそれだけでは説明しきれない思いがしてならない。それは一つは光圀という個性が常識をこえた強烈なものであるということ、水戸藩そのものがある特殊な存在であるという印象から来るものにほかならないが、のちに見るように、たとえば幕府の修史方法論と光圀のそれを比較するとき、そこにはやはり光圀のいわば実存の意識（？）と結びついた個性がよくあらわれており、この時代の一般的史論と異なるものがあるように思われるのである。

いくらか空想じみてくるが、たとえば『回天詩史』の中で東湖が歴史を論じ、『史記』でも『呂《りょ》覧《らん》』でも、その作品の偉大さを決定したものは、いずれも作者心中の巨大な鬱屈であるという意味のことを述べている。私は確かな証拠はないにしても、光圀の中には、その種の偉大な鬱屈があったのではないかという想像を禁じえない。そして、そのことを外部の人にまったく気づかれずにとおすことは、初めに述べたように、光圀の著しい個性でもあったのである。しかしここでは、光圀の修史と、当時のもっともオーソドックスな修史であった林家の『本朝通鑑』の修史方法論との比較という点から考察をすすめることにしたい。

5　林家史学と光圀

ふつう林家の修史事業と光圀のそれとは、対照的な思想にもとづくように見られるが、その修史の方法論はほとんど同一であるといってよい。それは両家の交流からいってもある意味では当然であった。光圀と林家とは、羅山のころからかなり親密な学問的交流を維持しており（『常山文集』の中には光圀が羅山に和したいくつもの詩がある）、羅山死後もその第四子読耕斎（靖）と年齢も近いためか、とくに親交があった（そのことはその死にさいして送られた光圀の祭文によってわかる）。この読耕斎は『先哲叢談』にもあるように、博学をもって一世に名声をうたわれ、朝鮮の文人にもその名を知られた学者であり、とくに光圀が学問的にもたよりにした人物である。読耕斎の死後、光圀はその兄である鵞峰《がほう》と交わりを結ぶことになるが、この鵞峰が『本朝通鑑』の編修に当たった人物である。

幕府が羅山に命じて『本朝編年録』の編述を行なわせたのは正保元年（一六四四）、六年後の慶安三年（一六五〇）にいたって神武から宇多にいたる五十九代四十巻の編修がおわったが、ここで作業は資料不足の理由で中絶し、羅山もまたその七年後には没した。のち寛文四年（一六六四）、幕府は羅山の第三子春斎（鵞峰）にその続集の編纂を命じ、上野忍ヶ岡に国史館を設けて編纂所とし、数十名の史臣に月俸を給し、史料蒐集を援助して大規模な修史事業を開始した。これは光圀がはじめて小規模な史局を開設した明暦三年（一六五七）よりもおくれるが、彰考館開館よりも八年先立っている。『本朝編年録』が正式に『本朝通鑑』と命名されたのも国史館開設の年であるが、醍醐から後陽成までを含めた全巻二百三十巻の完成は六年後の寛文十年であった。ときに光圀は四十三歳、父頼房の死後、水戸藩主となってから十年のころであった。

この『本朝通鑑』の編修の進行とその完成が光圀の修史意欲に刺激を与え、さらにその特色ある歴史観の形成に大きな役割を演じたことはひろく認められている。その場合、いつも引照されるのが、『修史始末』の冒頭近くにも記されている光圀の『本朝通鑑』批判のエピソードである。この件はむかしから「太伯皇祖論の問題」とか「本朝通鑑における太伯論の問題」という題目でしばしば論じられたものであり、話としてもきわめて面白い問題である。問題の結着はすでに『修史始末』にいわれているように、「ここにおいて、ついに〔『本朝通鑑』の〕梓行の命を停む」ということになり、結局光圀の一言によって、『本朝通鑑』は大正年間に全篇が刊行されるまで、上梓中止となったわけであるが、現在の私たちにとって、この問題の興味は、日本人種ないし文化の起源論をめぐる十七世紀日本知識人の思想態度のあり方ということになるであろう。

この問題は『本朝通鑑』の現行本や、『修史始末』の記述の典拠とされる『年山紀聞』の刊本のいずれにも（不思議なことに）それに該当する記載がないことによって、なんらかの訛聞の混入ということが疑われており、少なくとも『修史始末』の記事をすべて信用することはできない。しかし、問題の本質にはなんらかかわるところはない。現在流行している日本人起源論などともくらべて、当時、同様の問題がどのように考えられていたかを示す一例である。

まず羅山・鵞峰らの日本文化起源論は『鵞峰文集』五十八の羅山と鵞峰の問対に擬した文章にあらわれている。すなわち羅山が日本人は呉の太伯の後裔であるという説を斥け、「本邦はもとこれ霊神の国なり。何の故にか妄りに彼を取りて祖となさんや。かつて一沙門の『日本紀』を修め、太伯を以て我が祖神となす者あり、時の天子その朝儀に背くを怒り、ついにその書を火《や》かしむ。実か否か」と問うたのに対し、鵞峰は次のように応対している。

「世に伝う。洛の僧円月、ひそかに『日本紀』を修め、以て本朝を呉の太伯の後となす。『晋書』にしか云えり。廷議肯んぜずして月を以《もって》誣《し》うとなし、ついにその書を焚《や》く。今按ずるに月の言、必ずしも妖妄となさず。それ泰伯逃れて荊蛮に到り、自ら勾呉と号す。呉の地広大にして今の寧波《ニンポー》府またその地にあり。李唐これを明州という。古者、遣唐使みなその岸に到り、而して彼の都に入る。明州筑紫を去る遠からず。風順波穏なれば則ち四、五日にして至るという。然れば則ち草昧の世、泰伯至徳を以て来りてこの国を化す。蒼生これを仰慕し、これを尊崇し、呼びて霊神とせしか、いずくんぞ大霎女貴《おおひるめのむち》たらざるを知らんや。神武の即位、周の恵王の時に当り、文王を去るほとんど二十世、霎貴《ひるめむち》より神武に至る六世、その数中華と合わずといえども、然も本朝の祖神、多くみな上寿を得、朝鮮檀君《だんくん》の久しきが如きは彭祖《ほうそ》を過ぐ。則ち開国の始め、長生の人なしというべからず。泰伯を指して霎貴となすこと、文王の伯父、孔子これを至徳と称す、あに徒らならんや」

鵞峰は周文王の伯父太伯が天照大神である可能性はありうるとしている。鵞峰は別にまた朝鮮の始祖を箕子《きし》とする伝説を信じていたものか、日本・朝鮮がいずれも「東方の君子国」とよばれるのも当然というように述べている（『東国通鑑』への序文）。

こうした鵞峰の文意については、それはかならずしも文字どおり日本文化の起源が中国にあるとしたものではなく、ただ仏教を抑える一手段として神儒の同一を述べたものであるという弁明もある。羅山にしろ鵞峰にしろ、単純な中華崇拝者ではなく、むしろ日本の国家伝統の特殊性は認めていたというのであるが、そのことをどのように自覚化し、体系化するかについては、鵞峰は深く考える必要を認めていなかったように思われる。さきの考察はいかにも文化地理学的にひらかれた思考をあらわしており、祖先・血統ということもすれば非合理的閉鎖性をともないやすい範疇を斥けているのは、鵞峰ないし林家の儒教的合理主義を示すものでもあろう。

しかし、この点についての食違いを除くと、鵞峰の修史方針と光圀のそれとはまったく同一であるといった方がよさそうである。鵞峰の修史日記ともいうべき『国史館日録』によれば、はじめて光圀と鵞峰が修史について論じたのは寛文四年十一月二十八日のことであった。そのことを記した『日録』の文章の中に、次のような一節があるのが注目される。これは鵞峰が光圀から記述の方針を問われたのに対して答えたものである。

「……実事を記せば則ち善悪自ら知らる。以て勧懲をなせば則ちこれまた『通鑑』のみ。いわゆる事に拠りて直書すれば、その義自ら見《あら》わるるなり」

鵞峰はその意味をもっとくわしく「もしそれ一字の褒貶《ほうへん》勧善懲悪は則ち企及するところにあらず。然れども事に拠りて直書すれば、その義自ら見わる。則ちあにその後代の鑑戒たらざらんや」（「続本朝通鑑序」）と述べているが、その限りで見れば、これがまったく後述の「大日本史叙」に述べられた光圀の修史理念と同一であることは容易に気づかれよう。

ここに「いわゆる事に拠りて直書すれば、その義自ら見わる」というのは、朱子が『春秋』について「孔子但拠事直書、而善悪自著」（『朱子語類大全』巻八三）と述べたのをふまえており、さらに杜預の「春秋左氏伝序」に「直書其事、具文見意」とあるのに関連している。いずれも中国の思想から生まれた歴史記述を述べたものであるが、これが司馬温公（司馬光）の『資治通鑑』の筆法にほかならないことも明らかである。

鵞峰は野間静軒に朱子の『通鑑綱目』の例に倣うことをすすめられたとき、「余これを慕うといえども、しかも企及すべからず。いま暫く温公の例にならわば、則ち後世また文公（朱子）の跡を追うものあらんか」（『国史館日録』寛文四年十月晦日）と述べ、あえて『通鑑綱目』のごとき名分論にもとづく褒貶はしないと述べているが、これもどこか「大日本史叙」にいう「その刪裁《さんさい》に至りては、姑《しばら》く大手筆に俟《ま》つあらん」を思わせる言葉である。また、その編修要領を述べた「本朝通鑑条例」にも「事によりて直書、云々」の項があるほか、その史料蒐集が諸家の日記・家乗から演史・稗説、口説・流伝の類にまで及び、その考証を精力的に推進したことなど、『大日本史』の行き方とまったく同じであるといってよい。つまり、従来正史がなく、史料も整備されていない延喜以降の編述にあたって、両者は同じようにまず史料の蒐集と諸本の校訂から始め、その記述も「拠事直写」の方法を信じ、疑わしきは闕くとともに、参考として「一説」もしくは「案文」を付記するなどの配慮において同一であった。考証的正確の追求はいずれもそのめざしたところであり、何よりも後世の完全な史書のための前提を作り出そうとする態度において共通していた。「私は『本朝通鑑』と『大日本史』との相違は、むしろ『大日本史』編纂過程から漸次に醸成されたものであって、『大日本史』編纂開始に当っては、光圀の意識もかなり曖昧ではなかったかと思うのである」（松本純郎「徳川光圀の思想」

――『水戸学の源流』所収）といわれるのも外形だけからすればそのとおりであったといえよう。

要するに徳川初期の歴史は、曖昧な俗説を斥けて事実そのものを確定すれば、そのことによって歴史そのものの意味も明らかにしうるという信条を共通にしていたといえよう。いわば事実と意味、現実と理念の一致を前提とする歴史編纂が可能であるという思想が一般的だったのである。このような歴史哲学は主として宋学の歴史理論に支配されたものであるが、そのことはのちにそうした歴史哲学の解体期を述べるところでふれることにしたい。そして光圀の修史理念もけっしてその例外ではなかった。あえて「大義名分」によって個々の人物の正邪善悪を評価する必要はないという光圀の考えは「大日本史叙」の別の部分では次のように語られている。

「綱条膝下にありてつねにその言を聞くに、曰く、史は事を記す所以なり。事に拠って直写すれば、勧懲自ら見わる。上世より今におよぶ風俗の醇漓、政理の降替、焰々然としてこれを掌《たなごころ》に覩《み》るがごとし。善は以て法となすべく、悪は以て戒となすべくして、乱賊の徒をして懼るる所を知らしめ、まさに以て世教に裨益し、綱常を維持せんとす。文は直ならざるべからず。事は核ならざるべからず。もし出入左右するところあらば、則ちあにこれを信史というべけんや。この書の如きは、則ちただその実を務め、その華を求めざれ。むしろ繁に失するも、簡にすぐるなかれ。その刪裁に至りては、姑く大手筆に俟つあらん」（「大日本史叙」）

正確に事実を究明してこれを記述すれば、そのことの意味はおのずからに明白となるという考えであり、その事実を明らかにするため必要な引照事項は繁雑をいとわずこれを記載せよというのが光圀の歴史記述の方法であった。そして、そのようにして厳正に記録された事実は、それ自体によって乱臣賊子の鑑戒となるであろうというのがその大旨である。しかしそれならば、光圀と林家の修史理念は、どこからしだいに分離してくるのであろうかが問題である。方法が同じとするならば、その違いは一つは史料の性格と採訪様式の違いから来る以外にはないかもしれない。

6 『大日本史』と上方史料

徳川初期の客観主義的史学の勃興がまず史料の不足に当面したことは当然であった。そのため幕府は、その書庫を開放するとともに、諸大名やその家臣に蔵書目録を提出させ、諸国の社寺、京都の公卿にも古文書・記録の提供を要請し、また国史館に書籍購入費五百両を支給して累年のように書籍を求め、写本を作らしめた。こうして寛文八年（一六六八）五月の計算によると総計二千六百部、篋《はこ》五百、三万冊に及ぶ蔵書が国史館には集積されていたという（因《ちな》みにいうと、元禄四年〔一六九一〕の彰考館の蔵書数は二〇三七部六八七五冊であったという）。

しかしここで注目されるのは、幕府の権威をもってしてもなお、ある方面からの史料提供には限界があったということである。一つは各大名がその家にかかわる秘録を容易に提供もしくは閲覧せしめなかったこともあるが（鵞峰は御三家の一つ尾張藩の非協力を『日録』に記している）、それよりも問題は京都方面にあった。その実情を示すものとして、羅山の親友であり、朝廷の事情にも通じた石川丈山の通信が『国史館日録』寛文六年（一六六六）正月二十三日の項にのせられている。

「洛北隠士石丈山の答書至る。歳初を賀し、かつ国史編修のことを労して曰く。神武以来二千年、未だかくのごときの大挙を聞かず。此より以後また稀なるべし。温公といえども多年の精力を費せり。よろしく心をここに竭《つく》すべし。ただ惜しむらくは朝廷の書未だ出でず。洛人みないう。武命厳密なるに非ざるよりは、則ち輙《たやす》くは出さずと。以て遺念となすべし、云々」

その一年後、寛文七年四月二十日の『日録』にも次のような嘆息がある。

「官命廷臣より写し寄するところの倭書凡そ三箱、ただ『愚管抄』あり、その余はみな不珍のものなり。白水往年四百余帖を呈し、その後また時の珍書を写し寄す。縉紳の貴を以て一書賈の賦にしかず。噫」

ここにいう白水は京都の本屋であるが、廷臣層の協力はそれにも及ばぬことを半ばあきらめたように嘆息しているわけである。また『愚管抄』などが当時なお稀本であったことがわかる。

このように幕府の史料蒐集上に一定の障害があったのに比べ、光圀の史料蒐集には、廷臣の側からかなり好意的な協力があったのが大きく異なっているほか、光圀がその史臣をさかんに諸地方に派遣し、現地について史料採訪に当たらしめているのがもう一つの違いである。そして史料捜索におけるこの違いは、実はかなり大きい意味をもっていると考えられる。前者は『大日本史』の尊王主義に結びつき、後者はとくに南朝正統論に関係してくるからである。

光圀がすでにその世子時代、冷泉為景と心交があったことは前述した。その為景は承応元年（一六五二）、四十一歳で没したが、この交わりをとおし、まだ若い光圀の心に、初めての京都への憧憬というべきものが生じたと考えることは自然であろう。

『常山文集』巻八にのせられた為景への贈詩の一つに「上下相和して国帯を固うす。君と官を同じくして近衛を職とす。縦然《たとえ》北闕東関を隔つるも何ぞ異らん朝に玉砌に侍するに」というのがある。為景の官位は正四位左近衛中将、光圀もまた従三位右近衛権中将であったので、このような詩を作ったのであろうが、そこには藤原定家の流れを汲む為景への憧憬がいかにも二十代の青年らしい初々しさであらわれているように思われる。そしてそれは、ひいては朝廷の風雅典礼への敬仰思慕につながりうるものであった。承応三年、後陽成天皇の皇子であり、後水尾天皇の弟である前関白左大臣近衛信尋の女尋子を夫人としたことも、京都へのつながりを親密ならしめたであろうし、その史臣の中に京都と縁の深い人々があり、これらがたえず朝廷との接触連絡に当たったことも林家とは異なる条件であった。

ここで彰考館開館当時における史臣の顔ぶれを「開彰考館記」によってみると、人見伝（懋斎）・吉弘元常・板垣宗憺・中村顧言・岡部以直・松田如閑・小宅生順（または今井有順）・辻好菴・田中止丘（犀）らであるが、その多くは林家の門人であった。しかし、吉弘はもと周防の人で、冷泉為景の孫弟子に当たる人物であり、松田如閑は後陽成天皇に神道を講じ初代頼房の師でもあった神道家萩原兼従《かねつぐ》の門下であり、板垣宗憺は医を業としたが、のち公命によって京都に赴き、日野弘資・中院通茂について歌学を学び、その秘奥をきわめたという変わりだねである。『桃源遺事』の中にしばしばあらわれ、晩年の義公の気のおけない話し相手であったのが宗憺である。『修史始末』によれば、そのうち吉弘元常が佐々宗淳とともに命を奉じて初めて奈良に史料採訪を行なったとされているが、その佐々もまた関西（備前）の出身、『修史始末』に記されているように「林氏の陋習」をまったくうけることのない痛快な人物であった。

こうして彰考館初期の段階でもすでに朝廷・公卿方面との連絡が保たれていたことがわかるが、開館以来、つぎつぎと採用された史臣の傾向を見ても、もはや林家系統の学者とは異なる新進層にその重点が移されているのがわかる。大串元善（雪蘭）・佐々宗淳《むねきよ》・石井三朶花・丸山活堂・鵜飼錬斎・神代鶴堂らがそれであるが、そのうち大串は京都の人で人見懋斎に学び、寛文十年に入館、のち総裁となってわずか三十九歳で没しているが、この人は後述の『礼儀類典』編纂にさいし、京都にながく滞在して公卿の間に出入し、史料蒐集に当たったほか、光圀と朝廷の半ば機密の連絡に当たった人物である。また、鵜飼錬斎も京都の人で、山崎闇斎の門下である。かつて闇斎の面前で佐藤直方と『二程全書』を読みくらべ、直方をして発憤せしめたという逸話の持主である（『先達逸事』）。その弟称斎も彰考館に入っているが、水戸学における崎門《きもん》学派の要素の流入がここに始まっている。すなわち栗山潜鋒は元禄五年に入館し、三宅観瀾はその五年後に来仕している。潜鋒は淀の出身、幼にして闇斎門下の桑名松雲に学び、弾正尹尚仁親王に仕えたが、そのころ十八歳で親王に上呈したのが『保建大記』である。歴史記述の鬼才というべき面影は『修史始末』中の澹泊文からもうかがわれる。観瀾も京師の人、崎門三傑の一人とよばれた浅見絅斎《けいさい》の門下であるが、鵜飼錬斎の推挙で水戸に仕えることになった。その著『中興鑑言』のことは、『修史始末』にもあらわれている。そしてこれら崎門学派を通じて流入した闇斎の義理名分観の強調が『大日本史』の筆法にも影響を与えていることは、ひろく認められている。

ここで水戸が修史事業をとおして交渉をもった京都の諸家について、次のような記述があるのを引いておきたい。

「……京都の公卿についてみると、その蔵する図書や文書の借用閲覧の便をえたものは、菊亭・一条・鷹司・勧修寺・上冷泉・下冷泉・西洞院・平松・伏見宮・日野・油小路・清閑寺・官務・小倉・八条・今出河・花院・中御門・東園・九条などを挙げることができ、さらに京都付近の寺社においては、東寺・曼殊院門跡・石清水田中家・醍醐三宝院・青蓮院門跡・延暦寺・賀茂社・祇園・妙顕寺・泉涌寺・丹波出雲神社などについて史料採訪をなすことができた」（久保田収『近世史学史論考』）

まことに広般な史料採訪であることがわかるとともに、こうした採訪が可能であったのは、京都に縁がふかく、朝廷周辺の有職と故実に通じた史臣たちが多かったからであることがわかる。『修史始末』に引かれている安積覚の「重修義例」後記において「千歳の下に処して百王の法を撥《はか》り、畿甸《きでん》の外にあって殿陛《でんぺい》の事を議す。苟も掌故に講習し、その梗概を窺うにあらずんば、則ち有識唇を反すこと、決して知るべし」という困難を処理しうるような史家がそなわっていたということである。林家の場合にはおそらくその点においては非力であったかと考えられる。

これらは全体として義公時代から水戸が京都としだいに接近し、内密な交渉をもちはじめたことを示している。そしてその百数十年後、幕末政局の大紛糾をもたらした水戸藩への「密勅降下」なども、ある意味ではなんら意外な突発事ではなく、半ば隠密のうちに長く維持されたその親密さの自然な成行きであったと思わせるほどである。

光圀の皇室への接近を示す直接の事例は延宝三年（一六七五）、光圀四十七歳のとき、当時不遇の立場におかれていた後西院帝に律詩三首を献じたに始まり、同八年、かねてから編纂していた和文集（『扶桑拾葉集』の題名を賜わり、準勅撰の扱いをうけた）をひそかに上皇に献上し、天和元年（一六八一）にも前大納言源通茂を通じ詩五十首、和歌三十首を献上し、天和二年には勅命をうけて後水尾天皇遺物の鳳足硯の銘文を作り、天和三年には「立坊立后儀節」を献上し（このとき霊元天皇から、硯の銘文について、「備武兼文絶代名士」というおほめのことばを賜わった）、貞享元年（一六八四）には「尚歯会詩」一巻と「五月雨記」一巻を献じてそれぞれ勅賞を賜わっている。これらはいずれも古今の和文の編纂物とか、詩歌・文章の献上という風雅を媒介とする皇室との交流であったが、皇室と武家との直接の交通を禁じたのが幕府の制度にほかならなかった。たとえば『扶桑拾葉集』はその後（元禄二年）、上皇の皇子兵部卿幸仁親王の序文を付して出版されることになるが、それも水戸においてひそかに印刷するという手続と配慮を必要としたのである。

しかしより明らかに光圀の皇室への志向の本質を示すような事業が『礼儀類典』全五百十四巻の編纂であった。『修史始末』元禄元年四月のところに「一正曰く」としてふれられているのがそれであるが、この編纂のことは、『修史始末』にはその一カ所しかあらわれていず、また、安積澹泊の『義公行実』にも貞享年間稿成り、右大臣今出川公規を通じて天覧に供し、宮中の秘書の借用をえてさらにこれを大成したという簡単な記述があるにすぎない。その完成は光圀死後のことであるが（宝永七年〔一七一〇〕八月、粛公によって朝廷に献上）、二十余年をかけたこの編纂事業は、『大日本史』の修史事業とはいくぶん別個に進められた気味があり、彰考館の史臣の間でも、その真意がどこにあったかを的確に知るものは少なかったようである。しかも、それはかなり含意の多い、ある意味では危険な作業であったといえそうである。

『礼儀類典』は四方拝・朝賀・小朝拝・元日節会などの恒例儀式と、初斎宮・初斎院・伊勢公卿勅使・諸社遷宮など臨時の儀例を含め、すべて朝廷・公家の儀式典礼を網羅したものであるが、これは光圀においては、「本朝の史記」を編修するよりも緊要のことと考えられていた気味がある。この事業が貞享三年（一六八六）に始められたとき、総裁としてその任に当たったのが安藤抱琴《ほうきん》であった。この人も京師の人、「王公卿相《けいしょう》に咫尺《しせき》して掌故に練悉す……縦《ほしいまま》に名公の家乗を観、旁《あまね》く百氏の載籍に通じ」（安積澹泊）といわれたその道の適任者であったが、抱琴とともに水戸に来仕したその弟安藤年山はその「彰考別館の記」に次のように述べている。

「〔義公は〕武州小石川の藩邸に彰考館というをたてて四方の儒生をめしあつめ、神武よりはじめ後小松院にいたるまで、本紀列伝をえらびたまうが、なおもくさのふるき大宮の公事ども、年々にすたりもてゆくをほいのうおぼして、かの餼羊《きよう》にもたぐいねかしとて、旧記のうち、四方拝より追儺《ついな》にいたるまでの恒例と、御践祚より国忌薨奏の臨時を類聚せさせたまう。そのところを彰考別館と名づけて水戸城内にかまえられたり」

この記文によると、この事業に参加したものは総裁一人、考勘十五人、書写二十八人、校合十人、出納四人、検察三人、計六十一名という大規模のものであるが、のち朝廷への献上のときには、『大日本史』の編修を一時中止してその完成に努めたほどに力が注がれた事業であった。

この事業がある意味ではかなり危険なものであったということは、当時の朝廷・幕府の関係を考慮すれば当然想像されることであるが、そういう情況のもとで、この編纂事業は直接に勅諚・勅命を奉じて行なわれたものであった。その成稿がととのうにつれ、これを内々天覧に供することを奏請する光圀の今出川公規（この人は、光圀の世子綱条の正室季姫の父でもある）への書簡には「御家門〔将軍家〕へ隠密仕候事にては曽以御座なく候えども」とか「この記録編集のこと成功仕り候までは、その御地にて少しも御沙汰これなきようにと願い奉り候、関東方に少々遠慮の子細どもこれあり候」などの文字がしばしばあらわれているのは、事がいかに幕府の干渉をはばかりながら進められたかを物語っている。

すべてこの『礼儀類典』の編纂の意図とその成立経過、それが『大日本史』編修といかなる関係があるかについては、従来学界に知られなかった貴重な史料（「大日本史編纂記録」原名「往復書案」）中の「口上之覚書」をもととして、時野谷滋の詳細でスリリングな研究があるので、すべてそれにゆずることにしたい（時野谷「礼儀類典の編纂」――『大日本史の研究』所収）。要するにこの『礼儀類典』編纂は、一歩をあやまてばかなり公然たる王政復古の意図の表明に転じうる意味があった。『大日本史』に比べて、それはよりきわどく直接に皇室中心思想の表明となる危険をはらんでいたのであり、事にのぞむ光圀の心には、一種激しい慷慨の気がうずまいていたようにさえ感じられる。光圀がただものでなかったという印象は、実は『礼儀類典』をめぐる周旋の態度にもっともよくあらわれているとさえいえるのである。

ここで自然に連想されるのは、『桃源遺事』の伝える次のような義公の言葉であろう。「折ふし御はなしの席に、我が主君は天子也、今将軍は我が宗室なり、あしく了簡仕り、とりちがえ申すまじきよし、御近臣共に御聞され候」。これは単なる光圀の尊皇心の表現というより、もう少しきびしい判断であったと思われる。いわばそれは現代の幕府権力がけっして正統ではなく、一時的・過渡的な存在にすぎないことを断定的に確信したものの言葉という印象である。その実感は光圀にとって、兄をこえて主君となった己れの地位を虚構とみなす自覚と、深いところで結びついていたかもしれないほどに真実なものであったと思われる。戦国動乱の記憶はなお鮮明であったこの時代に、それは必ずしも非現実的な想念ではなかったであろうし、光圀はそうした思念のはらむ危険性を恐れるにはあまりにも強靭な個性であった。

そのころのことかどうか、曖昧であるが、光圀が岡山藩の池田光政と連絡し、王政復古を計画したという流説があった。このことについてはたんに菊池謙二郎の記述を引用するにとどめておく。

「この説を筆録したものでは『人見雑記』という本が最も古いものであろうと思われるが、これによると、水戸義公は（略）岡山の池田光政と談合し、これに関する書状の往復もあったと渡辺昌庵という人の言を記し、また水戸出生の盲人直都というものが『黄門様には平親王将門がごときおぼしめしたちもこれあるよし申伝え候』と語りしを引いて『義公のごとき名君、いかで平将門ごとき不臣の事おぼしめさるべき、皇代に引戻し玉わんとの御志を取りちがえて申すなるべし』と解して、義公が皇政復古の志を抱いたことを記されてある。またズット新しいところでは豊田天功が柴田幸蔵に与えた書状の中に、義公が岡山の芳烈公（光政）と王政復古の御相談を致したのみでなく、朝廷へも伺って右の如く御政治を知しめされたく、その思召あらば天下を取返して差上げんと奏上したところ、叡慮には、朕はただ天下の太平、万民の安楽をのみ願うところなり、（略）ただ無事をのみ好むなりと仰せられた。これに関する義公の書状は確かに現存するよし、京都にて言伝えられているると、ある人の物語を記されてあり、天功もまたこの説を信ずる旨付記されている」（『水戸学論藪』）

この『人見雑記』というのは豊田天功・小宮山楓軒・栗田寛など後期水戸学の人々は見たが、「今はないらしい」と菊池氏は書いている。それが現存するかどうかも私は知らないが、ともかくここで興味をひくのは、半ば伝説化した名君義公の周辺に、そのような風説・伝聞が生じても不思議ではないほど、光圀の王朝憧憬が民衆レベルにおいても知られていたことであろう。

7　後期水戸学への変容——徂徠学

光圀の編史構想の基本的枠組の一つがその王朝憧憬にあったこと、しかしその当初の歴史記述の方法は林家のそれと大差ないものであったことはすでに述べた。それがしだいに林家の方法と乖離《かいり》してゆくのは、歴史理念の構造変化によるというより、はじめは両者の史料蒐集の様式の差異から来たものであろうというのは私の推定である。そしてそれは一つは朝廷中心の制度・典礼関係の史料の優越、もう一つは奈良・吉野・河内・紀伊など南畿一帯にかけての精力的な史料採訪によってみちびかれたといえよう。後者については、『修史始末』にその大略が述べられているとおりであるが、全体としてはそれも「凡そ六十六ヵ国の古書旧録古き書付等まで、一葉片紙を残さず悉ク御手に入申候由ニ御座候」（『史館旧話』）という大規模な作業の一環であった。その経過については、たとえば相田二郎の「江戸時代に於ける古文書の採訪と編纂」のうち、「大日本史の編纂と古文書の採訪」の章がとくに佐々宗淳の場合についてくわしく論じており、それによって全般を推すことができよう。そしてそれらはすべて「とくにいわゆる南朝の事蹟に関する史料の蒐集が主眼であったようである。これはひとり南畿紀伊方面に限らず、水戸史臣が諸地方に出張して史料を蒐集した目的の主眼でもあった」（同右論文）とされることは、のちに述べる南朝正統論の意味にかかわってくることはいうまでもない。しかしここでは、光圀以後、水戸の歴史学に一定の変化が生じたことについて考えておきたい。それは、『大日本史』そのものの全体の成立過程において、やはり無視しえない意味をもつと思われるからであり、いわゆる「後期水戸学」への転化を説明する一助ともなるからである。

水藩史館における学風の変化というべきものを示すものを『修史始末』に求めると、義公没後五年の宝永二年（一七〇五）、栗山潜鋒が「彰考館名簿」の後に書した一文がまず想起されるであろう。「明暦より今に至る僅に五十年」に始まり、「往或は今に及ばざるなり。而して館職の盛、人物の偉、今また往に比すること能わざるなり、云々」に終わる半ば詠嘆的な文章がそれである。そしてその潜鋒もまた、その天才を惜しまれながら翌年にはわずか三十六歳で没した。義公が修史のことを問うた人見卜幽軒はすでに寛文十年（一六七〇）に没し、辻了的も寛文八年には世を去っている。年齢の交替とともに、学風もまた徐々に変化するきざしがあった。そして、その内容を示すものとしては、享保期をへた元文元年（一七三六）、すでに総裁を辞して三十年に近い八十歳の宿老安積澹泊が記した感慨がやはり胸をうつものである。その文に付した「一正曰く」は、ここにいう学風の変化を次のように要約している。

「享保以来、古文辞の学さかんに江都に行われ、天下を風靡せり。この時に当って、本館新進の士、また、或はかの惑わすところとなる。故にその文章を論ずるや、古人用意の勤を究めず、輒く改竄せんと欲す。老牛先生の昌言、これを排する、また宜ならずや」

この老牛先生（澹泊）の文章は『修史始末』中、もっとも味わい深い良い文章の一つであると私は思うが、ここではその「古文辞の学」の水戸への波及の意味を考えておきたい。水戸の学風の中に徂徠学が流入したということがどんな意味をもったかということである。

徂徠学が水戸に入った初めについて、青山延于の『文苑遺談』に次のような文章がある。

「これより先、本藩の学みな宋学を主とす。文辞樸質、頗る固陋の弊あり。ここに至り、江南古学を首唱す。府下の士、始めて新奇の説を聞き、以て痛快となし、従って遊ぶ者甚だ衆《おお》し。水府の学ここに於て一変し、その後、古学大いに行わる」

ここにいわれる（田中）江南とは水戸の支藩守山藩の出身、荻生徂徠・服部南郭の学統をひく大内熊耳《ゆうじ》の門下で、れっきとした古文辞学派の人であるが、宝暦十年（一七六〇）から四年ほど、水戸に寄寓し古学を講じたという。その大内・田中の学統から立原翠軒が出るわけであるが、このあたりから、私の水戸学知識では正確に追求できないところが出てくる。というのは、たとえばまずこの田中江南の学問の性格を私が知らないのと、もう一つは、翠軒の学問と行動をどうとらえるかに自信がもてないからである。

翠軒については、『文苑遺談』や『修史始末』によって、少なくとも表面的にその史館における立場を理解するのは困難ではない。立原が総裁となったのは天明六年（一七八六）、『修史始末』において「立原総裁の職に任ずるなかりせば、日本史それ蠹魚《とぎょ》に供せんか」と称讃された意味において、彼は水藩史学の五十年にわたる沈滞を打破した傑物である。しかも彼がはじめその古学派的傾向のためか、先輩史家たちに忌まれただけでなく、のちには門下であり後輩である藤田幽谷らとの衝突から、ついにはのちの水藩党争の遠因となったという経緯は、かんたんにはのみこめないところがある。その微妙な立場について、立原自身は次のように述べている。

「僕、性駑怯、他の技能において人に若《し》くことなし。独り首《こうべ》を文籍に埋むること二十年、一日もまだ敢て懈怠せざるなり。怯の僻するところ、渉猟を好み、固陋を悪《にく》めり。而るに公の側に人あり、僕を以て異端の学を攻《おさ》め、同党伐異、縄を引き根を排し、程朱を謗誹し、道徳を廃棄し、大いに西山先公興学の意に戻《もと》るとなす。かつて名越子〔総裁・名越南渓〕の諱悪《きお》を受け、かつ富田子〔総裁・富田長洲〕の教誨を蒙り、僕、戦慄恐懼、自《みずか》ら措くことを知らざるなり。（略）僕の博覧、旁ら仁斎・徂徠諸家の書に及ぶを以て、謂《おも》えらく、彼を是とし、此を非とし、務めて門戸を立て、流俗浮靡の風に陥ると、これよく弁説の解く所のものに非ず、云々」（『修史復古紀略』）

これらの文章から、水藩における宋学の「固陋」に対し、徂徠学の「新奇痛快」な教説・文章が新しい活気をもちこんだこと、そしてそれに対する反感も相当に強かったことはわかる。ただその反感は、一つは彼の先輩史家からのものであり、他は彼の教えをうけた藤田幽谷・会沢安から来ており、しかもこの両者はその意味を異にしているらしいところに翠軒のおかれた微妙な立場がある。しかしここでは、まずいわゆる徂徠学が、水戸の伝統的な歴史理念にどのような影響をひきおこし得たかを見ておこう。

その前に宋学の歴史理念をもっとも簡単に説明するとすれば、それはいわゆる経史一体の形而上学的思想であるといってよいかもしれない。一般に経・史・子・集と分類される文章の各ジャンルにおいて、経を本とし、史をその次に序列するのは儒者の常識であるが、その立場から史書の模範とされたのが朱子学では『通鑑綱目』であった。かならずしも純粋な朱子学者とはいえないだろうが、貝原益軒の次のような見解は、江戸時代初期の儒者一般に共通した史書観といってよいであろう。

「史書は朱子の『綱目』を以て要となす。その書たる、古今を貫綜し、義理を扶植し、その義を立つるや、褒貶与奪を以てし、その是非得失を正すこと、規矩準縄のごとく、以て倫理綱常を明かにすべし。その事を載するや、簡要にして冗雑ならず。以て古昔天下の事に通じ、治乱盛衰の道を知るべし。けだし垂世立教の大典となすべく、ただに歴史の比にあらざるなり。天地の間、この書なかるべからず。学者経を読むの余暇、須《すべから》く終身循環してこれを読みて廃すべからず」(『慎思録』巻四)

一般に儒者の学問の目的について「学問の要二つあり。道を明かにすると、事に達するとなり。道を明かにするには経学をすべし。経は四書五経なり。これ学問の本なり。事に達するには史学をすべし」(『文訓』)という益軒の考え方は、これまた当時の通念であったが、『綱目』はまさに「倫理綱常〔道〕を明かにす」るとともに「古昔天下の事に通」ぜしめるという点において、経史一体の理想とされたわけである。

この経史一体観は、歴史記述の可能性としては両極に収斂する傾向をはらんでいる。すなわち、そこからは、事実主義のリゴリズムと、道徳的リゴリズムのいずれもが展開しうる。事実の厳正な記述を行なうならば規範はおのずからに確定するという立場と、その逆に、規範の厳正さがあって、はじめて事実の識別が可能であるという立場とである。こうした歴史観の源流というべき「春秋の筆法」の本来の意味は、たとえばすでに周室の権威は失われているのに年の初めに「春王正月」と大書し、諸侯が天子を召喚したにかかわらず「天王河陽に狩す」と記すなど、名分の所在を暗示する筆法のことであるが、それはさらに人の名をよぶのに、国人・氏・名字などのいずれを用いるかによって人物の褒貶を寓したり、あるいは実際にその行動がなくとも「晋趙盾《ちょうとん》、その君夷皐《いこう》を弑す」の例のように、その道徳的責任を追及するために用いられることもある。

要するに「春秋の筆法」においては、道徳的理想の強調のために事実が付会的に解釈されることになるわけであるが、これはたんに道徳的判断が暴力的に事実を歪めるということではなく、かえってそのような方法によってはじめて事実が確定されるという意味でもある。たとえば前漢の揚雄は孔孟の学統をひく大学者とみられていたが、朱子が『通鑑綱目』において「莽《もう》の大夫揚雄死す」と書いて以来、彼の人品・学術は後の儒者たちによって軽視されることになったという。大学者揚雄というのは事実ではなく、簒奪者王莽の走狗揚雄というのが事実とされたわけである。

しかしそうした道徳主義的歴史記述は、反面では事実へのオプティミズムをひきおこすことにもなる。上述のように名分が先験的に与えられているなら、事実の側から書こうと、規範の側から書こうと、結局は同じことになるからである。『通鑑綱目』の筆法は後者であり、『資治通鑑』の筆法はむしろその前者で、いわゆる「事に拠って直書すれば義〔ここでは価値判断〕自ら見わる」の立場であった。『本朝通鑑』もしくは『大日本史』がむしろ『通鑑』の立場をとろうとしたこと、しかもそれは『綱目』の道徳主義的リゴリズムを敬遠したからではなく、かえってそれを及びがたい模範として仰いだがためにほかならないことは前述した。

こうした歴史の理念に対し、真向から対立するものが徂徠のそれであった。朱子学派が金科玉条とした『通鑑綱目』について、徂徠のいうところは次のように辛辣である。

「この間歴史を御覧なされ候由、一段の思召しと存じ候。『通鑑綱目』を御覧なされ候由、同じ事にて『資治通鑑』よく御座候。（略）〔『通鑑綱目』は〕一字の褒貶と申すことを立て候て書き申し候故、御覧なされ候うち早く理窟だち候て、御学問の風朱子流の理窟にまかりなり申すべく候。この段気の毒に存じ候ことに候。俗学者は『綱目』にては道理よく分れ候と思い候えども、夫は実学と申すものにては御座なく候。（略）『通鑑綱目』を見候えば、古今の間気に入り候人一人もこれなくなり申し候。この見解にて今世の人を見候故、人柄悪しくなり候こととことわりに候。その上『綱目』の議論は、印判にて押したるごとく、格定まり道理一定しておしかたきまり申し候。天地も活物に候。人も活物に候を、縄などにて縛りからげたるごとく見候えば、誠に無用の学問にて、ただ人の利口を長じ候までにて御座候故、事実ばかりの『資治通鑑』はるかに勝り申し候。（略）歴史の内にて『史記』『左伝』は良史の筆にて、事の有様をいま目に見るごとくかき取り候故、第一面白く覚え、見る内に事の情心に移り、感発いたし候徳御座候。（略）『資治通鑑』は『綱目』より勝り候えども、文章拙く候故、事の情心に移りがたく、感発の益これなく候」（『徂徠先生答問書』）

まことに自由で濶達な批判であり、徂徠自身の歴史記述の理念をも生き生きと示している。

しかし徂徠は朱子学的歴史へのこのような完膚なき批判とは別に、「見聞広く事実に行きわたり候を学問と申すことに候故、学問は歴史に極まり候ことに候」（同右）と言いきることのできた人間であった。ここにいわれる「事実に行きわたる」が、益軒の「古昔天下の事に通ず」とか、「事に拠って直書」という『本朝通鑑』などと言葉の上では同じでありながら、その意味がまったく異なることはいうまでもない。それは全体としては徂徠学の道の考え方が、「事物当行の理にてもこれなく、……聖人の建立なされ候道」であるとするものであり、その意味で道＝制度を知るために、歴史の部別としては「紀伝」よりも「志」を重んずべしと主張している（「経子史要覧」）ことからも明らかであろう。しかしここでは徂徠の歴史哲学そのものが問題ではなく、立原翠軒をとおして、青山延于・藤田幽谷・小宮山楓軒・会沢安・藤田東湖・豊田天功・木村子虚・栗田寛（この人名は岩橋遵成『徂徠研究』の付表「蘐園《けんえん》学派略系」にのった水藩の学者の名をあげたにとどまり、もとより彼らがただちに徂徠学派であったという意味ではない）にまで及んだという古学派の影響が、水戸の歴史学にどのような変化をひきおこしたか、もしくはおこさなかったかが問題である。

この徂徠学派の影響が具体的にどのようなものであったかは従来あまり研究された様子もなく、それが『大日本史』編修にどんな作用を与えたかも判然としないところがある。たとえば前述した安積澹泊の文章は、明らかに古文辞学の影響をうけた新進の史臣たちの修辞感覚と、歴史感覚に対する不満を述べたものであるに違いないが、その澹泊自身が徂徠とかなり親しい交友があったことは、『徂徠集』にのせられたいくつかの書簡でも明らかである。もともと徂徠の後妻佐々氏は、前述の史館総裁佐々宗淳の一族であったこともあり、徂徠と水戸史館首脳との間には冷やかな関係はむしろなかったと考えてよいし、澹泊などは服部南郭を水戸に招こうとしたこともあるくらいである。さらに、のちには翠軒と敵対関係になった幽谷もまた、古文辞学そのものには概して好意的とみられることなどを考慮すれば、徂徠学が水戸史学に与えた影響一般ということはなおさらにとらえにくいことになる。この問題について私はたしかな解釈を下す自信はなく、ただいくつかの推定・仮設を述べるにとどまるほかはない。

徂徠学が伝統的儒者を憤慨させ、いらだたせたのは何よりもそれが「先王の道はみな術なり」（『弁名』）として相対化し、六経などというのも「御成敗式目」と同じようなものと考え、修身と治国とのアプリオリな連続をたちきり、「その学ただ理民〔統治〕の術のみにて、自己の身心は置て問わ〔ず〕」（尾藤二洲）なかったためである。いわば政治と道徳を分離し、政治の自立性を発見したところにその独自性があるが、それは反対者からいわせるならば、「庶民に信ぜられんために身を修める」（同右）功利主義、マキァヴェリズムの立場にほかならなかった。制度礼楽をたんに民衆を操縦するための技術として考究することは、朱子学の徒から見るならばまったく「聖門の学者にあらず」というほかないものであった。しかしそういう制度論・政治論は、水戸の修史方法論にどのように影響したのであろうか。

まず気づかれることは、徂徠学の影響如何とかかわりなく、翠軒が総裁となって以来（翠軒は宝暦十三年入館したが、その二十三年後の天明六年〔一七八六〕、ようやく総裁となった）翠軒を抜擢した文公（六代治保《はるもり》）の精励もあって史館の修史活動がにわかに活発化したこと、長久保赤水・藤田幽谷のような庶民層出身の学者の新しい顔ぶれが登場したこと、そして修史面においても、いわゆる三大議（後述）とよばれる論争的な問題提起があいついだことなどであろう。あらかじめいえば、およそ寛政年間（一七八九〜一八〇一）に生じたこれらの動向は、いわゆる後期水戸学への転換の前徴となるものであり、水藩史学の上からも興味ぶかい時期をなしている。ただとくに翠軒に関する史料不足もあって、その具体的内容が私には追求しきれないだけである。

この時期の中心人物立原翠軒は、徂徠学的政治主義の影響もあってか、政治と育英に心を傾けた経世家肌の人物であった。「先生豪邁にして達識あり。数々国家の大計を陳べ、常に納用さる。かつてロシアの北境に迫るを憂え、公に白《もう》して、木村謙次を蝦夷に遣わす」という青山延于の文はよくその風貌の一端を伝えているが、この翠軒の門下生の世代あたりから、水戸史臣の性格は義公時代とは異なった要素をおびてくる。一言でいえば、それは温醇な学究（いいかえれば固陋）のイメージから、峻峭敏活な経世家への転換という印象である。そしてその代表者が幽谷であることはいうまでもない。いわゆる「史館動揺」の源泉はそこから生じているが、これらをすべてただ徂徠学の影響と認めることはもとよりできないにしても、そこになんらかの政治と制度、さらには知識と実践に対する認識の構造変化が生じていることだけは推定される。

この点に関しては、もう一つ「然るにこの時代に水戸学に更に他の新要素が加わりました。それは陽明学であります。陽明学が水戸に輸入せらるるようになったには幽谷先生が主動者となられたのでありますす」（深作安文、前掲書）ということも思いあわせる必要があるかもしれない。幽谷に『熊沢伯継伝』があり、そこにはたとえば「陽明は文武の士なり、良知良能、その放心を求む、学問事業その途を二にせず」というような蕃山の語の引用がある。これはのちに「弘道館記」にいわゆる「文武岐れず、学問事業その効を殊にせず」の先駆となるものであることは明らかであるが、幽谷を陽明に媒介した熊沢蕃山がすでにいかにも水戸学好みの経世家のおもかげをおびた人物であったことはいうまでもない（蕃山とその主君池田光政への敬意は水藩の伝統であったとも見られる〔『弘道館記述義』参照〕）。

要するに寛政年間を一つの画期とし、立原総裁時代の若い俊英たちは、義公の史学の上に徂徠学と、陽明学（もっとも水戸学の立場からはどういうわけか陽明学のことはほとんど口にされない）の影響を交錯させつつ新たな展開を示し始めたことになるが、その実態は上述のようによくつかめないところがある。

たとえば、幽谷と翠軒の対立の一因となった「志」の問題も不可解な例の一つである。そのことは『修史始末』にも寛政元年の条に、翠軒が「紀伝」の上梓促進のため、修志の中止を建言したこと、それに対して門下の小宮山楓軒が反論を加えたことまでが記されている。しかし、それにつづく岡崎正忠の『修史復古紀略』を見ても、廃止の説がついに行なわれず、享和三年（一八〇三）翠軒が致仕するまでの表面的な経緯は記されているが、その裏面的事情はあまり判然とはしない。しかも、現行『大日本史』（講談社版）付載の『修史復古紀略』では、「是日総裁立原万致仕」の欄外に「今後三十二年、水戸元治甲子の難、ついに血を見るに至りし遠因なり」と後の編者の注解がわざわざつけられている。元治甲子の難（武田耕雲斎の挙兵にともなう藩の内紛をさす）の大悲劇の原因となったといいながら、『修史始末』以下の修史記録だけからはすべてあまり判然としないのである。

「志」はいうまでもなく『史記』では「書」とよばれる部別のことである。それは本紀・世家・列伝などがいずれも人間の伝記を中心とする歴史であるのに対し、広義の制度（たとえば『史記』では礼・楽・律・暦・天官・封禅・河渠・平準の八書となっており、『前漢書』では律暦・礼楽・刑法・食貨・郊祀・天文・五行・地理・溝洫《こうきょく》・芸文の十志、『大日本史』では神祇・氏族・職官・国郡・食貨・礼楽・兵・刑法・陰陽・仏事の十志となっている）を記述する部門であるが、いわゆる紀伝体の記述構成において、「表」（年表・職員表など）および「論賛」とならんで当然に必要な部分とされている。いわば伝と志と賛と表によって歴史記述は「全書」となるというのが『史記』以来、紀伝体編史の理想であったし、光圀もまた、「紀伝」につづいて「志表」に着手することを考えていたことは『修史始末』などにあらわれている。

ところがその「志」の廃止を翠軒が主張したという事情がまずよくわからない。『修史始末』によれば「従前史臣みな云う、修志修志と、世を没《お》え、年を窮めて稿を脱すること能わず、徒らに志の未だ成らざるを以ての故に、紀伝のすでに成るものをして併せて府庫に秘せしむ。（略）それ義公の志、専ら紀伝にあり。（略）修志のごときに至りては、則ち特にその余事のみ」という理由で、何よりも、三年後に迫った義公百年遠忌にそなえて「紀伝」の上梓刊行を優先せよというのが翠軒の廃志説であった。幽谷もこの点に関しては付言して、先生のねらいは「紀伝」上梓を急ぐにあり、廃志そのものを主張したのではないと善意に解している。

いったい、「志」の編纂は「修史の難き、志に出づるはなし、誠に志は憲章の繫《かか》るところなるを以て、典故に長《た》けたるものに非ずんば、なすこと能わず」として、すでに老牛先生が嘆息したところであった。事実を蒐集検討して人物の正邪善悪を顕章する「紀伝」の作は、枠組があってなお比較的容易であるが、あるいは産業経済の構造、財政制度、税制の変化から文芸思想・教育制度・軍事制度・宗教など、およそ人間の物心両面を規制する制度の変遷を明らかにすることは、当時において幾重にも困難があった。その方面の資料が欠乏し、人間ではなく制度を記述する方法論も定まらない段階において、修志はほとんど不可能であるという思いは、すでにみずから「志」の執筆に悲壮なまでの努力をつづけていた老澹泊の思いでもあった。その限りで、翠軒の意見は唐突なものではなかった。しかし、「志」の重要性について、徂徠の政治論・制度論に親しんだはずの翠軒が知らなかったはずはない。道を聖人の制作とし、「理民の術」と考えた徂徠にとって、道を明らかにすることは、制度の歴史を明らかにすることでもあったはずだからである。そして、むしろそのような制度史こそが、歴史の諸様式のうちもっとも重要であることも翠軒は知っていたはずであり、事実また彼は「志」の編修こそが義公の意図に答える所以であるとし、それを己れの任としていたのである（『文苑遺談』）。

石川久徴の「幽谷遺談」の中に、久徴が幽谷に向かって「志」類は「紀伝」に比べて面白くないと語ったのに対し「それはいかなる学問の仕方ぞや、歴史の骨は志類にあり、熟読するときはその世その世の長短さもあるべしと察せらるる也、またその世の太祖の器量も明白に知らるる也、紀伝の類、賢不肖の君臣あるは何れの世も同じことにて珍しからず、志類を読まずば歴史を見ざるがよしと大きに咲《わら》われたりき」という話を伝えているが、このあたりに徂徠の史論の影響を認めることは不当ではないはずである。そして、私見によれば、こうした見解も、たぶん翠軒以外から幽谷に伝えられたものとは思われない。

しかもその翠軒が一転して廃志を主張したのはなぜかといえば、おそらく当時の藩政全般を見わたしたとき、修史事業そのものを早期に打ち切ることがむしろ緊要であるという経世家的判断が作用したものと思われる。たとえば義公以来、修史事業のための財政支出は、毎年藩財政の四分の一にも達したといわれることなども、彼の考慮には入っていたかもしれない。彼がその学問上の立場からはむしろ推進すべき「志表」編修を打ち切り、「紀伝」刊行を終わるとともに、史館そのものの廃止さえ考えていたのもそのためかと思われるが、その事情がよくわからないのである。

この廃館論からついに翠軒の辞職となるわけであるが、これに対する反対派の論旨もそのままではよくわからない。一つは史論の立場からするものであるが、もう一つはむしろ政治的性格をおびるものであった。前者はいうまでもなく小宮山楓軒のいうように、「紀伝」の史に「志」なかるべからずという形式上の正論であったが、後者は『大日本史』編修に対する義公の理想は何であったかを争うという形をとっており、それは必然的に藩首脳部の政治的判断の介入をまねくものであった。幽谷ら反対派の論評も、個人としての翠軒を攻撃するよりも、その周囲の佞人らによって誤られたものというい方をしていることが多いが、そのことも、問題の所在が、学問というより藩政上の人的勢力の問題にからんでいたことを暗示しているといえよう。その経緯の詳細を明らかにすることは、いま私の力に及ばないが、問題が結局その十三年後の享和三年（一八〇三）、文公の公命によって決着し、間もなく立原らの辞任となったということも、この問題にかなり政治的かけひきがからんでいたことを暗示するであろう。当時、翠軒派の人々が、幽谷を目して自己顕示欲のつよい、「心術不正」の奸人としたことも、事柄がたんに学問上の問題ではなく、党派の争いに転じつつあることを示している。

もともと義公以来、彰考館内部になんら問題がなかったわけではない。しかし義公時代には、何よりもその卓越した人格の威力が多数の俊才を優に統合包容していたし、その後も南北正閏論、帝号の議、列伝の部別の問題、将軍立伝の議、続編編修の是非などが次々と史館において問題となったが（いずれも『修史始末』に記されている）、それらはすべて原理をめぐる問題ではなく、修史技術上の過程で生じたものであり、史館の動揺というべきものは存在しなかった。しかし「志表廃止」問題以降の紛争はその性質を異にしている。三大議の他の二つの問題のうち「書名更改」問題はともかくとして、ここでは「論賛削除」の議についてその点を考えておきたい。

論賛は安積澹泊が「紀伝」成功の後、史館の要望によって享保五年（一七二〇）に完成したものであるが、これも享和三年の高橋広備（坦室）の議によって削除されることになった。これはもともと文公の意に出たものであるが、坦室が縷々数千言を述べて、論賛削らざるべからざる理由を敷衍した文章は『修史復古紀略』にのせられている。その論旨を要約すれば、いわゆる事実を直写して義の自明を期した『大日本史』において、人物の評価を別に論賛によって記述する必要はないということであった。これも形式論からいうと当然の論と思われるが、『修史復古紀略』にのせられた高橋の文を読んだ印象からいうと、むしろ非情刻薄と思われるまでの否定の激越さがめだっている。たとえば「安覚、史学に老《た》けたりといえども、その論賛の作、すでに公〔光圀〕薨ずるの後にあり、一人の胸臆を以て百世を褒貶し、旨を西山にうくること能わず、而して託するに先公〔光圀〕の撰を以てす。恐らくは先公を誣《し》うるに似たり」といい、「その論賛の辞を閲するに或は苛酷に傷けるものあり。或は長に失するものあり。これに加うるに、妄りに異邦の史中その事の暗合する者を引き、以てその博を衒《てら》う」というなど、論旨展開の必要をこえた誹謗というべきものである。前文では論賛は義公の神聖な意図であったとはいえぬといい、後文ではその文章が主観にすぎると非難しているわけであるが、調子はほとんど政治的弾劾の文章に近く、老先輩への礼などは抹殺してかえりみぬところがある。

これは坦室の文に関する私の印象にすぎないが、実はこうした政論的自己主張の調子は、三大議における幽谷派に共通のものであった。こうした政治主義的スタイルがどこから来たものか、それは人間よりも制度を重視し、制度の表現である文辞を重んじ、あえて区々たる個人の性質・修養をかえりみないという、例の徂徠学派末流の奔放さ、もしくは陽明学的な知行合一思想に結びついた政治主義といってよいかどうか、私にははっきりした分析ができない。ただ、この論賛削除が、いわれるように天皇や公家を批判の圏外におき、『大日本史』の朝廷献上を容易ならしめんとするために行なわれたとするならば、その一見尖鋭な削除論において、義公の志ということも、澹泊文の批判ということも、すべてあいまいな功利主義的に利用されたにすぎないことになる。

その後この問題は次代武公（七代治紀《はるとし》）の文化六年（一八〇九）に至って削除論に決定するが、それに至るまでの反覆論議を見ても、しばしば藩主に対する「密疏」が行なわれたり、藩主の側でも「左右を屏《しりぞ》けて」史臣に問うということが多く、史論がすでに藩政論に錯綜している気味がある。また高橋が論賛削除の正当さをうらづけるために、林述斎が同説であることを援用し、「先生その英邁不群の資を以てして、これに加うるに学術淵博、天下学政の権を執り、天下の士これを仰ぐこと泰斗の如し。凡そ学術文章のこと、必ず裁を先生に取る。而してその説もまた符するときは、則ち吾が史の決して論賛あるべからざるものなること、何ぞ昭々として多く議することを用いん」などと論じているやり方も、純粋な学問論ということはできない。この高橋坦室のことは『常陸帯』にも出てくるが、「その性剛直、才を恃み、好んで人を凌ぐ、その機務に干予するや、人心ますます悦ばず、物論沸騰、事未だ諧《ととの》わずして罷め去る」というようなタイプの人物であった。そしていわゆる三大議の首唱となった人々には多く同様の傾向がある。これらの傾向すべてが徂徠学から生じたものとは私には考えられないが、もともと徂徠の中にあった才能主義（たとえば太宰春台のいう「蓋し先生〔徂徠〕の志進取にあり。故にその人を取るには才を以てし、徳行を以てせず」の類をいう）の水藩における変型というべきものは感じられる。しかし、いずれにせよこれらの人々をそのまま徂徠学派とよぶことには無理があるという印象がある。

要するにここでの問題は徂徠学が水藩の史家たちのあいだに流入したことは疑いないとしても、それが具体的にはどんな形でその歴史記述や行動に反映したかが明らかにしにくいということであった。論賛削除も、志表問題も、もう一つの書名更改問題も、それ自体としては徂徠学的発想と結びつくものではなく、むしろ新進派（これがのちの改革派につながる）が史館のヘゲモニーを握り、それを拠点として門閥上層派（のちの保守派）を圧倒しようとする政治手段であったとさえ思われなくもない。人間的に見ても、徂徠の遺風を伝えたと思われる人物は後期水戸学派の中に見いだしにくい。私の想像では、翠軒とその子杏所とがもっともそれに近かったのではないかと思われるが、翠軒の著述は現在（私には）見るのが困難であり、第一彼はいわゆる水戸学の立場からは冷淡にしか取り扱われていない。

ただ一つ、徂徠の影響かと思われる「志」の問題がある。小宮山楓軒の廃志反対論は必ずしも徂徠的立場からのものとは見えないが、あるいは『大日本史』の「志」の記述の中にその影響を認めることができるかもしれない。つまり、日本固有の制度を明らかにしようとするその記述様式の中に、徂徠の歴史主義とよばれるものがなんらかの影響を与えたかもしれないということである。

徂徠の歴史主義というのは、先験的な道の普遍性を否定し、それをすべて歴史上の先王の制作とみるものであったが、それを日本の歴史に適用した場合、当然問題となるのは、日本の制度の制作者＝主体をどのように構想するかということであろう。この点において、いわゆる後期水戸学派は、前期のそれをたしかに一歩進めていると私は考えている。それはまず、その「志」の構成の特異性からそう考えられるのである。

まず『大日本史』の「志」は、全体のほとんど二分の一という大きな分量を占めていることで中国の正史にもない特色を示している。そればかりでなく、その志目の構成において、やはり中国の場合と異なり、整然とした体系をそなえており、しかもそれがある一定の志向性をおびているのも特長である。上述の点に関連していえば、いわゆる道の制作主体を明らかにするという志向に貫かれていることである。「志」の総叙に次のように述べられている。

「……夫れ祭祀は政教の本づくところ、敬神尊祖、孝敬の義、天下に達し、凡百の制度またこれによって立つ。（略）故に神祇を以て首《はじめ》となす。君は天統を伝え、臣は皆神胤、一気貫通、上下和睦、而して氏姓の法起る。（略）故にこれを受くるに氏族・職官を以てす。天神八洲を区画し、列聖国県を営む。（略）故にこれを受くるに国郡を以てす。斎庭の穂、織殿の繭、民に耕織を教う。（略）故にこれを受くるに食貨を以てす。云々」

以下、同様にして、礼楽・兵・刑法・陰陽・仏事の順序を構成した理由を述べているが、それは全体として日本の制度のすべてが、神々の創設に存することを明らかにしたものである。それはたとえば『新論』に述べられた体系的な国体論の骨格にひとしいことはすぐに気づかれるはずであるが、この構想それ自体、朱子学的な「事物当行の理」から独立し、まさに歴史主義的発想というほかはない。そして、これほどに徹底した見地は、「本紀」冒頭を神武天皇から開始し、それ以前については、わずか現行本で一ページたらずの簡単な記述をするにとどめている初期水戸学とは相当な隔たりがある。

しかし、この点もまた私の仮設的な構想であり、それがそのまま徂徠学にもとづくと断定するつもりはない。まして徂徠はその中華崇拝で知られ（といっても、通常考えられるように、徂徠は当代のコスモポリタンではないが、これはまた別問題である）、しばしば後期水戸学の人々から非難されているほどであるから、かりに上述のような考え方が認められるとしても、徂徠学と水戸学の関係はもっとさまざまな角度から検討されねばならないことはいうまでもない。ここではただ、一つの推定を述べてみたにとどまる。つまり徂徠学は、従来の水戸学では自覚的に体系化されることのなかった「国体論」形成の媒体となったのではないかということである。

8　後期水戸学の位相――国体論

後期水戸学の特質とされるのは「国体論」と「尊皇攘夷論」とであるといってよい。そのうち後者はより政策論的性格が濃厚であり、そのことにふれると、ただちに幕末政治史の記述にまきこまれ、本稿の主題からやや遠くなるので、ここではその「国体論」を主として考えることにしたい。

水戸学が水戸学とよばれたのは、まさに「国体」などという耳なれぬ用語（長州藩の儒者山県太華は「国体ということ、宋時の書などには往々これあり、我が邦の書には未だ見当らず、水府に於て始めて云い出せしことか」と眉をひそめている）のせいであったことが多いが、この「国体」というのは、換言すれば日本における制度の本質論というべきものである。ここでも徂徠の「道なるものは統名なり、礼楽刑政凡そ先王の建つる所のものを挙げて、合せてこれに命《なづ》くるなり」（『弁道』）を換骨奪胎していえば、それはまさに建国の神々によって建てられた制度の総体についての「統名」ということにほかならない。しかしここではじめに一般のいわゆる制度観について、徂徠学と後期水戸学のあいだに、一定の同時代的共通性が認められることにふれておきたい。

たとえば『常陸帯』に次のような制度論がある。

「総じて先格古例ということ、幕府にては東照宮ならびに台徳・大猷二公〔秀忠・家光〕の立てたまえる制度、本藩にては威・義二公の定めたまえる典章をこそ先格古例と申すべけれ。その後も中興の君の定めたまえる制度は祖宗の美意を変通したまうものなれば、先格古例と申さんもさることなれども、世の盛衰によりてその制度典章も自ら時の弊に流れゆくこと少なからず。今はその流れたるさまを旧例と心得、祖宗の法に背くことといと多かるべし。中納言の君文武の道を励まし喪祭の礼を定めたまうたぐいみな、祖宗の意を述べ修めたまいし御事なるを、世の人多くは旧弊に泥《なず》みぬれば、君の行いたまうことはいと怪しき新法のように思いて、ついにこれかれと譏り奉るはいと浅ましきわざなり」

ここでは風俗化し流俗化した制度と真正の制度との区別が論じられ、幕府についても、水藩についても、その草創の時代に定められた制度こそが真の制度であり世人が古制にはずれた恣意とみなすものこそ、かえって正しい道に復古するものであることがあるといわれている。この発想は次のような徂徠の観点とそっくりである。

「今ノ世ニモ大抵夫々ニ格モ有様ナル故、物ノ道理ヲ知ラザル人ハ制度ノ有様ニ見エケレドモ、今ノ世ニアル格ト言様ナル物ハ、古エヨリ伝リタル礼ニモ非ズ、亦上ヨリ屹ト立サセラレタル格ニモ非ズ。其中ニハ上ヨリ時々ニ被仰出タルコトモアレドモ、何レモ皆世ノ風俗ニテ自然ト出来タルコトニテ、世ノ風俗移リユケバ、其風ト共ニ其格ト言ヨウナル者モ移リ行ク、皆下ノ成行ノ儘ノコトニテ、其上ニ何トナク礼ノヨウナル物アルヨウナルヲ、上ヨリモ其成リ来ル上ニ、時々箇様ニ仕レナドト被仰出タルコトナレバ、誠ノ制度ト言物ニテハ曽テ無之也」（『政談』巻の二）

世間が制度と思っているものはもとより真の制度でないことが多く、時々に支配者が布告して定めた法令なども成りゆきにまかせたうえでの立法であることが多い。これはあるいは「時の弊に流れた」ものでありあるいは「其ノ成リ来ル上ニ（略）被仰出タルコト」にすぎない。これらもまた真正の制度とはいえないという論旨は両者共通である。

徂徠はそのような制度観を前提として家康を彼のいわゆる制度の「作為者」＝聖人に比定し、その

「神祖ノ大道術」を正しく継承しえなかったところに幕政の行きづまりがあるとしているが、これは徳川幕府に関する限り、水戸学派の思考の筋道と同じである。『新論』その他において、家康から家光にいたる時期に制作された基本的制度（水戸学がその第一にあげるのが鎖国＝攘夷の制度である）への限りない讃美がくりかえされていることはいうまでもない。ただ徂徠と大きく異なるところは、徂徠のいう制度の作為者として、水戸学においては天祖＝天照大神をはじめ、神代七代の神々から神武・崇神・天智あたりまでの天皇が「道」の根源的制作者とされていることである。これは後述のように両者の武家時代観のちがいによるものであるが、ともかくこれらの神々もしくは天皇はほとんど徂徠学のいう先王・聖人と同じ意味を与えられている。そして、それらの「神皇」によって制作された不朽の制度の総体が、水戸学においてはじめて「国体」とよばれることになったといってよいであろう。そしてここで徂徠が徳川の開祖を「先王」としてとらえたことと、水戸学が「神皇」を「大道術」の制作者としたことは、いずれもが「天下国家を治むる業」において常人をこえた深謀遠慮をつくし、その計算企画がよく先々までをも見とおしたとした点において同じである。

　ところで徂徠は日本の「神道」というものを信じなかったと思われる。『太平策』に「神道ト云コトハ、卜部兼倶が作レルコトニテ、上代ニ其沙汰ナキコトナリ……神代ノ巻ニ載タル、天神七代、地神五代ノコトハ、異国モ吾国モ、洪荒ノ世ノ事ハ、皆カクノ如キノ類多シ。真言家ノ表相、或ハ性理ノ陰陽五行ヲ仮リテ、種々微妙ノ道理ヲ設クルハ、後世ノ附会疑ナシ。殊ニ第一トスル三種神器、後世伝説ノ誤リヨリ出テ、上代ニナキコト明白ナリ」という一節は、徂徠が日本の古代に先王制作の「道」というものが存在しなかったと考えていたことを明白に述べている。しかしこの点に関しては水戸学もまた同様である。というのは、たとえば『弘道館記述義』などにおいて、いわゆる神道者流の説を牽強付会の俗説としてしきりに排斥したことと同じ意味だということである。表現からすれば水戸学と徂徠の考えとはまったく逆であり、それゆえにこそ、徂徠はそれと名ざしされなくとも、「弘道館記」『新論』その他において、「国体」を知らない中華崇拝者として批判されている。

しかし、徂徠の神道論にはもう少し別の含みがあるように私には思われる。たとえば彼が、同じ文章のあとの方で「唯吾国ノ神道トモ云ベキコトハ、祖考ヲ祭テ天ニ配シ、天ト祖考ヲ一ニシテ、何事ヲモ鬼神ノ命ヲ以テトリ行ウコト文字伝ワラザル以前ヨリノコトナレドモ、是又唐虞三代ノ古道也。（略）神道ハナキコトナレドモ、鬼神ハ崇ムベシ。マシテ吾国ニ生レテハ、吾国ノ神ヲ敬ウコト、聖人ノ道ノ意也、努々《ゆめゆめ》疎ニスマジキコトナリ」と述べていること、また「旧事本紀解序」において、「恭しく古昔を稽《かんが》うるに、六経の載するところ、虞夏商周の聖人の道となすところ、あにただ我（儒教）のみならんや」といい、日本の神道の祭天祭祖の礼が先王の道と相通ずることを留保しているところなどを見ると、それは少しく構造をかえるならば、水戸学が口をきわめて強調する神道論とほとんど同一のようにも思われる。そしてそのさい、水戸学においては、宋儒の思弁的理論によって国体の普遍性を説明するのではなく、まさに徂徠学と同じように、洪荒の世に秩序を作為した「神皇」というカテゴリーが援用されている。これは国学の神道観と微妙に重なりあう立場でもある。そしてその両者のいずれにも、徂徠的な「道」の理念の影響があることを見ることはそれほどむずかしいことではないであろう。

徂徠と水戸学の制度論を考える場合、もう一つ問題となるのは、両者の日本史観の差異である。それは要するに朝廷の統治と武家の支配の交替を歴史的にどのように解釈するかの問題であるが、この点についても徂徠の考えはきわめて明快である。その考えを側面から示す一例をあげると、

「天下ノ諸大名皆々御家来ナレドモ、官位ハ上方ヨリ綸旨位記ヲ下サル事故、下心ニハ禁裡ヲ誠ノ君ト存ズル輩モアルベシ。当分只御威勢ニ恐テ、御家来ニ成タルト云迄ノ事抔《など》トノ心根ヲ失ワズバ、世ノ末ニ成タラン時、安心難成キ筋モ有也」(『政談』巻の三)

ここで徂徠は現実の主権的支配者は将軍であり、朝廷はいわば亡国の君主にすぎないということを前提とし、その朝廷が位階勲等を授けるのは実態と遊離した矛盾であるばかりか、主権的統一を破壊する危険性を孕むことを警告しているのである。そしてまた、江戸時代においてしばしば朝鮮使節応接の儀礼格式について紛糾が生じたのも、「当時上方ノ官位ヲ堅ク守テ、三位〔朝鮮使節はその国において三位であった〕ト三位〔日本側接待使の御三家は従三位が定式であった〕ト同格トスルトキハ朝鮮ヲ禁裡ト同格ト見ル故、公儀ハ一格落ルコトニナリ、国体ヲ取失イ、甚ダ不宜《よろしからざ》ル事ナリ」(同右)というところに問題があったとする。

ここで徂徠が「国体」というのはもちろん水戸学のいう「国体」ではなく、「開国の神祖」によって制作された徳川封建制そのものをさしている。そしてその考え方のすべてが水戸学の伝統的な歴史観と完全に逆であることはいうまでもない。『弘道館記述義』その他において幕臣柴野栗山が「陪臣」の署名を用いたことに対する共感が述べられているが、水戸藩においてはあたかも「下心ニハ禁裡ヲ誠ノ君ト存ズル」伝統が半ば公然と生きつづけていた。光圀の朝廷憧憬にはじまり、歴代藩主にあたかも「口伝」のように伝えられたのは、先に述べた光圀の君臣論であった。水藩においては、すでにその初期のころから、家康による幕藩制度の創立は、いわば歴史的な特殊相にほかならないという観念がいだかれていたかに見える。そしてその観念に一定の理論的歴史的確信を与えたものが、とくに後期の『大日本史』編修事業にほかならなかった。

しかし、義公の『大日本史』は、そのままでは「国体」論への転換を示すものではない。たとえばその本紀が「百王本紀」として、後小松帝で終わっていることの意味について、そこに『大日本史』の本来の性格が示されているとし、それは南朝の滅亡によって「一つの王朝の歴史が完結したと考えられていた」からこそ、神武から後小松までの叙述で打ち切られたのであろうとし、その根本的立場は、山鹿素行の『武家事紀』や新井白石の『読史余論』などの立場と同じように、江戸初期の歴史学に共通していた王朝交替史観を受けつぐものにほかならなかったという考えがある（尾藤正英「水戸学の特質」――『水戸学』所収）。

もしそうだとすれば、『大日本史』は、朝廷崇拝と大義名分論とにおいていかにきわだっていようとも、結局、後期水戸学の「国体論」に連続しうるものではないということになる。事実また『大日本史』「本紀」のはじめにおける天神七代の記述は、「上世のこと、年代悠遠、神異測られず」として淡々と片づけられており、たとえば会沢の『新論』が「国体」編冒頭において天照大神がすでに忠孝の大義を制度として
この国に伝えたもうたことを縷々強調するのとは大いに趣を異にしている。神武以前のことについては光圀自身の考え方として、「神代は怪異の事ばかりに候て、神武の口へものせがたし」いとし、別に天神本紀・地神本紀を作る考えであったが（これは結局作成されなかった）、ともかく道の創作者として天照大神を見るという発想はあらわれていない。それらのことからも、『大日本史』がそのまま「国体論」の意味をもつものでないことはいえそうである。

しかし、後小松を結びとしたことがはたしてそのまま王朝交替観の表現となるかどうかは疑問である。というのは、『修史始末』にも、光圀の言葉として「紀伝の作、嘗て後小松帝を限りて絶筆せり。然れども更に意思あり。後小松以後といえども、その紀伝の採択に供すべきものは、宜しく朱点標書、

以て検閲に便すべし」とあるように、必ずしも後小松以降を別の王朝とみたわけではなく、むしろ後小松紀の結びにおいて「……帝神器を受くるに及び、海内始めて一統、車書文軌を同じくし、世々相承けて宝祚疆なし」とし、吉野正統を明確にしえたところを一つの区切りとし、その正閏論を精密化しえたところで絶筆としたとも考えられるからである。つまり王朝交替史観への関心などよりも、正統論への関心が大きかったとみるならば、百王本紀が百王で筆をおいたことには別の意味があるということになるであろう。

いずれにせよ、初期の水戸歴史学は後期のそれと全面的には連続しないというほかはない。ただ、光圀と朝廷との優雅な結びつきの伝統と、かならずしも現体制を新たな王朝の始まりとはみない史論と、作成はされなかったが天神本紀・地神本紀の企図が別に『神道集成』(『水戸の文籍』によれば「今井有順〔桐軒〕に命じて之を編輯せしむ。有順、京師・伊勢の間に往来して神典を講究し、寛文十年〔一六七〇〕に至りて成れり」とある)として伝えられたことなどが、後期水戸学の「国体論」を準備したということはできるであろう。

こうしてたとえば「弘道館記」において、道の淵源を述べたところに「道とは何ぞ。天地の大経にして、生民の須臾も離るべからざるものなり」とある。これを見ると、ふつうに儒教でいう天地自然の道を道とみているようであるが、その原案文と、この部分に関する『述義』の解説を参考にするならば、その思想はかえって儒教のそれとまったく異なっていることがわかるはずである。

まず東湖起草の案文では、ここは「道とは何ぞ。神州の固有するところにして生民の……」となっていたものを「固有は宜しからず、神州の存する所と改むべし」というい、か、に、も佐藤一斎らしい意見と、「固有の字、孟子に始り、人身に固有することの外には用いず」という青山延于の批評などを参酌し、「いかにも固有は宜しからず、頻りに神州のものとするゆえ六ヶしきなり……天地の大経と改めては如何あるべきや」という斉昭の意見によって成文となったといういきさつがある。東湖は固有の文字によって、日本にも道があったという一般論ではなく、まさにその固有性を冒頭から宣言したかったかに見える。斉昭が「しきりに神州のものとするゆえむずかしきなり」といっているのも、冒頭に立てるのは穏当ではなかろうというほどの意味で、これも宋儒的な思想をいったものではあるまい。

だからこそ後文においては「上古神聖、極を立て、統を垂れ」とはっきり道の創始者を神々とし、「斯《こ》の道」の効用として「宝祚之を以て無窮」以下「蒼生之を以て安寧、云々」の個別的結果を宣揚しているのであり、『述義』においても、道の実体は「未だはじめより天神に原《もと》づかずんばあらず」と明確に論じられているのである。

一般に「館記」や『述義』の文字は、きわめて厳密な討論をへて成文となったものであるが、とくに問題とされたのは道の根源をいかに表現するかにあった。たとえば『述義』の草稿第二節に「なおまた天施して地生じ、万物各々その性を遂ぐ、云々」の一句について、「天地の万物の原始たりということは、専らかの漢籍に説きたる言にして、わが皇国の古典には見えず。（略）前の天神に原《もと》づくの意と相違せるようなり」などという緻密な批評もあったほどで（これはあまりに本居流の見解に偏するというので採用せず、東湖はもとのままとした）、東湖が道の存在を儒教的発想から切りはなし、その創造者を神々としたことは明白である。そして、このような考えは、基本的にはすでに会沢がその『新論』国体篇において、煩瑣にわたるまでくわしく展開したところであったが、その明快さにおいては『述義』の方がまさるように思われる。

しかし、このような道のとらえ方は、ちょうど徂徠学が儒教の異端どころか、儒教以外の何か別の思想と考えられたのと同じように、まったく伝統的な経学の思想から断絶したものというほかはなかった。いわゆる「水戸学」「天保学」「一国学」などという、ほとんど嘲弄的な異名が集中したのはそのためであるが、こうした伝統的儒教理念からの逸脱によって、逆にたとえば「水府の学を信ずる者……吉田寅次郎、藤原矩方その人なり」と自称した吉田松陰のような人物の形成も可能となったわけである。

「国体論」の性格を私は以上のように考えている。つまりそれは、巨視的にいえば十七世紀初めごろにはじまる日本の国家的自覚という精神の運動の一つの帰結であったことになるが、その過程において、古学派の登場以来、宋学的に普遍者とされた儒教の道の理念が歴史的なものとして相対化され、逆に道の制作者（立法者）がかえって絶対化されるにいたると、日本固有の立法者として建国の神々が意識されたところに国体発見があったというのがその概略である。したがって私の観点からすれば、水戸学的国体論の展開はそれほど奇怪なところはなく、むしろきわめて当然な筋道をたどったものということになる。それはたとえば宣長から篤胤へ大国隆正へという国学の展開ほどにも偏ったところはないことになる。徂徠学や国学に比べて水戸学がどこか歪んだものという印象があるとすれば、それはただそれぞれの学派のおかれた政治的環境の差異から生じたごく生々しい記憶によって左右されたものにすぎないということである。そして政治的環境ということになれば、そこには当然人間的好悪や憎愛の念が作用してくることはまたいうまでもない。そして、その問題を論ずることは、幕末政治史プロパーの問題であり、この解説の流れからいって、ほとんど別の観点を必要とするものとなるであろう。たとえば、武田伯道や藤田小四郎の問題を光圀の修史立志から始めたこの解説と結びつけるに、なおスペースと時間の不足もあり、ここではかっこつきの「水戸学」をはなれて、日本人の精神活動の一つの典型的なパターンとして、このような思想の流れがあったということを指摘するにとどめるほかはない。

（一九七四年一月）

対談

諫死・斬奸の思想

津久井龍雄
橋川文三

明治十年代の問題

橋川　一つ細かいことなんですけど、津久井さんの『大西郷』の扉のところに西郷〔隆盛〕の言葉が引用してありましたが、あの言葉の出典が、私、突きとめられなくて、これはいつかお伺いしておきたいと……。

津久井　あれは私、ずいぶん昔書いたもので、それはどこから出たか思い出せないが、西郷が三条太政大臣に韓国問題について決意を促した言葉として伝わっているものです。趣旨は、韓国問題はいま決着をつけておかないと将来の大事になるし、今やらないと将来は今の何倍ものギセイを払っても結局はやらなければならぬ事になるというものです。正確にああいう文章になって何かに載っているかどうか、その辺のところは定かではありません。

橋川　西郷を材料にした伝記だか物語の中で、ああいう言葉を作者が作り出したのかもしれないという気もしておりましたが。

津久井　どうもそういうものじゃないかという気もしますね。

橋川　しかしいかにも生き生きした、いい言葉になっているんですがね。

津久井　西郷さんじゃ、きょうの話には直接関係もないかな。

橋川　さあ、どうでしょう。西郷さんの話は、やはり伺っておきたいな。暗殺と関係なくもないし……。

編集部　今日のテーマ、暗殺は暗殺ですが、その周辺とか底流をなすような思想ですね、これは適宜おふれになっていただきたい。そういうことに引きつけてみて、西郷は論じられないでしょうか。

津久井　暗殺よりもむしろ西郷さんはクーデターをやろうとしたわけでしょう、明治十年には。クーデターといえるかどうか知らんけれども。

西郷さんは殺すほうにも徹底していたし、自分が死ぬほうにも——死ぬほうに徹底するって、どうもおかしいけれども、たとえば月照と相抱いて死ぬとか、それから島津斉彬という自分の主君ですね、殿様がなくなったときも、たぶん殉死しようとしたんじゃないかと思いますが、ともかくあの人は「死を見ること帰するがごとし」というのに近いような心境はいつでも持っておったような気がしますね。それとともに、やっぱりあくまでも敵とするものはたたかにゃダメなんだという考えも徹底していたようですね。

その点で、ぼくは西郷さんがいたことによって、明治維新というものが成就されたといってもいいくらいなもんじゃないかと思います。たとえば京都の例の小御所会議なんていうものでも、あの時はだいぶ妥協的な空気が強かったわけですけれども、やっぱりどうしても徳川慶喜というものは討たなきゃいかんという考えを西郷は変えなかった。それからそう決まっても、ようやり切らなかったものを、西郷さんは、江戸征伐のために、自分が先へ立って一人でどんどん歩き出したというような説もあるくらいで、ともかく仮に和するにしても一ぺんは思い切ってたたかにゃダメなんだ、そういう考え方は非常に強かった人ですね。そういう点でやっぱり生れながらの革命家というところがあるでしょうな。

しかし、その反面に、非常に涙もろかったり、人がよかったり、あんまり自分を殺したりするという性癖があったもんだから、それでやっぱり大久保に、ある意味ではしてやられたようなところがありますね。

橋川　明治十年というのが非常に問題のある時期ですね。歴史のおもしろさもあるし、それに思想的に見てもいまだに「明治十年問題」というのはどこかに生き残っていますね。それでいつも思い出すんですが、日本での民主主義思想というか、あるいは革命的民主主義の先駆者というべき中江兆民ね、兆民がフランスから帰ってくるのが征韓論のあとで、もう西郷は鹿児島へ帰ってるんですね。で、「西郷さんがいたら、おれは西郷さんの参謀になって、クーデターを実行に移すのに、惜しいことをした」というふうなことを弟子の幸徳秋水にもらしていますね。

もっとも、兆民の場合ちょっとわからないのは、西南戦争で例の宮崎滔天の兄さんの宮崎八郎、あれが西郷軍に投じようとするときに、兆民は熊本へ行ったんでしょうか。そして、「いまはまずい。もしいまそれをやったら、西郷がまた同じような一種の権力になってしまうんだから、参加はまずい」と言って止めたというんですがね。それに対して宮崎八郎は、「そうかもしれん、しかしそのときはまたぶっつぶせばいいじゃないか」と言って参加して行ったと。これは滔天が書いた文章、「熊本協同体」でしたかね、あれにあったと思うんです。だから西南戦争への兆民の姿勢はよくわからないけれども、しかし、そういう乱暴なことを考える兆民、これが日本での近代思想の先駆者といわれている。このことはちゃんと考えられていないんじゃないでしょうかね。

それからもう一つ、例の『一年有半』の中で、星亭の暗殺に関連して、暗殺を否定しない論を堂々とぶっているわけですね。これなんかも、いわゆる日本の進歩陣営のものの考え方からいったら、ちょっと困るわけじゃないかと思うんですがね。(笑)

津久井　思想の分類のしかたというものは、まあ分類しなくちゃ議論が進まないようなこともあるんで、分類するけれども、西洋のことは知らんけれども、日本の場合は非常にそういう点が複雑でもあるし、あいまいでもあるし、非合理的でもあるしね。それは兆民なんかいう人だって、頭山満なんかのことを非常にほめてもいるし、また頭山も兆民というものを評価もしておるし、個人的交わりもあったわけですよね。

たとえばまた幸徳秋水なんていう人でも、あれやっぱり非常に勤皇思想というようなものをもっていた人らしいんだな、はじめのうちは。あんまりぼくは伝記も知らないけれども。

橋川　親孝行で、勤皇思想も厚いということで、司法当局者の中にも感心した人がいましたね。

右翼の二つの流れ

津久井　ところで主題の政治的暗殺の問題だが、さかのぼればいろいろあるんでしょうけれども、昭和になってから、そういう事件が非常に連続して起こった。血盟団とか、五・一五とか、二・二六とか、それからその前に三月事件、十月事件というようなものが、これは未遂に終わったわけですけれども、そういうようなものがあったわけで、そのへんから昭和のいわゆる動乱が始まったわけです。

だいたいああいうことをやる人は、年齢もはたち前後の人が多く、そう心境とか思想とかあんまり深く問いつめていっても、そういうものがはたしてその時あったかどうかということも、ちょっとはっきりしないような点もある。

それから、やっぱりあのころの一種の潮流というか、気風というものがずうっと盛り上がってくるというと、われ遅れじとやるという傾向が出てくるんですね。それで合法的な議会主義だとか、漸進的な改革だとか、大衆運動とかいうようなものが、とてもバカバカしいような、手ぬるいような、まだるっこいようなことになってきまして——。

私などはだいたい、どっちかといえば社会主義のほうの思想からきて、私の先達の高畠素之氏などがそういう人だけれども、社会主義を日本に行なううえに、どういうふうにすればいいかという、考え方のそういう順序できているわけですね。したがって、純粋の右翼というか、ああいうテロ行為に出るような人とちょっと思想の出てくるところが違っているから、いっしょにそういうことをやろうと思ったこともないし、いっしょにやろうと誘われたこともあんまりないですね。しかし、個人的にはみんなある程度知っている人たちです。

井上日召なんていう人は、大正十五年にぼくが赤尾敏君の誘いに乗って建国会というのをやり出したときに、前田虎雄君などといっしょに協力してくれましてね、その時はじめて知ったわけですよ。その時は二人とも全く無名の人でした。

橋川　津久井さんが最初にああいう国家主義運動のほうでお知りになったのは、高畠さんあたりがいちばん早いんですか。

津久井　高畠さんが最初ですね。それまではそういう思想関係はない。大正十二年に、大阪のほうに国家主義的な小さな新聞ができまして、それは小さいけれども、大朝、大毎の向こうを張って、思想新聞でいこうというような建て前のものでして、それは上杉慎吉博士や高畠さんが顧問だったんですよ。そういうこともありまして、それだけの意味でもないんだけど、それをやっている人を私知っておったものだから、その人の誘いで大阪へ行ったんです。大正十二年の暮に難波大助が摂政宮（昭和天皇）に不敬を働いたいわゆる虎ノ門事件が起きまして、それで国体擁護という風潮が強まったわけです。それでその翌年の正月に大阪でその新聞社の主催で「国体擁護大会」というのをやりまして、そのとき高畠さんが東京から講演に来たんですよ。そのとき、ほかに二、三予備の陸軍中将だとか、文学博士だとかいうような人が講演をやりましたが、そのときに高畠さんの話は、ほかの連中と全く比較にならんほど光っていましたね。それでちょっとぼくもほれ込んだというかね——。そして、その翌年、高畠さんが東京で大化会なんていうのといっしょになって活動するというんで、私にいっしょにやらんかということですから、それで上京したんです。そういう関係です。

橋川　高畠さんへ関心をもつ人が、最近わりに多くなってきましたね。しかし資料が乏しい。

津久井　そうですね。高畠さんは主として『資本論』でほとんど精力を費やした人だし、毎月の雑誌なんかにも相当書いていましたけれども、まとまった著述はわりにない。

一週間ばかり前に、東大の先生で、これは前に都立大学におったんですが、伊藤隆さんという方、ご存じですか。

橋川　ええ。『昭和初期政治史研究』という綿密な本を出しておられますね。

津久井　その方、前も私のとこへ見えたことがありますが、この間も東大の学生二人ほど連れて見えましてね。前にも、四、五日私の話をテープレコーダを持って来て、聞いて行かれたんですよ。その時は都立大学の学生が一緒で、これは高畠さんのことでなく、私のことを卒業論文とかなんとかに書

くという んで来まして、ずいぶんここへ通ったんだけど、結局その学生さん手に負えなくなっちゃったらしいですね。それでよしちゃって――。(笑)

それで私も、高畠さんがもう少し転向以後長く生きておればおもしろかったと思うんですけど、そこがちょっと、転向した、まもなく亡くなったというような方でしょう……。高畠という人は、非常に正直な人ですから、あの正直なところから、はじめクリスチャンであったけれども、クリスチャンの虚偽とか偽善とかというようなものにいやけがさして、それから社会主義へ行って、また社会主義者の空疎な強がりや偽善的な言動にいやけがさして、国家主義にきたわけですね。しかし、もし少し長く生きていれば、また国家主義陣営の偽善にもいやけがさしたかも知れません。

それで、ぼくらはつまり高畠さんが転向したところから出発したわけですよね。それだから、まったく新しい道を、つまり日本では初めてといってもよい国家社会主義の道を歩まなくてはならないことになったわけですね。お先まっ暗なような形ですよね。それでイタリアのムッソリーニなんていうのの運動がそのころ盛んになってきまして、あんなふうな行き方もあるのかなあというような気もしたが、いずれにせよあまりハッキリした見通しは立たなかったわけです。私には『ファッシズム伊太利とムッソリーニ』という著述がありますが、これはこの種の著書としては先鞭をつけたものでもあり、私の処女著作といってもよいものです。

日本の右翼運動は、国家社会主義的な流れと、頭山満・内田良平・上杉慎吉というふうな、純粋?の日本主義、国体主義、それから大アジア主義などを標榜する流れと大きく分ければ二つになるわけですね。

それで、この国家社会主義のほうの流れの者は、個人的なテロというようなことはほとんど考えない。社会主義を日本の風土に合ったような形で、日本人に合ったようなやり方で、実現したいということが基本構想ですわね。だから、テロでどうこうするというような考え方は自然浮かばない。

おもしろいことには、血盟団の井上日召さんは前橋中学で高畠さんと同級なんですよね。井上さんはあんまり学校なんかできなかったらしいけど（笑）、高畠は非常な秀才で、級中の人望もあって、クラスを率いる存在だったようですね。一度ずうっとあとになってから、井上さんをたぶん高畠さんのところへ連れて行ったことがあったかと思いますけれども。そういうふうだから、どっちも思想的にはあまり評価はしなかったろうと思うんですね。

橋川　井上日召さんに最後にお会いになったのは、いつごろですか。戦後会われましたか。

津久井　日召さんに、戦後は二、三度会いましたよ。一度『日本週報』という雑誌の企画で、大川周明さんの神奈川県中津の宅へ井上さんと一緒に行って、三人で座談会やったことがありました。昭和二十七、八年ごろかな。

それで、井上さんも建国会にちょっと関係したが、建国会にはすぐあいそつかしちゃったわけだ。

橋川　あれはどうしてですか。ちょっとわからないんですが……。

津久井　いや、これは建国会そのものがしっかりしていなかったのですから、井上さんや前田さんが失望するのも無理なかったようです。ぼくでさえ間もなく失望して去るくらいですから。建国会は赤尾君が実質的にはすべての中心で、はじめは会長というのをおかなかったんだけれども、のちに上杉さんを会長に推したわけですよね。上杉さんがどうもやっぱり大学の先生で万事にハッキリしないんですね。実行力も乏しいし、金もできないし、行き詰まっちゃってね。それでいまでも一つ話だけど、赤尾君のところへ上杉さんが「辞職願」を出したというんだ。会長さんが――（笑）。それで最後に、井上、前田やなんかとぼくらと上杉さんのところへ行って談判したが、上杉さんが井上さんに罵倒されたような一幕がありましてね。上杉さんにはお気の毒でした。

橋川　つまり組織力というか、その意味の指導力がなかったということですね。

津久井　ないですねえ。しかし一般の大学教授というものと比較すればむろん出色の人物で、大学内で右翼的な学生運動を指導し、おうおう街頭に起って憂国の叫びをあげるといったぐあいで、他の凡々たる教授連とは比較になりません。

ただ井上日召なんかは、真剣といえば非常に真剣で、いつでも文字通り命がけのようなことを考えておるような性格の人でしょうね。いわゆるインテリなんていうものと全然違うタイプでして、ぼくらもちょっと中世紀の人間（笑）をみるような感じなんだ。だから一般的な愛国運動といったものには満足できなかったでしょうね。

橋川　井上日召の自伝見ましても、建国会に入って間もなくやめる、あのいきさつがちょっとわからないものですから。

津久井　経済的な問題もあったけれども、建国会の構成や性格に基本的な矛盾がありましたね。

橋川　名士がずいぶん集まったわけでしょう。偉い人が――。

津久井　集まったけれども、ほとんど名前だけだからねえ。右翼的な団体はどうも名前だけ網羅するというような悪いくせがある。

橋川　いや、いまの左翼系の運動にもやっぱりそういうのがありますよ。（笑）

津久井　井上さんみたいの人は正直だから、上杉がやるといったら、ほんとにはだかになって命がけでやるのかと思ったのでしょう。ところが、上杉さん、会長なんか他にいくつもやっていて、そのうちの一つぐらいの考えですから、根本的に考えが違うわけですよね。

橋川　いやあ、それももう平のメンバーとしてはそういう目によくあいますよ。

津久井　それからあとは、建国会というものは、私も離脱してしまい、赤尾君一人で孤軍奮闘して、今日愛国党として存在しているわけです。

編集部　井上日召がその血盟団のほうへずうっと凝縮していく過程というのは……。

津久井　井上さんはやっぱり自分自身で深い人生上の煩悶というようなものを、若いときからあの人もってたんだね。個人的な悩みというようなものを。それで自然と宗教というようなものへ傾斜する必然性のある人でしたよね。だから相当晩年までは直接に政治とか社会の問題とかにはそれほど興味なかったらしいですが、建国会前後からやっぱりそういう点に考えが傾いていったんじゃないでしょうか。そしてその後も大川さんや北〔一輝〕さんや安岡正篤氏その他の人々を訪ねたりして、国家革新の意見を交換したりしているようです。非常に個性の強い人だから、みんな不満だったようですけれどね。それで最後には純情の青年による一人一殺主義によって理想を実現するというところに決着したわけでしょう。

諫死・斬奸の伝統

橋川　日召ないし血盟団というのが、なんていったって昭和のテロリズムではいちばん大きい集団でしょうねえ。

津久井　私はテロの問題について考えるときに、テロを行なう人たちは、いつでも「国体」とか、「天皇」とかいうことが中心の観念なんですが、そうするとつまり、その天皇が信任されている大臣や重臣というものを殺すということは、日本の国体観念からいって、どうしても問題になるわけですよね。

それで、そのころは政治上の大権というものは天皇がもっておいでになったわけですから、したがって、「今度内閣総理大臣はだれがなるだろう」なんていう、そんな推測の話をすることだけでも、なんか不敬だというような観念があった時代ですからね。そういうようなときに、天皇の信頼している大官を殺すというようなことは、動機はどういうことであっても、そこに一つ大きな問題があるわけで、そういう点に当然これを実行する者には煩悶がやっぱりあるべきものじゃないかという感じがあるわけですね。

それで、つまりそういう考え方を煮つめてゆくと、そういうテロで相手を倒すというよりも、諫めて死ぬというんですか、諫死《かんし》とか諫正とか、つまり他を殺すよりも自分が死んで国を諫める或は天皇を諫める、為政者を諫める、そういうことのほうがより純粋なんじゃないかという考えをもつ人も出てくるわけです。

それで、私、五・一五事件のときにそういうことを、そのころ秦真次という憲兵司令官がおって、これは荒木〔貞夫〕さんの弟分で、非常に精神主義の人なんですが、この人との話の中でその問題が出たときに、ほんというえば殺すよりも自分たちが腹でも切って死ぬほうが正しいのかもしれん、というふうな意味のことを言ってました。それはいずれが正しいか、正しくないかというのは、なかなか大問題で一口に決定するわけにはいかないけれども問題としては確かにそういうことが残るわけなんですよね。

それというのは、つまりあのテロのほうに走った人は大川さんらの三月事件や十月事件というものを、政権を奪取するという考えに立った国体に違反した考え方であると、こういうことで、大川さんなどが極力そういう方面から非難されているわけですよね。二・二六事件なんかの檄文なんかには、もうはっきりこの三月事件、十月事件をやっつけているんですよね。「至尊兵馬大権ノ僭窃ヲ図リタル三月事件」などと極端な文字を使用している。

橋川　そこが歴史的にも思想的にもいちばんわかりにくいし、またむずかしいところでしょうね。同じテロといっても、確かに三月事件とか十月事件のテロの計画と、日召にしろ、あるいは二・二六の青年将校にしろ、形は同じようなテロですが、なにか非常に精神は違う。そこまではなんとなくわかるんですがね。つまり、三月事件とか十月事件のほうは、これはまさに大権そのものを自分たちの意思に従わせようとする。政府、内閣を、自分たちの意思を強制して作り上げようというそういう傾向が強い。

二・二六とか日召さんの場合もそうでしょうけれども、そういう意識はないわけですね。つまり、テロによって不純なるものを排除すれば、天皇のほんとうのお気持ちが実現するんだから、自分たちがやるのは、天皇の自然な、自由な精神の発露を可能とするように、妨害物を排除するだけのことで、それ以上のことはすべてもうわれわれの論議すべきことじゃないし、したがって、テロによって相手を倒しても、自分が「死ね」といわれれば、当然素直に死ぬだけだ、というような姿勢ですね。ただ二・二六事件の場合にはいくらかちがった要素もあったようですが。

津久井　そういう点で、ぼくは血盟団事件はいちばん純粋の形に近かったんじゃないかという気がするわけですね。

五・一五や二・二六の場合は、大川さんらの三月事件や十月事件を攻撃はするけれども、しかしやっぱりあれは戒厳令というものを敷かせて、そうして自分たちのある理想にかなったようなだれかが出てきて（それは真崎大将だったといぅが）、そして政局を収拾して革新をやるという予想がある程度にあって行動しているわけなんだから、自分たちの意思と行動によって次期の政権を左右しようという考えが、まったくなかったとはいえないでしょうね。

橋川　いわゆる青年将校とか皇道派は、確かに最初は純粋だったかもしれませんけども、結局は三月事件とか十月事件の――これを敵としていながら――それらの逆影響を受けていますね。

津久井　私は三月事件、十月事件は、政権を掌握するということをはっきり目標にしていたんだから、これは未遂であったが、クーデターの性格を持ったものと規定するわけです。そういう意味において、一つのはっきりした特色をもっておると考えます。

しかし、これも外国流のものとはだいぶ違いますね。外国流でいけばクーデターとは政権を奪うことですが、日本の場合政権の基本は天皇にあるのだから、天皇を倒す以外は真のクーデターとはいえないわけでしょう。大川さんらの企てにしたところで、宇垣〔一成〕なり荒木なりを総理大臣にするために多少手荒い方法を用いようとしただけで、しかもその方法も国会を擬砲弾でおどして、できるかぎりギセイの少ない形で政権を移動させようというわけなんですから、そうたいして乱暴な計画というようなもんでもないように思いますけれどもね。それはそれとして、性格的にははっきりクーデター型とテロ型とに分かれると思うんですね。

それで私は血盟団事件の、とくに小沼君だの、菱沼君なんていう若い純粋の民間人が、タクシーの助手なんかしながら、一筋に思いつめてそういうことをやったということは、やはりいちばん打たれるところでしてね。ほかの場合よりもよけいに、ぼくなどは当人たちも知っている関係もあったりしまして。

しかし、理屈をいえば、諫死というようなことのほうが、日本精神とか国体精神とかいうようなことからいえば、純粋といえるのかもしらんと思ったり、その辺は実のところ自分自身にもハッキリ判断は下せません。そういうことでぼくは非常に感心しているのは、大正十三年にアメリカで排日法案というのを作ったんです。日本人の入国を許さないという、これははっきりした人種差別の法案なんですね。それで日本の右翼だけでなく、日本全体が反対した。そのときに、アメリカ大使館の構内で腹を切って死んだ人があるんですね。これは非常にりっぱな最期らしいんだ。腹を切って、首切って、唯一人で立派に死んだ。これは遺書はあるんですけど、名前はむろんない。それでアメリカに対して自分の死をもって反省を促すというわけです。それで自分は全然どこの者かわからない。身許不明の自殺者として処分してもらいたいということを、所轄の赤坂警察署長当てに書いて死んでいる。しかもその遺書なんかを見ても、あるいは切腹のありさまなどを見ても、いいかげんな人間でないということは明らかなのですね。ちゃんとしたりっぱな人に違いない。それがどこの人か全然わからない。それでこれは無名志士ということでね……。頭山満さんや内田良平さんなんかが中心になりまして、無名志士を弔う催しをやったんです。ぼくはこの人はほんとうに、これはりっぱな人じゃないかと思います。あとへ名前を残そうなんていう気はみじんもないわけなんですよね。

私は、人間というものは、やっぱり死ぬという場合でも、いわゆる芳名を千載に残すなんていう気持ちであって、死刑に臨んでも、死にぎわをりっぱにして、あとの人に笑われないようにしたいとかね。そういう気持は誰にもあり、あってもー向にさしつかえはないものだと思いますが、この人などはもう完全に名前も名誉も眼中にないわけで、そういうところが非常に立派だと私はたいへん感服しているわけです。

橋川　いわゆる諫死、死をもって諫める、あるいは諫めると同時に抗議をするという伝統がありますね。明治になってからの早い例だと、元老院の門前で割腹した横山正武とか……。

津久井　あれは森有礼の兄さんとかいうんですね。

橋川　兄さんですね。それからあの草刈英治なんていうのはどうなりますかね。これは少しあいまいなところが私には感じられて、よくわからないんですけれども。やはり慷慨—憤慨—諫死ということになるんでしょうね。

そういう系譜があるし、しかし同時に、逆に幕末以来「斬奸《ざんかん》」という伝統がありますね。血盟団でもなんでも、系統としてはやはり斬奸——奸を倒す。もちろん引き替えに自分の命を差出してもいい、そこまでの決心はあるんですが、伝統としてはやはり殺すほうですね。殺すということは、これはわれわれみたいな凡人にはなんとも……。（笑）

津久井　いや、私も人を殺そうという気が起きたこともないし、殺したことはむろんないから、どうもそのへんはなかなかよくその心理が、ほんとうに理解しにくいところがあるわけなんですがね。

橋川　血盟団の人たちでも、やはり、やったのちになってその意味をさまざまに考えたり、深めたりした、そういう面は相当強いんじゃないでしょうかね。

津久井　それと、結局あの血盟団の場合なんかは、それは井上さんという人の思想というか、人格というか、そういうものがもう圧倒的に影響を与えたわけですから、この場合、井上さんの人物なり思想なりを検討すれば、事が足りるんじゃないかという気がするんですね。

で、井上さんは、大事の決行後も自殺なんかするな、自分たちの真意をあきらかにするために生き残っていろ、というようなことを言ったそうですね。そういう点については、人を殺した以上はその場で自害するほうがいいという意見もありうるでしょう。あるいは井上さんのような意見が正しいという意見もありうるでしょう。人を仆したら、いずれはそれは自分では死ぬということは覚悟していることでしょうけれども、そのへんに多少の相違はあるんじゃないか。

玄洋社の来島恒喜なんていう人は、時の外相大隈重信に爆弾を投げつけて、大隈さんは死なないで助かったが、死んだと思ったんでしょうね、自分は自害して死んだわけですが、これは最期としてりっぱなものだったように思うんですけどね。

先駆・朝日平吾

橋川　例の朝日平吾がそうですね。

津久井　ああ、そうですね。朝日平吾というのは、おもしろいといってはなんだけれども、もう少しよく研究する必要がある人物のように思います。

橋川　私もそう思います。朝日平吾が書き置きを北一輝のところへ送り届けていますね。で、北一輝のほうでは全然彼を知らないというふうにいっていますけど、しかし遺書が届けられ、形見の血染めのいゝやつでしたか、そんなものも届けられております。それから例の「死ノ叫声」という書き置きは、これは場合によっては北一輝が手を加えたんじゃないかという説があったくらいですね。

津久井　やっぱり北一輝のものを読んだんでしょうね。北さんの文章のスタイルなんか非常に特徴があるから、人は直接知らないでも、文章の影響を受けておったかもしれませんね。

橋川　それは朝日平吾の親戚の人がまだ九州の方にいて、みすず書房の高橋正衛さんが問い合わせたらしいんですね。「北さんの文章だという説があるが、どうか」といったら、「そうではない。明らかに本人の文章だ」という答えで、これは確認されたわけです。

編集部　朝日平吾の事件、あれは大正九年でしたか。

津久井　十年ですね。原敬暗殺の年と同じでしょう。

橋川　十年十月ごろ、当時の財閥安田善次郎の別荘が大磯にあって、そこでこれを刺し殺した。刺し殺した理由というのは、安田は評判も悪かったわけなんですね。一代で巨富をつくったんだけれども、非常にケチで、ガリガリ亡者というイメージがあった。それでそれを憤慨した形で殺したんですね。しかし、なぜあれは安田でなければいけなかったんでしょうね。

津久井　あれは労働者のための施設をつくるということで、寄付を勧誘に行っておったらしいんですね。むろんそれだけじゃないが。それでやっぱりその応対でも悪かったんでしょうな。

橋川　そうらしいですね。

津久井　安田という人は、金持ちのうちでも特別にちゃっかり屋のほうだから、そういう点もむろんありましたでしょう。

　それで、ほかの場合はたいがい政治的な暗殺だけれど、あれはやっぱり相手が財界人というか、富豪だということが一つの特色があるものですよね。その後血盟団事件で菱沼〔五郎〕君が団〔琢磨〕をやったんで、ここで財界人が二度目のギセイになったわけだけれども、それまではああいう暗殺というのは、たいがい政治家が目標であったわけですよね。

　それで、私は朝日の事件は、相手が富豪であり、それから資本主義というようなものの弊害に言い及んでいるところが、一つの暗殺史上の画期的な意味をもっていると思うんです。あれによって、北さんというか、猶存社というものの名前が出てきたわけですね。だいたいそれまで右翼的なものは資本家の御用団体のように世間では思われてきたものが、資本家とか資本主義というものに対して、挑戦したという意味合いで、問題になってきたんじゃないかと思うんですね、あの事件を契機にして。

橋川　あの事件の意味は、久野収さんと鶴見俊輔さんの『現代日本の思想』の中で、はじめてハッキリ再評価されたみたいですね。それ以来、昭和テロリズムのいちばんの先駆が朝日平吾だ、というような見方がかなり定着したみたいなんですが、その当時では吉野作造が「朝日平吾論」書いているんですよね。これが非常にぼくは印象が深いんです。

津久井　何と書いているんですか。

橋川　単行本になった本では『講学余談』というのに収まっていますが、もとは何か雑誌に書いたんでしょう。それでは非常に重く評価していますね。つまり、ただの恨みつらみによる殺人じゃない、ただのひがみからきたものじゃないことを力説してるんです。

当時、原敬なんかは、安田善次郎が殺されたというニュースを日記に書いて、聞いてみると、犯人は神経衰弱で、たいした深い思想的なものはないらしいと書いてるんですね。そしてすぐ一ヵ月しないうちに、自分が中岡良一にやられているんですね。中岡は朝日平吾に直接影響を受けてやっているわけですから、原敬の認識は甘かったということになります。吉野さんみたいな学者は、あの事件の中に、世の中の大きな変換というものが象徴されているというふうにピシャッとつかまえているんですよね。

ところで津久井さんは、原敬のときは、相当のショックでしたか。

津久井　私のおやじが実はいなかの県会議員なんかやっていて、原のふところ刀といわれた横田千之助の幕下なんですよね。そういう関係で、うちのおやじなんか、原敬というと神様のように思っていたんですが、ぼくらは早稲田の学生で生意気盛りだから、「なんだ、原敬が……」（笑）なんて言ってるころだから、どうっていうほどのショックも……。原敬も生きているうちはあんまり評判のいい人でもありませんでしたよ。

橋川　当時はどうもそのようだったようですね。戦後は「日記」が出たり、服部之総さんの研究が出たりして、まっこうから「原敬なんてのは問題にするに足りない」と言う人はいなくなりましたね。

津久井　そうですね。やっぱりあの山県有朋を主柱とする官僚、藩閥と戦ったり、妥協したりしながら、ともかく政党をだんだん大きくしてきたという、そういう功績はやっぱり認めなくちゃならんのじゃないでしょうか。

それで結局私は、この昭和初期のクーデター騒ぎ、テロでも、皆政治的な意味が非常にはっきりしていると思うんです。ボケているものもあるが、たどっていくと非常にはっきりしてくるように思います。

たとえば血盟団のようなものにしても、小沼〔正〕君やそういう若い人たちはそれは別としまして、井上氏などはやっぱりぼくは、広い意味では政治的な考えなり、見通しなりはあったものと思います。当時の政治情勢を大きく分けると、結局この政党の台頭と、それに対抗する軍部、それからこれとの関連においての藩閥——官僚ですね。枢密院とか貴族院、こういうものの力の争いだとぼくは思うんですよ。そういうものが少くとも底流とか背景としてあった。それで国体明徴ということでも、結局つきつめていけば、統帥権の拡大解釈によって軍の政治力を拡張していく過程が、少なくとも事実においで次第にはっきりしてきたわけなんですね。美濃部憲法の問題なんていうものだって、結局あれは美濃部さんが政党を支持声援する議論に立ったから、やっぱり反対勢力から排撃されたわけですよ、反政党の、特に軍部から。

だから、あの国体明徴というものが、これが実に重大な役割を政治的にも演じて、あれから美濃部憲法の没落とともに、どっちが先ということもない、前後して政党も没落したり、分裂したりという形になってしまったんですけれども。その国体というものが、国体のために皆命を捨てるとか、国体を守らなくちゃならんとか、ということになるんだが、その国体というものはいったいどういうものであるかといえば、これがまたはなはだ漠然として、つかみどころがないんだな。その点では、右翼の中でも、軍部の中でも、宮中でさえも意見があまりまとまっていたというわけでもないんだが、その背景として、いま言ったような政治的な情勢を考えれば、そこからたぐってくれば、ある程度ほぐれていく問題なんだろうと思うんですね。

橋川　この間何かで、まあおおざっぱに調べてみましたら、いわゆる昭和になってからのテロ事件の数は——昭和って、大正のその朝日平吾あたりから数えると、七十くらい……、ずいぶん多いんですね。しかもこんなに短い時期に集中してテロの事件が起こっているというのは、ちょっと日本の幕末・維新初期に比べても、多いぐらいじゃないかなあ。テロというか、暗殺というのが、西暦でいうと、だいたい大半のことが一九二〇〜三〇年代ですよね、その間にダーッとテロ事件が集中しているんですよね。これは何か——。まあ一種の連鎖反応みたいなものもあるわけでしょうけれども。

津久井　なかには売名的なものもあるし、あるいはまた当局などがつくり上げたというものもたくさんありますよ。

三島事件と日本国家の二つの魂

編集部　さっきからの「諫死・斬奸」論からいって、三島由紀夫事件はどう考えられますか。

橋川　ひょっとしたら、外国人が三島論に関して新しい視点を出すんじゃないかという気がします。イギリス人にも一人そういう人がいましてね。三島とは交際があった、これは経済記者なんだけど、三島の伝記を出すそうです。そういうこともあるし、それからこの間例のヘンリー・ミラーが書いていましたね。あれはなかなかおもしろかったと思うんですがね。

ただ、これはむしろ私のほうからお伺いしたいんですけれども、いわゆる民族派といわれる人たちが、三島慰霊祭なんかを組織しますね。あれは私にはいくらかわからないところがある。つまり、形のうえでは確かに天皇、日本の文化の伝統擁護のために死んでいるわけですから、当然民族派が、これはわれわれの先駆者であり、われわれの精神的激励者であるというふうにとるのはわかるが、しかし三島の日本文化論とか、あるいは天皇論とかは、少なくとも従来の伝統的な天皇論とは性格・構造が違うんじゃないかという疑問が私にはありまして、で、あの三島の天皇論をそのまま、自分たちと同質の天皇論だというふうにとって民族派の若い人々がかついでいるのは、それでいいのかなあという気がしまして……。

津久井　いや、その天皇論をいったいいまの民族派の人たちが、どういうふうに把握しているのか、ということがまず問題じゃないかと思うんですね。

つまり、そういう点がかなりあいまいで、何か一種のそういう民族主義運動の象徴のような形で、三島の死というものを賛美するというような傾向が多いんじゃないかと、ぼくは想像するんですけどね。

それで、いま国家社会主義の運動なんていうものはないんだけれども、いまの民族派の考えは、ちょうどぼくらのころの心情的な日本主義といわれたものに似たものではないかと思われます。そこから多く出ていないように思うんですね。それでそのころ、国家社会主義的なものと、心情的観念的な日本主義派というものとの対立というようなものがずっとあったわけなんですけれども。

これからさきどういう形になるか知らんが、いま出てきている民族派というものは、やっぱり非常に観念的なもので、あるいは心情的といいますか、そういうものであって、現実の政治の体制だとか、経済の組織だとか、そういうものと日本の国体とか天皇とかというようなものといったいどういう関連をもっているのかというようなことについて、具体的な発声もないし、研究もないように見えるわけです。それでは左翼の運動に対して有力にして有効な対抗力とはなりえないものではないかと案じられます。

三島さんにしても、いまから何十年も前の尊皇絶対主義というようなものと同じようなことになるおそれのある考え方ではないかという気がする。それでは政治革新や社会変革のモチーフとなることができず、三島さんの行動の悲劇性もそこに原因があるように思われます。

だいたい彼は年も分別ざかりのようだし、それからその環境からいっても、ヨーロッパ的な教養も十分に身につけている人だし、普通一般の右翼人というような人とはずいぶんタイプも違い、考えも違い、テンペラメントも違うお人だろうと思うんですがね。しかしあの最後にやられたことをみると、あの檄文とか辞世なんかを見ても、彼の特異性が十分に発現されておらずピンとこないんだなあ。

いったいどういうことをやろうとしていたのかということが、ぼくにはよくわからないわけなんですね。「楯の会」というものをつくったが、それはいったいどういう性格のもので、どういうことをしようとするものだったのでしょうかね。ぼくが常識的に考えれば、あれが中心になって日本の革命なり革新なり、あるいはいまの時代に対する抵抗要素としての、そういう政治的、社会的な運動というか、そういうものに発展させるものじゃないかと思ったんですが、しかし、そうでもないんですね。ああいうふうに死んじゃって、「楯の会」の会員をあとに残していっちゃって、残されたものは途方にくれるんじゃないでしょうか。これはよけいな心配か知りませんが。彼は神風連にあこがれをもっていたが、「楯の会」は神風連のように「君がため鎮台兵を斬りすてて大江村にて腹切りにけり」という雄々しい行動に倣おうとした風もないように見えるところも解しかねる。

それから、自衛隊を動かしてクーデターをやろうという計画もあったと聞くんですが、それがどのへんまでの計画に基づいて、どれくらいの努力が払われたのか。いったい三島さんがそういう社会的政治的な関心を具体的な形でもったというのは、ぼくはそんなに長い年月のことじゃないと思うんですけどね。すべてに絶望して、ああいうことをやったというようなこともいうているんですけど、絶望するほどそういう努力を多年にわたって払ったといえるかどうか、というようなこともちょっと疑問になるわけですね。それから最後には、つまりテロをやるわけでもなく、また諫死に終始したというわけでもない。そして檄文をまいたり演説をしたりというような心境もちょっとぼくらのようなカンのにぶいものには解釈がなかなかむずかしいですね。

橋川　いまおっしゃったような疑問というのは、多くの人がみんなもっている。ところが、いわゆる三島賛美者は、そういうふうに考えることは、三島精神というものをまるっきり理解しないんだというわけです。じゃ、どう理解するかといいますと、結局現代文明に対する最も純粋な批判形式としてあの死に方をとらえるということで共感ないし崇拝するんですね。

ただ困るのは、三島由紀夫の場合は、たとえば吉田松陰を一つの模範とするかと思うと、あるいは神風連、あるいは「葉隠」、あるいは陽明学、あるいは蓮田善明というふうに、前にあったいろんなパターンですね、そういう古典的な型というものが万華鏡のようにひしめいていすぎるんですね。これが三島自身の死だというものが、結果からみて印象が弱い。松陰なら松陰を彼は読みふけって自分の死のきっかけにしたということもいわれているけど、私にとっては松陰の死とあの死とはかなり違いますしね。要するに三島自身の死はなんだということになると、ぼくにはわからない。

津久井 古くからのいわゆる右翼派とか民族派の思想なり運動なりが、三島さんの新しい思想や理念で、新しいいぶきが吹きこまれ、新しい発展をとげることをぼくらも望むのですが、どうもそういうものがなかなかつかめないようです。たとえばあの辞世の歌を一つ見ても明治維新のころの人が詠んでも、その他旧い時代のだれが詠んでも、そういうような歌をおそらく詠むだろうというような歌であって、なにか彼のような特殊な性格なり新しい教養なりを身につけた人の特異の生彩というものが感じられない。また、わかっているところだけを結びつけたんでは解釈がつかない、というようなところがあるわけですよね。お前には古今を貫く三島の深い精神がわからないのだといわれればそれまでだけれども。

編集部 橋川さんがおっしゃった三島の天皇論なり、日本文化論なりの特質というのはどういうことになるんでしょうか。

橋川 昔の天皇論、あるいは尊皇攘夷という場合には、広い意味での国体論というのが前提にあって、この国体が何ものかということは別問題としても、とにかく国体論と、天皇擁護、あるいは天皇崇拝、これは密着していたわけですね。

ところが三島の場合、いちばん具体的にいえば、現在の天皇に対するふつうの意味での敬意というものを三島はもってないようなんです。これはだいたい確実だろうと思うんです。そういう意味では、いわゆる従来の尊皇攘夷派がもつような、天皇へのパーソナルな愛着というか、畏敬というか、そういうものではなくて、彼が考えている天皇イメージというのは、一種非常に人工的な、三島自身にしか理解できないような作られたビジョンなんですよね。彼のそういう天皇イメージをよくあらわしている『英霊の声』の中に、白馬にまたがった大元帥陛下のイメージが出てきますね。出てきますけれども、そのイメージというのは、どうも具体的な、パーソナルな天皇というもんじゃないんですね。たとえばワグナーの楽劇かなんかの中に出てきそうな、超越的で、芸術的なそういうビジョンなんですよ。高度に三島的なフィクションから生まれた天皇イメージで、かつての尊皇攘夷でもいいし、あるいは二・二六青年将校でもいいけれど、かれらにとっては天皇というのはもっと生々しい存在の実感というものを伴った天皇だったと思うんです。三島の天皇イメージには、どこか血の気がない、青ざめてる、しかしそのかわり非常にラジカルなんですね。

編集部　日本浪曼派といわれる人々のあれと重なる……。

橋川　結局はそれを母体にしていて、そのうえに西欧の芸術的な手法といいますか、たとえばワグナーでもいいけれど、ほとんど人間というものから切り離された無気味な芸術的方法ですね、そういうものとの混血からでき上がった天皇イメージじゃないかと思ったりする。

津久井　そういうい言ったような三島さんの天皇イメージというものは、それは天皇主義者という者はたいがいそうだと思いますよ。それはそれだけじゃなくて、現実の天皇個人に対する尊敬とか敬重の念もあるが、要するに二つの要素が共存すると共にまた反発し合っているのです。現実の天皇と共に、あるいは現実の天皇の外に、理想化された天皇像がある。この二つがおうおうにして矛盾し対立する。しかし、根底にその矛盾があるから、行動が、皆、たとえば二・二六事件でもなんでも、現実の天皇とイメージに描いた天皇というものとが乖離しちゃって、そこで自分もとまどってしまう結果になる。そういうところに非常にああいう事件の悲劇性があるわけであってね……。

編集部　井上日召なんかは、天皇をどう考えていたんでしょうか。

津久井　あの人に特別の国体観があったとも思いませんが。

橋川　日本の伝統ということはいっても、天皇のことは直接あまりいわない。

津久井　一種の井上流の哲学があって、宇宙一体というようなことをよくいいましたね……。

一般に、「大御心」というようなことをいっても、具体的には結局自分がこれが大御心だと判断するほかにない。その判断は、いま言ったような、一種の自分のつくったイメージからくるもので、いつでも最高の理想とか規範とかいうようなものが天皇に結びつけられていくわけですね。それだから、「天皇崇拝」という場合は、必ずしも天皇そのものを――いまの天皇とか、生身の天皇を崇拝するという意味でなくて、天皇というものに象徴される最高の理想、規範というものを考えるわけですよね。それで、天皇でもやっぱりその理想に従わなきゃならんというようなものがあるわけなんだな。そういう意味でいえば、必ずしも天皇絶対というわけでもない。

そこで、昭和の維新運動とか、尊皇運動というものははなはだ矛盾したようだが、だいたいにおいて現天皇のお考えと齟齬するようなことをやってきたんじゃないかという問題が出てくるんですね。

ということは、今の天皇〔昭和天皇〕はとくにそうだけれども、やっぱりイギリスふうな、あるいは近代的な国家における君主、つまり立憲君主、それをだいたい理想にしてきておるんですね。明治憲法は天皇の規定で、あるいは天皇主体とも天皇機関とも受取れるふしがあるが、実際政治の上ではやはり政府の決定には従うということは、もう不文律になっておる。特に今の天皇になっては、天皇機関説でけっこうだ、それがいいんだというお考えなんです。しかるに尊皇忠君の士はそれとまるっきり違ったことを考えて、そのために身命を投げ出すっていうんだから、これは実に矛盾、悲劇といえば悲劇なわけなんです。そういう悲劇がみんな出てきているわけですよ、二・二六事件なんかでもですね。そこで、はなはだしいのは、磯部浅一（元大尉）なんかに至っては、もう天皇を怨みのろっているんですよね。

橋川　激しいですね。

津久井　ええ。そういう信念を一種の宗教的な世界だけで奉持している分にはいいけれども、その思想をただちに政治の世界にストレートにもちこんできたら、これはおさまりがつかんことになる。

編集部　そういう点を国家の性格からいうと……。

橋川　一般論としていうと、いわゆる君主制国家というものの成り立ちとか、その歴史とか、それから近代君主制国家の存在理由というか、存在根拠、それからいわゆる革命なら革命を経過しているかいないかというような問題も関連してくるし――。

ただ日本の場合の近代君主制は明治憲法をたてまえとしている。そしてその解釈も、元老西園寺が盛んに強調したようにイギリス流の立憲君主制の運営方針に従うということで現在の天皇は教育されたわけでしょう。むしろ厳密にそれを守ったといっていいぐらいですよね。

ところが、そもそも明治憲法自身が相入れない二つの要求というか論理を含んでいて、一方は万世一系の天皇、これを通すでしょう。万世一系というのは、これは法律用語でもなんでもないわけです。事実の指摘なのか、それともこうあるべきだということの指摘なのか、それもあいまいでしょう。それが一つある。つまり一面非常に神秘的な要素、そのうえに成り立っている。ところが他面では、まさに近代的な立憲国家の運営方式、憲法政治の運営方式を決めている。

だから、いわば二つの魂みたいなものが明治憲法の中にそもそも内在しているんじゃないかということになる。それが明治時代みたいに広い意味で政治環境が安定していた場合には、その矛盾が暴露しないですんだけれども、政治的な危機にぶつかってくると、やはり近代的君主制国家の運営ということに日本国民、日本国家は慣れていなかったんじゃないか、それで運営していこうとするなら、つまり西園寺、あるいは美濃部的な機関説的な方向——その意味は、つまり軍国主義をのさばらせないで、国際問題、——満蒙問題でもなんでも、交渉と妥協によって解決していこうとする。そういうことが可能だったら、明治憲法体制はまだそのまま継続していたんだけれど、それがどうも可能じゃないとなると、明治憲法の中にもう一つ含まれていた神秘的というのか、悪くいえば神がかり的要素、これを突破口として難局を打開するより手がない、という発想がぐうっと出てきた。

だから立憲政治のたてまえからいえば、テロというものは、個別的事件は別として、政治上の影響を与えうる行動としては、これは考えられないわけですね。つまり討論と多数決による解決という形で問題が考えられるかぎり。ところが偶発事件にすぎないはずのものが、いつか政治の前面におどり出てくる。それでさっき言ったように、一九二〇~三〇年代にかけて頻々とテロ事件が起こってくる。明治憲法が従来のやり方じゃダメになったことの証拠だと思うんですよ、テロというのが政治的意味をもつようになってきたということは。そうすると、無限のテロでいくよりしかたがない。

編集部　二つの魂かかえていたのが、一つの魂がおどり出てきた。

橋川　還元されるというか、祖先がえりみたいになっちゃった。

テロというものを、テロの実行者はどの程度有効だと思っていたんでしょうね。

津久井　二・二六事件の人にしても、この機会に真崎〔甚三郎〕なら真崎が出てきて、自分たちの維新をやってくれると、そういうことを信じておったから、あれだけ三日も四日もがんばったわけでもありますしね。結局は大権に対して不謹慎だということをいわれたんで、もうその「大権」の一語で参っちまったわけだけれども、そこをもっと徹底すれば、一時逆賊といわれようと、大権無視といわれようと、「おれたちはあくまでやるんだ」というんで、あそこをがんばりきれば、また違った状況が出てきたわけでしょう。

橋川　今度勁草書房から出ましたけど、アメリカのウィルソンという若い助教授が北一輝の伝記を書いたわけです。北一輝というのははじめ社会主義で、のちに超国家主義、ファシズムに変わったという説があるが、これは全然違う、一貫しているというのが一つと、それからもう一つは、二・二六事件のときの段階では、北一輝の思想と青年将校の思想との間には大きなギャップがある。青年将校の側は北一輝の思想を正しく解釈できなかったということを言い切っていますね。

津久井　青年将校と北さんとの間は、年齢的にも、そのほかのいろんな点でも、うんと隔たりがあって、青年将校というのは北さんにはあんまり接触がないんですよ。西田税がもっぱらそのお相手なんですよね。磯部などはいちばん北さんに傾倒しておったほうですが、北さんの思想に反対のものもおったわけです。

それからあのころは、北さんの書いた『国体論』はむろんのこと、『改造法案』なんかでも、北さんはあんまり持ち出されることを喜んでいなかったんでしょう。それで、「あのころは考えも未熟だったから」というようなことをいって、お茶をにごしているようです。

それだから、最後のころに北さんがいったいどういうふうな考えをもち、思想をもっておったかということは、青年将校もわからんし、ぼくらもよくわからないといってもいいわけですよね。また一方では、「ぼくの考えなんか、真崎やなんかによって実行されるようなものじゃない」というようなことも二・二六後の取調べに臨んで言ってるから、そういうところの認識ははっきりしているところもあるんですよね。非常に聡明な人であるが、その聡明な人が、法華経というようなものに熱心になっちゃったもんだから、そこに神がかり的な言動をするようになったわけですけれども、さあその法華経的な信仰も北の場合は相当に複雑な内容のものじゃないですか。

現代の精神的飢餓感

編集部　最後に、テロリズムについて、現代の学生運動の人々の考えとか、あるいは実際行動上、いろいろ現われている事柄をどのようにお考えか、伺いたいと思うんですが……。

橋川　ぼくはそういうテロ集団みたいなやつとあんまりつきあいがないんでね——。ただどうでしょうね、ゲバルトということがいわれて、最近ではテロにエスカレートしちゃっているが、ゲバルトのあの段階でもう相当考えが違うなあという感じがしたのは、暴力とかテロというのは、もう論理的とか、あるいは倫理的な意味合いのものとしてとらえるという傾向を抜けちゃってるんじゃないか。

簡単にいえば、ゲバルトというのは悪いとかなんかいう前に、極端にいうと、一種の瞬間的なカタルシスというか、自己解放を味わっているというふうなんですね——。だから「〝陰惨だ〟とかなんとかよく皆さんおっしゃるけども、そんなものじゃないですよ」という、こういう言い方を方々でぼくは聞いたことがあるんです。「へーえ、じゃ、自分がやられたらどうするんだ?」というと、「いやあ、それはやられるのはあたりまえです、やるのもあって、やられるほうもあって当り前ですよ」ってしごく明るいんです。それが数年前ですよ。そのときにすでに、「へーえ、若いやつらは違うなあ」と思ったけども、しかし最近のテロは、やっぱり陰惨さがつよくなったんじゃないかなあ。

編集部　かつての血盟団の人々は、絶対その目標の人物以外傷つけたりしてはならない、というふうなことがあったそうですね。

橋川　だから、いわば古典的テロリズムには、一定のルール——もっと重くいうと倫理感覚でしょうか、それはあったことは確かでしょうね。これはヨーロッパでも、例のロシアのテロリストたちは非常に過剰なまでの倫理感があった。関係のないやつには被害を及ぼさないという、それが徹底したという、そういう伝統はあったと思うんだけども、いまのテロはちょっとわからんなあ。どうでしょう。

津久井　共産党なんかはしきりに、自民党だの警視庁が泳がせているんだなんていっているようですがね。確かに泳がせている面もないとはいえないでしょうね。それはもういつの時代でも権力者というか当局者というものは、そういうことをやるものですから。事がなければ、警察なんて事を自分でもつくっちゃう場合さえあるんだから(笑)。それから、あそこへ加わる連中は、いま言ったような格別悲壮な考えもないし、陰惨な考えもなくて帰りにはパチンコでもやっているやつが多いとかといいますよね。

だからそういう点で、軽くみればいくらでも軽くみられるが、重くみると、これなかなか重い問題でね。あれなんかやっぱり警察をねらっているなんていうことも、なかなか的を射たことでね。ああいうことがつづくと、うちの近所へは警察だの駐在所はもうごめんだということに今になってきますよ。そうなってくれば、これはもうますます革命でもやろうというには、条件はよくなっていくわけですからね。あれは非常に偉大な指導家でもあれば、ある程度ものになるかもしらんが、ただそういう者がいなさそうだから、まあそれはこれ以上どうということはあるいはないかもしれませんが。

しかし、いま日本が各方面ともガタガタですからね。政府をはじめ、それから野党——共産党なんかでもね。だから、ガタガタで、なんということもなしにくずれていっちゃうようなことになるおそれがないとはいえない。そういう中で、ああいうものがどういう働きなり位相なりを占めるものかという気もするんですがね。右のほうのいまの民族派学生なんていうものも、また何かやりだすでしょうね、必然にどうしても。左右というものは必ず相伴的なもので、片一方が盛んになれば、片一方も必ず台頭してくるものでね。

最近の中共に対する日本の各方面の反応のしかたなんかでも、ずいぶんおかしなものがあるように思うんで、右翼のほうでは非常に危急存亡のときだと思っているわけだが、いまこの中共問題の発展のしかたで、皆ある程度とまどっちゃっているような形でもある。それから、いまのジャーナリズムとかマスコミなんかでも、バランスがとれていないような感じもあるように思っている。……戦争中なんかもうほんとに右翼的な物書きばかりはびこっちゃって、大日本言論報国会なんてものも、まったくひどいもので、そんな時代にやっぱりえらい目にあっていた人たちがたくさんおるわけで、それが戦後逆になったけれども、これもあんまり調子に乗るとやっぱり再反動がくるでしょう。あの昭和初期のああいういろんな思いもかけないようなテロ事件が起きてきたというのも、そのころは彼らがその時代において非常に圧迫されているという感じからくるわけなんですよ。また実際不遇だったたんだからね。血盟団の諸君にしても、日本国民党というところに籍を一時おいたけど、その国民党なんかも事務所ももてなくて、ぼくのうちへ看板持ってきたりしたこともあったほどで、みんながほんとうに食うや食わずの生活をしていたのです。私の神田美土代町の住居などは三つも四つも看板がならび、いろいろな人が集ってきて、梁山泊といえば威勢がいいが、その実、その日の米にも困る生活でした。

そういう生活環境がやっぱり人間の行動には大きく影響しますよ。人間というものはやっぱりそういうなにか自分は必要以上に不遇な境地におかれているんだ、現社会は矛盾と不公平に充ちているという感じを持つ場合、それが強く人間の行動を反発にかりたてるからね。

編集部　いまの学生運動の人たちは、生活的に食うや食わずというようなことはないわけでしょうし、世の中全体がどうも豊かといわれていますけど……。

橋川　それはそうなんですけど、人間的な飢餓感というやつはやっぱり非常に強いですよ。お金のほうは、それこそいまの学生はお金たくさん持っているのがいる、先生よりも持っている（笑）という説があるくらい。とにかく「おごる」というとおかしな顔しますね。先生が学生をおごろうとすると、「無理しなさんな」という調子です。彼らはポカッとアルバイトかなんかでかせぐ。ただしすぐ使ってしまいますがね。とにかくそれほど肉体的な飢餓感はないわけです。しかし精神的な飢餓感、これは非常にある。

だから、たとえば団交なんかで、教授をつるし上げるという場合、ただの型どおりのやり方でやっているというのではなく、心の底では、かれのその飢餓感、欠乏感に全然知らん顔して、あたかも権威あるものの如くに講義をしているように見える、それが非常にこたえるわけなんです。極端になると、自分たちを人間として扱っていないというラジカルな欠乏感になる。

これは数年前の日大闘争に始る全共闘の初期の時は、非常に強かったわけです。基本的にはいまもそれがあると思うんだけれども、いまはやはりどこか様子が違っている、というのは、いい意味か悪い意味か、そういう全共闘の組織化が発展したわけですね。発展したというのは、要するにセクト化したということ、したがってかつての飢餓感を素朴にぶつけたというよりも、いまはセクトのロジックというほうに重点が移ったように見える。そういう感じがするんだな。だからゲバルトだってやっぱりここ数年間意味が変わってきたともいえる。

しかし人間として無視されているという気持ちは、これはやはり強いですよ。だからすぐ彼らがいうのは「世界革命だ」ということ——まるで気軽に「世界革命」ということをいいますね。そのときには何を意味しているかというと、アメリカならアメリカの黒人なら黒人問題、それと自分たちは同じ存在の位相にあるという意識をもっているんですね。そういう側面は非常に強い。だから、なにも全共闘でなくったって、それこそ高度に成長した経済社会で、けっこう恰好よく暮しているじゃないかと思われるような有名人でも、非常な疎外感をいだいているということは、これは否定できない。

だから、全共闘とか、あるいは学生があんなにあばれておる。それに対して、無責任であれなんであれ、共感をもつという階層はやはり現にある。それは、さっきおっしゃったように、政治がガタガタしていて、何がどうなるかわからないという、そういう不安感、そういうものが日本の社会の底辺にうずまいていて、しかもその底が上昇しつつあるということは、否定できないと思う。

だからそれは学生だけの問題じゃないんですよ。いまテロ事件は無数に起こっています。それこそ夫婦ゲンカでどっちかが殺しちゃったとかなんとかということを含めて——。それから、ただの酔っぱらいのケンカで人を殺したというような場合だって、全共闘のそれと無関係じゃないわけです。だから、学生学生っていうよりも、全体としてそういうムードがいまあるんじゃないか。あの永山少年とか、ライフル魔とか、金嬉老とか、ああいうものを含めて、膨大な欲求不満が蓄積されているということはいえるんじゃないですか。

（一九七二年三月）

津久井龍雄（つくい・たつお）　一九〇一—八九　政治評論家　著書『日本国家主義運動史論』ほか

松陰思想の論理と倫理

松本三之介
橋川文三

松陰像へのアプローチ

松本　私は現代の松陰像については、具体的によく知らないんですけれども、たとえば三島〔由紀夫〕によって受けとめられた松陰あたりが、最近の典型的な例かと思うんですが……。

松陰というのは、日本の歴史上の人物の中で、非常に好かれるというか、日本人の泣き所を持っている人物だと思うんです。最近、松陰の名前がいろいろと出てくるのは、思想というよりは、松陰の持っている人間性なり、パーソナリティが、好ましい人間像としての、最大公約数みたいなものを備えているからじゃないかと思うんです。

つまり、松陰には人間の善意を、どんな状況下でもとことん信ずるような側面を持っていますね。その点が私にはどうも気になるのです。私はむしろ政治を殊更、心情倫理と切離して考えることを強調したいのです。そういう点からすると、松陰的な人間像というのは、どうも政治的実践者としては、以って範とするに足る人間だとは思えませんが、政治をたえず倫理的な視点から把える傾向の強い日本では、常に誠意というものを信じ、どんな状況下でも「かくすれば、かくなるものと知りながらやむにやまれぬ大和魂」という形で、その信ずるところに従って自己の実践の形態を選択していく人物は、非常に主体性のある人間だということになっているんだと思うんです。

徳富蘇峰は明治二十六年に『吉田松陰』という書物を書いてますね。その中で蘇峰は、松陰を「維新革命における一箇の革命的急先鋒」とか「革命家」とかいう把え方をしていますが、確かに松陰は日本の革命家の一つのパターンではあろうと思います。そこにはパトス的な人間が革命家であるという通念があると思うんですが、そういう革命家像の原型をなしている面がある。そこに松陰の永遠の魅力みたいなものがあるように思うんです。

橋川　大まかに言って、明治初期の松陰像は蘇峰を含めてまさに革命家松陰ですね。ところが明治国家が安定期に入ると、革命の要素は後退し、いわゆる勤皇史観に基づく維新精神の化身ということになり、あるいは純粋な誠意によって人を動かした殉国の教育者という形になって、いずれも国家体制の中に安全に吸収されてしまう。そして最後には単なる誠心誠意の人物という無内容な模範として教科書に封じこめられる。

つまり松陰像というものは、革命という本質が空虚になるにしたがって、もはや復原が不可能なほどに曖昧化してしまったのではないか。もとはかなりハッキリしていたものが、今になっては原松陰像というものを掘り出すことには、かなりな困難がともなうほどになっているんじゃないか。だからわれわれが具体的に松陰像をつくり上げようとする時にも、いろんな点で行詰ったり、矛盾したりすることになるんだと思うんです。

松本　人間そのものとしては、松陰はたえず思い起こされるような契機を持っていますけれど、松陰という人間に付着した思想ということになると、一言では整理しきれない複雑なものがある。つまり、松陰の思想というのは、その生涯をとってみても時期的に推移ないしは転換を経ているように思いますし、思想内容から言っても、多くの矛盾を含んだ思想家だと思います。『講孟余話』の評価にしても、結論的にいえば、明治以降の天皇制国家の重要なイデオロギー的支柱になるような側面と、諫争諫死の精神などに表われているような主体的実践者の自立精神、つまり伝統的な思想状況の中から、近代的個人の主体的精神に代りうるものとして注目される側面と、両方の面を指摘できると思います。

橋川　まとまった思想的著作としては結局『講孟余話』ということになりますかね。

松本　そうですね。一応主著としては、『講孟余話』『武教全書講録』あたりですか。とりわけ思想的なものとしては、『講孟余話』でしょうね。

橋川　松陰の生涯は短かいですが、二十歳頃から思想と情操の屈折が非常に激しいし、行動もまたそれにあわせて激しく揺いでいる。『講孟余話』は彼の思想がある程度成熟したはずの段階で語られていますが、その『講孟余話』の中に、それ以前に彼が歩んだ実にさまざまな矛盾がそのまま反映しているようなところがあって、そこが大変面白いと思います。

パトスの世界への傾斜

松本　主体性が問題になるのは、当然、所与の現実に対して人間が働きかける、つまり実践ということと関連して出てくると思うんです。そうした場合、理論というのは一つの行動に方向を与える機能を果すかもしれないが、行動力というのか、そのエネルギー源となるのは、非合理的なパトスとか情念とかいうものだと思うんです。つまり主体的な実践というのは、現実の壁に立ち向うだけの強靱な精神すなわちパトスと、他方ではそうしたエネルギーに方向づけを与える理論なり、的確な状況認識に基礎づけられた有効な技術なりが必要だと思うんです。だから一種のパトスと同時に、ロゴスというか、情念と同時に一種の技術が必要だと思うんですけれども、日本では、主体性とか実践とかが問題になると、そのうちのどちらかの側に引き寄せられて語られてしまうと思うんです。

松陰の場合には、パトスの持主として取上げられていると思うんですが、松陰も歴史的に見れば佐久間象山の弟子でもある。初期においては、西洋の兵学を評価する場合にも、それは実験によって裏づけられた学問であるという、実証的な、現実に対する有効性という視点があって、前に言った技術論的なものの持つ意味をちゃんと押えている人物です。時期的にたどっていくと、それがだんだんパトスによってのみ込まれてしまって、最後には、状況の中で有効な行動を選択しようというような発想は、濡れ手で粟をつかむような安易な精神だとしてこれを批判する、そういう方向にいきます。

問題は松陰の中にある技術論的なものと、情念的なものが、前期と後期で、松陰自身の中で占めるウエイトが変化していくのか、それとも一貫してそれらが組合わされてあったと見ることができるのか、ここらに松陰評価の分岐点があると思うんです。

橋川　その転機というのはどこらからですか。

松本　私は、松陰の中に二つの転機があったと思うんです。一つは安政元年、密航を企てて挫折し、投獄される時点。もう一つは安政五年ですね。つまり幕府がアメリカとの通商条約の締結に踏み切って違勅調印という決断をする時期にあたるわけですが、この二つが、彼の思想の歴史の流れの中で、ある違った色合が出てくる時期だと思うんです。

橋川　確かに安政五年あたりから、ちょっとこれはついていけないという気持にさせるような狂気めいた発言や行動が多くなってくるわけで、密航踏海の失敗前後まではちがう印象ですね。じつにパテティッシュでもあるし（例のスチーブンスンも感動しているように）若い日本の知識人的志士として、知識を求め、行動を求めるというそのバランスがみごとにとれているわけですけれども在獄中にそのバランスがどこか狂ってくるような感じがしますね。

松本　あれだけの激動の時代に、四年も五年も幽囚生活をおくるのですから、誰でも多少とも頭にくるでしょうね。非常にヒステリックな精神状態が、安政五年以降には出てきますね。

橋川　松陰は猛烈な読書人で、その意味で観念的だったともいえますが、同時に実験の精神というか、物ごとを実際に見、観察し、現実に役立てるという意識も強烈だった。それがしまいにパトス的になりきってしまうという構造が、あまりよくわからないんですけれどもね。彼は本来的にパトス的な人間だったんじゃないかという気がすることもあるんです。つまり彼は兵学者として、サイエンスの追究に少年時代から打ち込んでいるわけで、その限りでは合理的な、サイエンティフィックな思考法を身につけている。海外渡航の前提となるオランダ語の勉強なんかもそうです。そういう線がのびのびと伸びていけば、近代日本の先駆的思想家として記憶されることになったはずではないかと思うんですけれども、それがそうは簡単にはいかない。

それでいつも思うんですが、江戸へ来た頃から従来の自己の学問を疑い始めますね。俺のやってることは、すべて文字の遊びにすぎない。これでは歴史の要請になんらこたえられないという意識が強くなりますね。まさにシュトゥルム・ウント・ドランクというべきその意識が最後まで彼につきまとったんじゃなかろうか。つまり自己の実存の追求が極端に純粋化されて行ったということじゃないかと思うんです。

幕末においてはこういう姿勢そのものがパテティッシュであるわけですが、それが彼をして経学よりもむしろ歴史へと傾かせ、ひいては主体的パトスの世界へいっそう傾かせたのではないか。たとえば彼はよく旅行しますね。勉強しながら実際に物を見て歩く。しかし、どうもそれが本来の科学者としての見方じゃないわけです。庶民とか、地理、風俗を観察するにしても、物そのものに触れてはいないような姿勢があるわけです。そして彼は、それをたえず意識していたんではないだろうかという気がするんです。彼が庶民像ないし、後の有名な「草莽崛起」をイメージに浮べた時でも、彼自身はその「草莽」に触れ得ていないという、一種の抑圧された自己認識がいだかれていて、逆にそういう衝迫をつよめたので、リアルな民衆像をもっていたのではないと思うんです。

松陰におけるヒューマン・センスの問題

松本　話が変りますが、松陰が陽明学であるかどうかよく問題になるでしょう。三島の問題についてもいわれますわね。

松陰は確かに陽明学については、かなり好意的なことを言ってますね。『伝習録』や、李卓吾の『焚書』を読んだとか、大塩平八郎の『洗心洞劄記』を読んだとか、そういうものが自分の真とするところにあたっていると言っていますね。しかし私は幕末の思想の特色は、その思想形成が既成の朱子学とか陽明学とか国学とかいう学派にとらわれず、それらを横断して行なわれている点にあると思うんで、その意味で既成の学派的学問から離脱していくということは……。

橋川　松陰に限らないわけだ。

松本　そうです。松陰も嘉永の頃でしたか、学問の弊害を二つ挙げている。

一つは思わざるの弊である、つまり博覧強記の学や詩文の学ですね。もう一つは学ばざるの弊、つまり高議虚論と言ってますが、高尚な議論とか、議論のための議論をやっているような朱子学などをいうんでしょうが、こういう既成の学問についての批判に見られるように、学問を実際の社会の中に引きおろしてくるという傾向が、確かに初期の松陰にはあったと思うんです。

それから民衆とのつながりということでいうと、「草莽崛起」論の評価にかかわる問題ですが、あの草莽というのは必ずしも民衆の生活と密着した自分を対象化した言葉かというと、その点には私も疑問に思うんです。

ただ、民衆との関連でいいますと、松陰が嘉永六年ぐらいですが、南部一揆の頃なんですけれども、海防論と民政論というのは、二つながら追求していかねばならない。海防論ばかり言っているのはおかしい。夷狄といえども、現代風に言えば民衆福祉政策みたいなものを重視して、民心の把握に努力を払っているんだ、と民政の重要性を非常に強調している時期があるんですね。あれは突然変異的なのか……、松陰の思想の中でどういう位置づけになるんでしょう。

橋川　その点、松陰像一般の問題になりますが、たとえば彼が非常にヒューマンな人間だというイメージと、ヒューマンだけれども、その前提となる現実感覚の次元がかなり異常である、そういう意味で通常のヒューマンとはいえないという面があるわけです。

福祉政策に関する発言や、特に女性とか未解放部落の人たちへの自然なやさしさなどを見ると、当時の知識人としては、抜群にヒューマンな存在だというふうに思えるわけです。しかしそういうヒューマンなものが、結局は『講孟余話』の激越さや、晩年の松陰のあのラジカルな生き方に結びつかなければならないということになると、それ以前のほとんど女性的なほどにやさしい人間的なセンスの本体は一体なんだったのかが問題になるということです。

松本　確かにそれは一つの問題ですね。

橋川　松陰におけるヒューマン・センスの問題、これと『講孟余話』の中心問題である天道と国体の関係、いいかえると、忠誠論ということにもなりますが、それが裏腹になっているんじゃないか。どちらにも普通の人間的思考を超えたところがある。

つまり、山県太華の論議がヒューマンで、誰でも納得できる公明正大な議論だという面があって、それに対していえば、松陰のはむしろ固執的な狭隘さが目立って、その限りでは公正でもヒューマンでもないわけです。

太華との論争の意味するもの

松本　私が前に『講孟余話』での松陰と太華の論争を取上げたのは、結論的に言えば、伝統的な朱子学の立場を頑固に守った太華の中に、いま問題になっている言葉で言うと、日本における政治の中での一種のヒューマンな民衆へのアプローチといったものが逆に出てきているのではないかということを、「天下」という概念の把え方の違いを通して考えてみようということだったんです。

それは、「天下は天下の天下である」という太華の考え方と、「天下は一人の天下である」という松陰の考え方の対立の上で形づくられている論争です。この二つの命題の意味するものは、「天下」を統治する君主の正統性の問題、別の言い方をすれば、君主に対する臣下の忠誠義務の問題をめぐる見解の対立を表現したものだと思うんです。

山県太華によれば、「君臣義あり」といわれる君臣関係というものは、けっして家臣の主君に対する無条件的な忠誠の関係ではなくして、家臣の忠誠義務は同時に君主が君道、または君主としての職を、いかに実行するかということによって条件づけられている、いわば双務的な関係であるという考え方です。

そこで君道という考え方、君主たる職分という考え方が出てきているわけですが……。君主たる職分なり、君道というのは、一口でいえば王道になるわけですけれども、民衆をして生に安んぜしめるという政治の実績をあげるかどうかということ、今日の政治学の言葉でいえば結果責任をたえず君主は負わなければいけない。そして天変地異があって、民衆が塗炭の苦しみに陥いるというようなことも、君主の徳が失なわれて、天命が離れた証拠だという考え方になるわけです。

だから天という観念は、徳川時代の儒教の観念からすると、往々にしてきわめて抽象的、普遍的な観念と考えられがちなんだけれども、実はこの天というのはきわめて活々《いきいき》とした観念で、たとえば一人一人の民衆が安んじて生活を行なっているかどうか、怨嗟の声が天下に満々《みちみち》ているというような、そんな状態になっていないかどうか、ということによって、天の意志というものがはかられるという面があるわけです。だから「天は心なし、民心を心とす」とか「天は言わず、行と事とをもってこれを示すのみ」とかいういい方が出てくるんです。

つまり、天という抽象的な観念は、抽象的であるがゆえに、逆に具体的な歴史的状況の中で、民衆はどういう生活をおくっているか、人心の向背いかんということによって表現されているという逆説があると思うんです。そこで、君主が支配している天下というものは、天下の民心の動向によって、じつは君主たる地位は保たるべきか、それとも奪われるのが正当であるかという基準が生まれてくるという考え方ですね。

そこに非常に政治を実績や結果によってとらえ、生々しい民衆の生活感覚を政治の中に取込んでいくロジックが用意されていると思うんです。

橋川　儒教そのものとはいえないでしょうが、それは現代でも生きている政治論だと思います。天もかつては人格神的な存在だったかもしれませんけれども、それが原始的な礼拝対象ではなく、現実の政治を動かす原理としてとらえ直されていく、その発展が中国政治思想のある骨組になっている。これはたいへんみごとな展開だと思うんですよ。そしてついには天の意志（天命）は民衆の中にあらわれるという民本的な政治批判の原理として構成されるようになってくるという段階をとっている。ところが日本の場合は、そういう段階を通ることがなかった。自然崇拝と祖先崇拝とが未分離のままで来たようなところがある。普遍的な「天」の理念があげ底になっている。そういう間隙をついて噴出してきたようなのが国学であり、松陰の思想である……これは少し無責任な感想ですがね。

絶対化された君臣関係と諫死の精神

松本　松陰のほうは、「天下は天下の天下にあらず、一人の天下なり」ということですね。いま説明したような太華の君臣関係は、家臣の忠誠義務というものは、君主が君道を行なうかどうかということによって、条件づけられるような双務的なものだということですね。これに対して松陰の場合には、一人の天下だということは、君臣関係というものは永遠的、無条件的なものであるということです。松陰は、「凡そ君と父とは其義一なり」と言って、君臣関係というものは親子の関係と同じように絶対的なものだと考えるわけです。確かに儒教でいう君臣関係は双務的な性格を持っている。そういうものが、あらゆる時あらゆる場所でのすべての君臣関係について普遍的に妥当すると儒教は説いているけれども、松陰は、それは間違いだと考えるわけです。

つまり「君臣義あり」という命題は普遍的――それを松陰は「同」というカテゴリーで説明する――ですが、その内実は時代や国や地域によってそれぞれ独特なあり方を示す。松陰はこれを「独」というカテゴリーで説明するのですね。

そして中国では、双務的な君臣関係を特色としているけれども、日本においては全く質を異にした独自の君臣観念がある、それは君主の地位は無条件的なものであるということですね。したがって、松陰にいわせれば家臣の忠誠観念の真髄はどこにあるかと言うと、賢明な君主に仕えることは誰にでもできるのであって、むしろ暗愚なる君主にいかに忠誠を尽くすかということの中に、真の忠誠というものがあるんだ。

これはちょうど頑固なおやじに孝養を尽くすことの中に、ほんとうの孝行があるのと同じだと言っている。そこから松陰の諫争とか諫死という、自分の正しいと信ずることは、あくまでも主君に訴える。最後には、死をもってしても訴えるという極限的な行動が出てくるんだと思うんです。それは、既存の権威に向って、自己の信ずるところを貫徹するという、きわめて主体的な精神にかかわるものだという評価が出てくるわけですね。だけどいまのような君臣観念からいいますと、そういう諫死という極限的な実践を彼が主張するということは、逆にいうと、君臣関係との絶対性というものがあるからこそ、最後は死をもって諫めるという行動が、極限形態として出てくるわけなんですね。

だから、一見主体的なこの諫死諫争の精神は、君臣関係を絶対化するという点とセットになって出てくるわけなんで、諫争の精神の方だけを取り出してきて、主体的な精神に代替するものとして評価することができるのかという疑問を持つわけなんです。

橋川　そこが一番むずかしいんですね。「死」を回避しないほどの主体性が、没我的な絶対的服従から出てくるという関係ですね。

その前に話がかわりますが、道を同とし、国体を独というのは、非常にうまいカテゴリーだと思うんですが、あれは中国にあったものでしょうか、どうもそんな感じがするんですけれども。

松本　言葉使いからいうと、松陰があそこで考え出したものでなくて、もともとあるような感じですね。

橋川　非常にみごとに思想史上のある普遍的な問題を表現していると思うんですよ。「道は天下公共の道にしていわゆる同なり」、それから「国体は一国の体にして、いわゆる独なり」というとらえ方は、かなり大きな問題を包括しうるんじゃないかと思います。

勝手な感想をいわせてもらいますと、「道は天下公共の道にして、いわゆる同なり」、これは実にいい言葉だと思うんです。こういう思想がなければ、ベトナム戦争を否定することもできないと思うし、公害だって否定できませんよ。ストックホルム会議に「大同」というグループが行ったでしょう。あれは明らかに中国の大同思想を踏まえた名前ですね。そういう大きなひろがりを持つのが、同という思想だと思うんです。ところが、そんなふうに感じる私自身の中に、反面では「国体は一国の体にしていわゆる独なり」という独という発想に強くひかれる面がある。同が堕落すれば、形をかえた単なる画一的同調主義ですからね。

松陰思想の二面性

橋川　独というのは、まさに実存的な投企ともいうべき要素を含んでいるわけなんです。そしてそれにも非常な魅力を感じるんです。まあこれは勝手な読み込みかも知れませんが、太華との論争を見ていると、松陰自身は同を知っている。それにもかかわらず独を強調している。その証拠に孟子なら孟子の思想や論理はすべて援用するわけです。それで好ましい主君に仕えるために放浪したのがけしからんということだけなんです、文句をつけているのは。

それぱかりじゃなくて、現実の政治については、同の論理を認めているわけで、将軍家の場合は王道主義の論理で倒してよろしい、放伐してよろしいという。ただ天皇との君臣関係は違うんだという。天皇が出てくると、中国風の政治的リアリズム、王道思想や同の論理は意味がない、ここは独だというふうになっているんです。

まさにパトスの面においては独なんですよ。ロゴスの面においては『講孟余話』でも同を認めているように見えるんです。全体としては独のほうを強調する傾向が強いんですが、中国の政治哲学をふまえていることは確かなんですね。

松本 なるほど、パトスの面では独で、ロゴスの面では同だというのは面白い見方ですね。私はもっと抽象的な読み方をして、同というのは唯名論（ノミナリスムス）で、独というのは実在論（レアリスムス）、それが普遍と個別との観念を松陰においては形づくっていると考えたのですが……。

橋川 個別への傾斜が非常に強いことは確かですよ。ただどうしても儒教古典の教養にもとづく観念とか論理展開とかが軸になっているように見える。独を強調する場合の、彼の知識的な裏づけとか展開は、あまりないわけです。日本の国学の引用さえないし、水戸学だって引用されていない。むしろ彼の個性的選択として独は強調されているという感じがして……。そしてそういう場合に語気が激しくなるんです。そういうところを強調するときに、特に目立って激越で挑発的な口調で太華を非難するわけです。「もったいなくはないか」というような、脅すような言葉使いに変わってくるわけです。

松本　私は松陰の歴史意識ですか、そういうようなものに引き寄せて理解していたんですよ。つまり従来、「君臣義あり」といった場合に、普遍的であるというのは、たとえば天下に君たるものに対しても、一国に君たるものに対しても、一郡一村に長たるものに対しても、あらゆる君臣主従関係に一律に、一義的に妥当するところの原理であるという考え方ですね。

橋川　支配者と被支配者……。

松本　上と下の関係に妥当するものであるという考え方ですね。したがって、天下に君たるものと、一国に君たるものとの違いは、ただそれに従うものの量的な違い、あるいはその権威が妥当する地域的な広さの違いであるにすぎない。君臣義という、義というものを中心に、ただ同心円みたいに広がっているだけで、そこの違いは量的な違いであるにすぎないわけです。

　松陰は独といった場合に、中国と日本という、ただ地域の違いではなくて、そこに質の違いがあり、同じ日本の中でも、いまおっしゃったように、幕府と藩主との間、幕府と陪臣との間の君臣関係と、藩主と藩士との君臣関係とは質的に違うんだ。あるいは日本全体にしても、天皇に対する忠誠関係というのと、幕府に対する忠誠関係は質的に違う。それぞれ一国、一村、一郡みんな違うんだという考え方をとっているわけですね。そこに、君臣関係というものは、時と所によって質的な違いが出てきているんだ。異質なものを統括するものとして、道の観念でとらえられた義という観念があるんだと理解している。松陰が「道は総名なり」、つまり総括する名前だと言っているのは、そのことだと思います。

橋川　そうすると、松陰の独の思想を「進歩的」な意味合いでとらえていることになりますね。

松本　歴史的な感覚が出てきているという点においては進歩といってていいのかも知れないですね。個別という関係ができている点では、近代に近づいてきているのかもしれません。

橋川　中国は中国、日本は日本だという、歴史性、相対性の発見と強調だけなら問題ないんですけれども、これは国学の場合もそうだと思うんですけれども、どうもしまいには、日本こそ「世界万国の総本国」という、ああいうふうになりかねないのでね……。

松本　それが、中国は中国、日本は日本、それぞれそれでいいんだということではなくて、質的な違いが価値的な序列を形づくってくるでしょう。これも国学みたいなものと重なり合う部分だと思いますけれど。日本における独特の君臣関係、国体という観念は、同じ君臣の義という道の観念の中でも、もっともすぐれたものであるというふうにですね。そしてそれを過去から伝統として受継いできているものが、日本の特殊性であり、優越性なのだという考え方をとるわけですね。だから、それぞれそれは価値を持っているという考え方ではなくて、中国的な君臣関係というのは、日本的な君臣関係からすると、より次元の低いものだ。これは「半季渡りの奴婢」すなわち年季奉公する奉公人みたいな君臣関係だという考え方をとっているわけです。

これは明らかに価値的には年季奉公的契約というものは低いものだという考え方があるわけです。それを歴史的な、相対的なものとしてとらえる、そういう歴史主義ではなくて、明らかにある価値の序列というものを置いているから、ドグマティズムになる側面があるんだと思いますけれども……。

橋川　杉浦明平さんがどうしても許せないのは松陰のそういう点ですね。中国では人民がまずあって、天の意志を反映している。そこで君主がある。ところが日本ではそうでない。つまり天皇があってはじめて人民があるんだという言葉があるわけですね。これには明平さんはヘドが出るというわけです。

ところが、『講孟余話』だけをとっても、そういうふうに解釈するものじゃないといって、私が持ち出そうとした論理は、松陰には普遍と特殊がある。しかしその特殊の中にももちろん普遍の論理は有効に生きている。そして特殊というものを強調する松陰の中には、非常に緊張した、いわば決断主義的な姿勢があって、そこからそういう発言になっているんだ。これを後世の天皇絶対という考え方と同じに見られては困るというふうに弁明しようとしたんだけれども、明平さんは頑として認めない。（笑）

松陰における国体観念

松本　そういう意味での普遍と特殊については、私はむしろ太華の「天」の観念をめぐって感じましたね。天とか天下という普遍的な概念を前提としながら、何が天下であるか、何が天であるかとなると、きわめて個別的な歴史的、経験的な世界での具体的事象から内容を持ってくる。むしろその点に、私は普遍と特殊のダイナミックなからみ合いを感じたわけです。

天の観念をめぐる普遍と個別とのからみ合いというのは、徳川時代の儒教には常にあったものではなくて、むしろ幕末になって前面に出てきたように思います。それ以前の儒教の思想では、むしろ天というようなものは、民衆の生活感覚によって内容をうずめられるような、そういう性格のものではなくて、天というのは天理であるという規範的な観念としてとらえられているわけです。

そして天理の内容は何かといえば、身分道徳ですね。つまり身分的な秩序が天の名によってオーソライズされるという、全く保守的な性格を持っていたわけですけれども、幕末になると天というものは民衆が具体的に安んじて日常生活を享受しているかどうか、あるいは民心がどちらを向いているかということが天の意志や心の表象と考えられる。水戸学でもそういう考え方をとってきているわけです。幕末の動乱的状況が思想にさまざまな変革を強いるわけなのでしょうが、その場合松陰のような新しい急進的な思想形態の中からよりは、むしろ主観的には伝統的思想を忠実に遵奉している太華みたいな人の思想の中に、かえってより近代に接近した思考方法が生れている点に、伝統の読みかえのおもしろさというものを感じたわけです。

橋川　確かに幕末になって、儒教の天の理念そのものが明治以降の状況にも適応できる公議公論という原理に読みかえられていった。そういう変化の形式もあったし、もう一方は逆に伝統儒教への幻滅から猛烈なストレスにおちいり、大橋訥庵みたいに不毛な憤怒の塊りになるだけというのもある。つまり、伝統的な思想というのは、幕末にさまざまな形で変容し、他の要素とも結びついて複雑な反応を起こすということになっていきますが、ジャンセンも指摘しているように訥庵とか、塩谷宕陰のように、適応しきれないという例もあるわけです。

太華などは、確かに思想家としても明治以降生きのびてもうまく乗り切っていったでしょう。松陰もなんらかの意味で、古い思想からの変化や変容のある典型だということは確かなんですが、彼の場合にどこから国体の独というあの強い強調が出てきたのか、もう一つはっきりしないんですが。

松本　だから、松陰の場合は枠組自体を取りかえてしまって、新しい枠組を持ってきた。太華の場合には、既存の枠組というものを頑固に維持しておきながら、状況に対応して読みかえるというか、状況の中で適応させていく、そういうやり方をしているわけだけれども、松陰の場合には国体観念という全く新しい観念を持ってきている。

橋川　どこからきたんでしょうかね。水戸学や国学との接触は確かにあったわけですが、どう読みとってそうなったのか。『講孟余話』になると、いきなり日本の神道者流の言葉が次々と出てくるわけですね。

考えられるのは、国学的なもの、ないしは彼独自に読んだ日本の古典の影響ですね。黙霖をとおして山県大弐の影響があるんじゃないかというのは、市井三郎さんの考えですね。そんなことを入れても、なおかつ『講孟余話』というのは独特な二重写しに見えます。ところで黙霖との出会いはどういう意味をもちますか。

松本　いまの『講孟余話』の独というか、国体という観念は、おそらく安政元年以降、日本の歴史を憑かれたように読み出しますね。それからきていると思います。だけど、例の黙霖との論争で、自分がいままで天朝を憂えたのは、夷狄に憤を発してのことであった。それは本来間違っていた、といいますね。だから、ああいう攘夷と尊皇との関係は、彼によれば尊皇こそが本《もと》であって、攘夷というのは末なんだ。だから、攘夷のために尊皇を考えることは本末転倒だ。つまり、尊皇はそれ自身が自己目的的なものだという考え方だと思います。それがまさに『講孟余話』における一人の天下という考え方につながるんだと思います。

橋川　同と独という考え方で、松本さんが書いていますが、このテーマは後の日本の主権論争を含めて、日本国家の本質、あるいは日本の天皇をどう考えるかという憲法上の問題にまで引き継がれていく。つまり太華的な立場は、公議公論から天皇制批判的なものへ、天皇機関説や民本的なものへとつながって行く。

松本　独は、つまり一人の天下というのはすべての正当性を天皇に帰着させていく考え方ですから、結局天皇制国家の有力な正当性観念になっていくわけですね。

橋川　そこでいつも気になるのは、松陰のほかならぬ弟子達が、明治国家体制、日本憲法体制を作り出しますね。そこでは同と独とが一種みごとな折衷的な統一の中にくみこまれている。伊藤博文の場合には、太華的な立場を制度化するという姿勢が強くて、これがいわゆる「密教的」主流として継承されていく。あの関係は皮肉なものだという気がするんですがね。

松本　松陰の弟子じゃないが、大久保などの場合に、有名な「非義の勅命は勅命にあらず」」、長州征伐の時の言葉ですが、そこでも勅命という、いいかえれば天というものに対比できるような日本の一種の伝統世界における普遍概念だと思うんですが、「天下万民ごもっともと存じ奉り候てこそ、勅命と申すべく候へば、……」という、ちょうど太華みたいな、民心の動向に支えられた天命というものが、はじめて真の普遍的な天命の名に価するという考え方を、勅命と公論の結びつけ方の中でしていますね。

橋川　同じ長州で松陰的な天皇観を持ってた人はいますか。

松本　長州じゃありませんが、久留米藩の真木和泉などは、タイプとしてかなり松陰に近いでしょう。

橋川　タイプとしては、他にもいたかもしれませんが、おそらく鳥羽伏見か、維新前後に皆消えてゆくんですね。

松本　行動形態はラディカルですけれども状況に対する適応性を欠いているわけですから、大ていは自分の藩の権力なり権威それ自身に押しつぶされていくのですね。そこの使いわけをうまくやったほうが生き残って明治国家のリーダーになっていくわけで、前に言った変革へのパトスが同時に変革へのテクニックをともなっていたかどうか、状況に適応する目的合理性を持っていたかどうかということにも、私がこだわるのはそのためなんですけれども。

橋川　そういう点で、北一輝の場合が面白いと思うのは、彼は独の要素と同の要素を松陰とは違ったレベルと位相のもとに、再構成したような気がします。彼には同の要素は非常に強いわけです。にもかかわらず、独としてのシンボル、天皇の統一力への待望も非常に強いわけですね。その矛盾した結びつきが、松陰の場合とどこか似ているような気がする。

いずれも歴史上、そのままでは有効性を発揮し得なかったという点でも似ている気がするんですが、ただ北は日本の国体論というのを全面的に否定しますね。ある意味では太華の立場です。太華と非常に似た言葉を、北一輝の文章に見い出すことは容易にできます。たとえば、日本の国体だけが特殊な発展をするというそんな馬鹿な、非科学的な考え方があるものか、そんなのは土人部落の迷信だと強調するでしょう。ところが反面、天皇というものを、独であるとともに同のシンボルというようにとらえ、天皇と国民の一体化という把え方に立ってその使命を強調する。このあたりは、北のほうが松陰よりもずっと老獪かもしれない。

松本　松陰の場合にも、日本における君臣関係の原理が中国のそれと比べた場合、価値的に優越するという考えはありましたが、北のように日本的な独を普遍化するというか、他の政治社会の原理にまで及ぼしていく方向を持っていたかどうか。

橋川　松陰の場合には、せいぜい中国政治の論理というのは日本のよりも一段下だと強調するけれども、日本の独の論理が普遍的だということを押しつけようという表現は顕在化はしていない。時代の相違ですね。

それから国学の影響というのが、あまりよくわからない。松陰はなんといっても儒教的な教養をたたき込まれているでしょう。国学は比較的後期の段階ですし、そしてやはり彼らしい行動の追求という姿勢で取組んだもので、基本的には宣長なんかの学問的な方法のニュアンスはわからなかったという気がするんです。つまり、『講孟余話』などに表われているような、かなり一本気な天皇崇拝の発想というだけのものじゃなかったか。もし、そうでないなら、日本人の言葉や心の表現について日本人の美の感覚について、とにかく言葉の問題がどこかに出てこなければおかしいと思うんだ。余裕もチャンスもなかっただろうけど、そこらあたりがかなり飛ばされているような気がします。

松本　多少極端な言い方をすれば、国学者の中でも宣長をそういう方法論的な次元にまで深めて、ちゃんと把えた人間がいたかというと、まずいなかったと思うんです。歌学とか、神道論とか、国語学とか、古典学とか、宣長によって大成された国学の個別的な影響力というものは確かに大きかったでしょうけれども……。

松陰の魅力の源泉

橋川　とにかく『講孟余話』というのは非常に面白いですね。われわれが松陰と同じ位、中国の古典の知識を持っていたら、政治思想入門の非常にいいテキストになる本だと思うんです。

それから、松陰の魅力ということでいえば、最初の問題にかえるかも知れないが、一種の理想、倫理ないしは真実、それを貫くに、一つの誠をもってするという、そういう意味じゃ俗っぽさがまるでないですね。生き方としては精神主義的といってもいいし観念的あるいは実存的とさえいってもいいものが一貫している。だから政治家としても、革命家としても、彼はなんらの功業を達成していないにもかかわらず、そこがまたいいんだという受け取り方が日本人には多いわけですね。その魅力がいつまで続いていくか。西郷の場合も似ているが、どこか違う。

松本　松陰の場合は、自分で作り上げた抽象人というか、観念人、普遍人というものに対して、みずから非常に熱っぽく訴えていく、そしてその普遍人と具体的な人間が、いつか重なり合うはずだというものがあった。それだけに非常に純粋なものを感じさせるが、西郷の場合は、もっと肌と肌とのすれ合う中で作られた感情の交流の中に、彼の考える天の精神というものを感じとっている。その意味で非常にスキンシップなものが強い。松陰のほうは蒸留水的な人間をたえず念頭においている。

橋川　「至誠にして動かざるものなし」と松陰に言われると、お前はなぜ動かないかと叱られているみたいですね。

松本　松陰の教育方針は、「俺についてこい」式の教育でしょう。つまり、必ず自分が先頭を切る。そうでなければ人間はついてこないものなんだという、そのあたりが受けるんでしょう。

橋川　人間の性善を信じて疑わないところに、どこか伝統教学の匂いが感じられますね。大久保や伊藤、山県など、そういう残滓をふっ切ってしまった人間は味がないんで、普遍と特殊の間で矛盾をまともに表現している人間の激しさというのが、特に私たち日本人には感動を与えるんでしょう。しかもその内面的な苦闘を実に正直に表現していますね。

松本　確かに時々刻々と変化する幕末の状況下で幽囚の生活を送る人間の孤高な精神のいらだちというようなものが、実に正直に出ている。それが非常にいいんじゃないかな。

橋川　あのいらだちは、三島が自殺以前に表現したいらだちより鮮明です。三島も随分書いてますがね、三島のは、なにか芸術的に構成されつくした文章という印象を与えるが、松陰のは少し違う。むしろつきつめた拙劣さを思わせるような言葉だ。

松本　晩年、松陰が門人に与えた書簡の中に、「余りも余りも日本人が臆病になり切ったがむごいから、一人なりと死んで見せたら、朋友故旧生き残ったもの共も、少しは力を致して呉れようかと云ふ迄なり」という文章があるでしょう。あんな所が、なるほど三島事件と結びつけて考えたくなるところでしょう。

橋川 ただ、これは三島論になるんであまりいいたくないんですが、松陰が至誠と言った場合と、三島が至誠と言った場合と、どうも違うんですね。

松本 松陰の場合には、行動というのが一つの誠の表われとしてとらえられているわけで、至誠天に通ずるというのは、必ず松陰の場合に行動というものを媒介として、はじめて天に通じるという、そういう行動主義になるわけです。

突飛な類推ですけれども、大杉栄が「生の拡充」ということを言って、革命的行動を個人の生の創造・充実・拡張という芸術の文脈でとらえる考え方が、日本の革命観の中にありますね。たとえば「実行とは生の直接の活動である」として、大杉は「実行に伴う観照がある。観照に伴う恍惚がある。恍惚に伴う熱情がある。そしてこの熱情はさらに新しき実行を呼ぶ。そこにはもう単一な主観も、単一な客観もない。主観と客観とが合致する。これがレヴォリューショナリティとしての僕の法悦の境である。芸術の境である。」ということを言っています。松陰は、道徳的なパトスなんだけれども、そういうものとパターンとしてつながりがあるような気がするのですが……。

橋川 至誠、真心が人間を動かす、そしてそういう世界の実現を信じるというのは、つまりひとつのアーティフィシャルなものですね。松陰はそういう世界があることを信じている。それを実現しようとする。そこに彼の行動とか決断が出てくるんで、いわば芸術美の世界に似てくる。

その意味でのラジカリズムは、松陰を原型として最後は五・一五とか二・二六まできていると思うんです。青年将校の生き方というのは、非常に松陰的な生き方をモデルとして、これに追随するというところがあります。熱烈な松陰崇拝者が多いんですね。ただ彼らは組織というものを前提にしている。われわれは皇軍であって、既成の組織、いわゆる軍閥じゃないと区別していますけれども、どうもそこらが松陰とは違うという気がしてしまう。ただ、パターンとしては、松陰のパターンが伝わってはいると思います。

現代の学生運動の、ああいう直接行動主義の原型になるかどうかは、ちょっとデリケートな問題ですね。松陰の場合には、誠とその究極の対象としての天皇がある、いいかえれば日本の歴史の中に、普遍的一般者とは異なる屈折を含んだ独というものを発見しているわけですね。彼のパトスはそこから生れている。だから、今の直接行動者一般が、松陰をそのままモデルにすることは、論理的な矛盾になりはしないかという気がする。

松本 それとも関連するんですが、松陰の思想の中には様々な可能性が含まれていると思うんです。つまり、それぞれの人がそれぞれの立場から、これだと手を打つようなものがある。だけど私が思想史を勉強してきたいままでの経験からすると、すぐれた思想家であればあるほど、常に思想というものが両刃の剣的なものであり、必ず両面がある。

だから、過去の思想を現代に生かすということの中には、常にそういう危険がつきまとうということを自覚して読むことが、私は必要だと思う。これは一般的にもいえることですけれど、松陰の場合は特にそうじゃないかと思う。

橋川 松陰を読む場合に言いたいことは、まず第一に、松陰だけを読んで何者かになろうという考えは好ましくない。

それから松陰を読むということは、当時の日本を読むことにつながるといってもいいわけです。松陰の関心は非常に広いわけです。場合によっては、彼はヨーロッパやアメリカに渡ったかもしれない。その時、彼は何を見たであろうかということまで含めて、松陰の書き残したものを読む必要があると思います。つまり小型の松陰なんかになったら、松陰はおそらく感心しないんじゃないかと思うんですよ。

（一九七二年十月・十一月）

松本三之介（まつもと・さんのすけ）　一九二六—　政治学者　著書『国学政治思想の研究』ほか

水戸学再考

塙　作楽
橋川文三

従来の水戸学研究

橋川　ぼくは水戸学をやらなければいけないと思ったのは、水戸学というのは、有名なわりに、内在的な理解がおこなわれていない。乱暴な分け方をしますと、旧水戸学イデオロギーをそのまま信奉するという態度が、一部水戸学研究者の一つの傾向であり、もう一つは主として、戦後の歴史学研究で、これは逆の意味で、水戸学についての定説をつくってしまったわけです。それは究極的には幕藩体制を擁護しようとする最後の試みであるというふうに規定するわけですね。さらにもう一つのタイプは、平泉澄さんのお弟子さんたちがやっている日本学協会、それは客観主義的、実証主義的な方法で、水戸学の形成過程、主として初期の水戸学とか、義公の思想の形成過程を問題にしているが、この場合は後期ないし明治以後の水戸学についてはほとんど言及がない。

それぞれとってみますと、ぼくにはどうももの足りない。そこをなんとかしたい。簡単にいいますと、水戸学を解放したいという気持があります。水戸学はある少数の信奉者たちが、ファナティックに信奉するものではなくて、普通に思想関心をもつ人だったら、だれでも興味をもってしかるべき一つの学問の流れ、思想の流れであったということをまず立証することが水戸学のためにもいい、そんな感じがあったわけです。

塙　私もそれは賛成です。戦後の水戸学に対する態度は、どちらかといえば否定的だったわけですね。いや、否定的どころか、ぜんぜん歴史的な意義を認めないというゆき方もたしかにあったと思います。私は、それにはもっともな点もあると思いますけれども、やはり水戸学がぜんぜん歴史的な役割を果たしていないというふうに、いいきってしまうことは問題だと思います。

もう一つの平泉さんたちの、水戸学をそのまま受けとめて、それを信条にしてしまっている態度は、問題外でしょう。

水戸学に対する戦後の歴史研究をつっこんで考えてゆくと、近現代に残存している「水戸学」観が、ある程度、出てくるのではないかと思います。それをもう一度検討しなければ、ほんとうの水戸学の歴史的な位置づけはできないような気がするのですが……。

前期と後期の水戸学

橋川　こまかい問題かもしれませんが、いつも問題になるのは、水戸学というときに、いつでも後期水戸学を対象にする。そのほうがとおりがいいわけです。しかしそこが実は落し穴で、水戸学という名称自体が政治的な闘争概念だということがあるので、それを鵜のみにしますと、批判者のほうは、水戸学に対する政治的姿勢を押し出すというふうに当然なってくる。そこのところがまずいと思うのです。ここは微妙な問題なんですけれども、ぼくはあえて後期水戸学のみを、水戸学とはいわないつもりです。光圀以後の学問、初期水戸学、あるいは中期水戸学、少なくとも手続き上それらをやっておかないと、後期のみを水戸学というのはまずいと思うのです。ぼくの感じではいわゆる戦後歴史学の水戸学批判の場合は、主として『新論』とか、『弘道館記述義』とかだけをとりあげて批判する。ところが『大日本史』を含めてはやっていないという気がするのです。その点ではむしろ平泉系統の客観主義的、実証主義的な研究の方が役に立つ面があるとさえ思います。

塙　もちろん前期水戸学がなければ、後期水戸学はなかったといえる。だから前期水戸学をぜんぜん無視することはできないと思う。ただここで水戸学は幕末期において、かなり質的な転換をしているわけですね。明治以後に及ぼした影響は、後期水戸学が強いわけです。もう一つ、『大日本史』の編纂のことはどう考えてよいのか、私にはよくわかりません。この本の「解説」ではくわしくこれについて述べられていますけれども……。

橋川　方法論上、そうならざるを得なかったのです。つまり転換を明らかにするために、転換以前の水戸の歴史理念・歴史思想はなんであったかということをいっておきたかったのです。その展開過程で、一種のゆきづまりあるいは混乱状態にぶつかって、そこから後期水戸学が生まれてくる。前期水戸学は簡単にいえば、アポロン的なおおらかな世界像をもっている。ところが後期水戸学はいかにも衝迫にみちた窮屈な感じを与える。それはどうしてそうなるかというところが……。

塙　前期水戸学の時代は、泰平の世の中で、後期水戸学は幕末の動乱のなかですから、政治と結びついてくるのは当然ではないでしょうか。それは『大日本史』の編纂と離れてしまっているのだといってはいいすぎでしょうか。

橋川　後期水戸学は、いわば『大日本史』ないしは義公の精神からはずれている。そのずれは厳密・正確にはいえないにしても、斉昭と義公の違いだと思うのです。そこに非常な断絶がある。また学者としては、たとえば安積澹泊《あさかたんぱく》のようなタイプと幽谷ないし東湖のようなタイプ、これもやはり断絶がありますね。

塙　水戸では義烈両公と並び称していますけれども、光圀と斉昭は、ものすごく違いますね、性格的にも。光圀の場合は時代の影響もあるでしょうけれども、学問一点張りというか、研究的態度が強いですね。ですから『大日本史』の編纂をやるかたわら、古代遺跡の発掘などもやっています。これは全国でも珍しいことですね。ところが斉昭になると政治性が強くなる。斉昭はいまのことばでいうとディレッタントではなかったかと思うのです。秀才で、なんでもわかり、いろいろな問題に首をつっこむ。水戸藩の党争だって斉昭の態度がもとになっている。斉昭の政治に対する姿勢が当然ああいう党争を生んでしまった。問題は党争による影響が、そのまま幕藩体制が消えてしまったあとの時代にもずっと残っている。明治・大正期の茨城の歴史をみると、それがよくわかります。

橋川　丹念に斉昭の業績をみる限りでは、よくものごとに気がつく、よく頭を回転させて、問題をとらえようとしている。雑学的ではあれ、ひろい知識・見識をもっている。私生活のほうだって、筋はとおっている。と一見、非のうちようのない名君ですね。問題は義公が名君といわれる場合と斉昭が名君といわれる場合とは、どうしても印象が違う。光圀そっくりというところもある。あるんだけれども、全体としてなにか狭さを感ずる。斉昭の仏教徒嫌い、坊主嫌いは徹底していますね。ところが、義公を読んで、その点が違うと思うのは、多くの知識人的僧侶と、なごやかなおおらかな関係をもっている。つまり、仏をあがめて仏を排す、儒をあがめて儒を排す、とらわれない闊達さがある。それを斉昭は仏教のない、無仏の国に水戸を仕立てるのが自分の使命だというふうないい方をする。

塙　光圀はおおらかですけれども、斉昭はかっこ付きの名君ではないかと思う。たとえば農人形ですね。あれは斉昭がつくって、農民のありがたさを知らなければいけないということで、藩全体に宣伝した。それは政治的なゼスチュアで、実際の斉昭の農民に対する考え方はちがう。斉昭が江戸からきて領内を巡視したときに模範村（安寺・持方部落）を表彰した。その表彰の理由として、農民は学問なんかする必要はない。百姓の仕事さえしていればいいということを必要以上に強調しています。それが本音だと思う。武士中心の封建社会ですから、それは当然かもしれないが、農人形をつくって、農民はありがたいといっても、農民を人間として扱っていないという基本的な考え方がある。幕末ですから、もう少し先を見て、明治以後の時代にある程度、見通しをもつことができるならば、そして、斉昭が本当の名君ならば、もう少し違う態度に出たんではないかと思うのです。水戸藩自身にとってもマイナスであったし、斉昭自身のなかに狭い意味の政治家としてのずるさがあったと思うのです。

橋川　ぼくも農人形というのを、何十年か前に初めて弘道館で見たとき、こういうおそろしい農民像を座右において、はたして斉昭はなにを考えていたのかという強い疑問をもったことがあるのです。なにか一種のたくらみがあって、マキャベリスティックな大衆操作であるという印象を受けたんです。

塙　彰考館の学生に対する態度も、光圀と斉昭とではずいぶん違っていたようですね。

明治政府の発想

橋川　斉昭の一種の狭さというか、どうしてこんな聡明な人間が心が狭いという感じを与えるようになったのか、考課システムのようなものもそうですね。これはぼくの持論なんですけれども、水戸学がなぜ戦後になってあんなに嫌われるかというと、明治国家が思想的にも社会的にも、経済的にも、政治的にもゆきづまったときに、たえずよみがえってくる発想が、だいたい天保改革時代の斉昭の政策をそのままひき継いだものという感じがするからです。戦争中のいわゆる高度国防国家体制の起源は、水戸学にあるという評価がありましたね。

つまり戦争期に試みられたあらゆる政治・経済政策、文教政策、あるいは神社政策から人口政策までが、だいたい原型において斉昭時代に行なわれている。とくにぼくは、明治以後の神社統制政策に興味をもっていたんですが、伊勢大神宮を中心にして、全国の神社体系をきちんと明治政府の権威のもとに再構成する。すべての神社をいわば一元化するわけですね。祭祀の日取りから、やり方から、それはずいぶん見事な明治政府の叡知である。悪い叡知ではあるけれども、叡知であると思っていたんです。その明治政府が地方自治制をより全体的なシステムに繰り込むために、地方改革をやりますね。明治末ごろおこなわれた神社合併政策も、論理としてはそのとおりで、当時の新進官僚はこう考えざるを得ないだろうと思って、価値判断抜きに評価していました。ところが『水戸藩史料』などを見ると、まるっきり原型は水戸にあるということに気づきました。

それから、総動員制のものでは、あらゆる人口を一元的に掌握する必要上、あるいは国民登録という形で、労働力としての国民は全部、登録して一元化する。これと似た発想が、すでに水戸藩の天保改革にある。また文教面からいえば、「教育勅語」ははっきりと弘道館思想を下敷にしている。それに若干、モダンな色どりを添えたものです。いちばんわかりやすくできているのは『新論』ですね。『新論』の国家統制のやり方は、まったく総動員体制ですね。

塙　斉昭の天保改革に対する政治姿勢も、土地改革を躊躇していたんですね。初めは富農の動きを恐れて、土地の問題に手をつけなかったけれども、ある時期にぱっと態度を変えて、ひとにぎりの富農が問題になったら斬って捨てろといっている。『新論』もそういう精神を受け継いでいるのではないかと思う。『新論』の会沢の考え方はやがて『時務策』に変わるでしょう。『時務策』を読んで、短い文章だけれどもびっくりするのは、「変通」とかなんとかいって、ものをいう態度はひじょうに日和見的ですね。現状におされて、開国の必要もあるということを説いているけれども、そういう「変通」というようなことばであらわされる政治的な態度の変り身の早さ、これはたしかに明治政府の指導者たちに引き継がれているのではないかと思います。

橋川 たしかに普通にいわれるのは、水戸思想は変り身が早い。しかもその変り身をジャスティファイするために、陰謀・謀略が巧みであり、エネルギッシュでもあった。しかし最後にその変り身から引きおこされた政治的結果に対する責任感をもたない。思想責任というか、政治責任のあり方を、あいまいにしてしまう、とぼくには思えるんですがね。

水戸学の利用

塙 ですから逆にどうにでも使えるようなことをいっているんです。「教育勅語」の思想的立場は『新論』ですね。「教育勅語」は明の太祖の勅諭と表現は似ていて、ことばづかいもそっくりなんですけれども、その精神構造、基調になっている精神は『新論』に近いですね。だいたい国体ということばがあるが、これは伊藤博文が憲法草案のなかで、「国体」をもち出してきている。伊藤博文から乃木希典に至るまで、『新論』をずいぶん多くの人たちは読んでいる、明治政府の指導者たちはかなり『新論』を読んでいる。それの影響は、それはわれわれからいえば、あまりいい影響ではないと思いますけれども、それは、とくに茨城県内にはずいぶんいまでも残っていますよ。

橋川 皇室崇拝とか、天皇中心主義は、わりにあったんです。光圀にも朝廷崇拝がありましたね。ところが国体という発想は光圀の段階にはないのです。その点は非常に違う。国体の発想は「水戸学の源流と成立」にも書いたんですけれども、『新論』の冒頭、ここにも整然と述べられている。つまり天照大神の創造によって、あらゆる人間生活のあるべき姿が設定された。これはときに盛衰があっても、この設定された国体は、ちっとも動揺することはない。これは光圀の一種の合理主義の世界にはないものです。神々の設定した制度をすべて総称して、徂徠学の言葉を使えば統名ですね、これが国体になる。国体はそういう非合理的・神秘的な発想で、そういう考え方は光圀にはない。光圀は合理的である。その意味ではたしかに朱子学の合理性を受け継いでいた。ただ光圀の場合、朝廷に対してはまったくパーソナルな、人間的な情感をもっている。あとは合理的である。ところが後期水戸学となると、歴史が実在となる。天照大神は太陽として実在する。実在する以上はそのつくりたもうた道は永遠であるという発想になるんです。なぜそうなるかということをいえたらいってみたいと思って、徂徠学の問題をもち込んだんですが、つまり古典的儒教世界をこわす作用を徂徠がやっている。朱子学的世界像が崩壊し、歴史像が崩壊する。そこで再建するときに、国体という、いわばデウス・エキス・マキーナみたいなものをもち出して、全体を再構成したというのが、だいたいあらすじの考えです。だから、いわば後期水戸学の人びとは、朱子学的な世界ないしは幕藩体制が崩壊したのちに、なおかつ永遠の秩序があるというときには、国体論にならざるを得なかった。そこに彼らの思想的苦心もあった。

塙　思想的苦心というのは、逆にいうと無理があったということですね。

橋川　無理があったんです。ただそれが明治権力によってとりあげられると、思想的苦心じゃなくて、まさに統治のための技術として、水戸学の苦心というファクターは落とされて利用された。

塙　利用というか、悪用というか。

橋川　それがなぜ硬直化したかというと、水戸藩は現実の場で彼らの思想を、国体論の発想をためそうにもためす場がなかった。それを利用したのは、派閥権力であって、だから彼らとしてはうつうつたらざるを得なかった。内攻してしまう。それであいうラジカリズムが出てくるという大ざっぱな考えなんですが……。

塙　菊地謙二郎もわりとみていますね。明治から大正にかけての県内の水戸学者たちは教育勅語の精神が、『新論』や『弘道館記』の精神にのっとっているということを誇らしくいっていますね。

橋川　明治藩閥権力のなかの知恵者は、水戸学自体とは関係がなくても、水戸学をどう利用できるか、見抜いていたと思います。

塙　明治政府がそれを利用ないし悪用しただけにとどまらず、国全体がそれに動かされてしまった。茨城の近代史をみると、その影響が悪い結果として残っている。

国体論の限界

橋川　江戸時代からの思想系統からいうと朱子学があって、アンチ朱子学があって、陽明学から古学から徂徠学があって、そして国学がある。そのなかで適応性があったのは、朱子学だったといわれますね。他のいずれも適応しきれない。陽明学はある種の実践哲学として作用をもったけれども、これは明治以後の体制には生きてゆけない。古学・徂徠学は似たようなもので、意外に朱子学は、たとえば佐久間象山とか、横井小楠という形で押し切っている。この場合の朱子学は、徳川朱子学、林家の朱子学とは違うみたいですけれども、朱子学の発想とか、論理構造とか、世界観や方法論は、新しい状況に十分に適応できたという感じもあるんですね。水戸学からはどうしても幕藩体制以後の近代社会に適応するファクターは出てこない。

塙　近代社会に即応する要素を内包していない。亡霊はいまでも根強く残っている。だから、明治以後のこの地域の水戸学を、私は水戸学の亡霊と名づけたい。亡霊はいまでも根強く残っている。敗戦によってある程度の打撃を受けているけれども、現在でもずいぶん残っているのではないかと思う。むしろ問題にしたいのは、ここに住んでいると、そちらの方なんです。

橋川　ぼくは乱暴な考え方なんですけれども、水戸学とか、徳川とかいう枠を取り払っていうと、幕藩体制ができたときの世界情勢、とくにアジア情勢、明朝の滅亡という大状況があって、そこで初めてナショナリズムが勃興し、儒者や公家、朝廷の廷臣、それと浪々の学者たちの間に、日本のカルチュアの特性はなにかということを追求する動きがおこってくる。十七世紀にはいって、歴史編纂がふえるということがある。極端にいうと、明朝が危なくなってきている。いつ清が中国全体を支配するかわからない。これが日本にくる。そういう認識で国防論が始まるのが十七世紀の初めごろ。それが百数十年、二百年ぐらい経って、同じ形で、やはり日本の固有のカルチュアはなにかという問題に直面して、そこに水戸学的な国体論という形で結晶する。そこに住む住民たちのもっている生活のほんとうのカルチュアはなにかという問題が、絶えず明治以後、問われているわけですね。そのときには、ほかに新しい思想はないわけです。いちばん新しいものが国体論であった。日本人とはなにかという問題を出されたときに、両時代の状況がよく似ているのではないかと思うのです。

つまりいまは、古代史研究がブームでしょう。いわば日本固有というものはない、普遍的な極東アジアのカルチュアの一バリエーションにすぎないというい方は、江戸時代初期の歴史哲学だったわけですね。中国文明圏の特殊なバリエーションということで、独自のものを出そうとしないわけです。それでは困るというのが、光圀あたりの考え方だったらしい。問題状況が変わらないかぎり、似たような形で問題を解こうというものは、かならず出てくる。その意味では、水戸学というものはある必然的な構造をもっている。形態は変わるにしてもね。

塙　それが時代とともに正常に発展しなかったのはどういうわけですか。

橋川　それは近代日本全体の問題になる。

塙　とくに水戸学にそういう要素がなかったということはどうなんでしょうか。

橋川　つまり国体論というのは、その思想・理論を内在的に否定するということはむずかしいんではないかという気がするんです。朱子学的な普遍主義の世界像をぶちこわしたあげくに、どういう世界像があるかということが問題だったからなんです。徂徠学はぶちこわしたあとは知らん顔をしている。水戸学はぶちこわしたあとを整理しなければいけないという使命感があったために、無理に体系的思想をつくり出した。

藤田東湖の人物

塙　具体的には後期水戸学の中心である藤田東湖が不慮の死をとげないで、東湖がもしも生きていて時勢をみていたら、なにか発展させるというようなことは考えられなかったでしょうか。

橋川　ぼくはその可能性はあったという気がするんです。象山がそばにいたわけでしょう。象山は松陰みたいな人物に、海外渡航をやらせようとする。それと幕臣たちのなかの実務的秀才たちと、たいへん親しいですね。東湖はそういう人たちの情報というか、知識を吸収しながら、転換をリードし得たんではないかという気がするんです。

塙　藤田東湖は外遊することになっていたんですね。それが実現しなかった。もし外国を見聞してきたら、なにかそこに発展の芽みたいなものがあり得たんではないかというようなことを想像します。

橋川　後期水戸学のなかで、東湖はいちばん感受性が柔軟で広いという気がする。『回天詩史』などでも注意深く読めば、たとえば斉昭の思想とは違った思想が出ている。彼の書いたものは、要するに文章家でもあるけれども、一面、政治的なパンフレティアという面があるでしょう。そういう人ですから、『常陸帯』とか「随筆」なんか見ますと、これはどう変ったかわからないという印象があるんです。その際、彼の立場が立場ですから、相当、困難な状況にぶつかるかもしれないが、ひょっとしたら、ぼくはやるんじゃないか、やったんじゃないかという気がするんです。そこらが不幸であったということに尽きるわけですね。

塙　その影響力はかなり大きかったし、時代の働きを見るという目はあったといえるのではないですか。若いころ、血気にはやって三度死を決してといったころとは、晩年はかなり違ったところがあるのではないですか。

橋川　死を決したときも、自決しようとして、簡単に、われ誤てりといって撤回しておりますね。あいうところは、いい意味で吹き出したくなるような東湖の一種のよさという感じがしますね。彰考館の市野沢さんは、東湖はいいが幽谷はきらいだ、よくないといっておられた。ぼくもそういう実感なんです。東湖は転換というか、適応の可能性をいちばん持っていた人物という気がします。

塙　そうすると、水戸学自身にそういう転換の基本的な要素が内包されているのかもしれませんね。この水戸に住んで、日ごろかなり批判的なことをいうけれども、愛着もあるわけです、打ち消しがたくね。そのへんがいままでいってきたことと矛盾するかもしれませんが……。

橋川　ポピュラーにいえば、水戸学というのは、今の若い人が、若いセンス、若い知識で読めば、これまで毛嫌いしたり、これは駄目だといってきたことがなくてすみやしないかということなんです。たとえば、徂徠学の影響ということが最近いいだされておりますね。もっともその事実の指摘は昔からある。しかしその問題が展開されていないんです。徂徠学はなんとなくかっこうがいいという感じがある。ところが水戸学はかっこうが悪い。かっこうが悪いといわれる水戸学に徂徠学の影響がある。そういうちょっとした視点を入れて、結びつかなかった水戸学と徂徠学を結びつけることによって、従来の型にはまった見方を離れるきっかけができるかもしれないということが、ぼくの意図にはあったんです。水戸学をいわゆる水戸学という枠ではなくて、あの当時の日本人のさまざまな流動的な思想の一つとしてみなければならないということなんです、解放というのは。

塙　ぼくの見方は否定的なものかもしれませんね。しかし現在残されている影響に関するかぎり、時代とともに進みうる要素はないということは、間違いなくいえるんではないかという気がするんです。

橋川　同じ葬るならば手続きをとって葬ったほうがいい、そうでないと亡霊、伝統が出てくる（笑）。解放は同時に、水戸学の正当な完結・完了を意味するということもありますからね。

（一九七四年一月）

塙作楽（はなわ・さくら）　一九一三―九〇　元茨城県歴史館史料部長　著書『茨城の近代史』ほか

解　説

筒井清忠

著名な丸山眞男の昭和超国家主義研究に基底的疑問を投げかけ、それをいわば覆した橋川文三の再評価の声は高くなるばかりである。しかし、かつて刊行された『橋川文三著作集』は古書店で入手するしかなく、現在橋川の著作のうち紙媒体で入手しうるものは多くはない。とくに、肝心の超国家主義、テロリズムなどを扱った著作としてはその丸山批判の論文「昭和超国家主義の諸相」などを収めた拙編『昭和ナショナリズムの諸相』（名古屋大学出版会、一九九四年）が存在するばかりである。

従って、こうした中、刊行される本書のテロリズム論の意義は極めて大きい。とくに収録論文中「テロリズムと政治」「日本テロリズムの断想」と対談三篇は著作集にも収録されておらず、現代の読者はこれまでほとんど目にすることがなかったであろう極めて珍しい作品である。

さて、本書には主にテロリズムと忠誠についての論考が収められているが、このうち、トーマス・マンの講演を採り上げ、「善きドイツと悪しきドイツ」に裁断する単純な二分法批判が日本にもそのまま当てはまることを指摘した橋川らしい好論「民族・政治・忠誠」はじめ忠誠についての論考はそれほど理解の前提はいらないと思う。

そこで解説に当たっては、まず、未知の読者のために件の橋川の丸山批判論考「昭和超国家主義の諸相」などの昭和超国家主義研究のポイントを見ておくことにしたいと思う。それが本書の意義の理解の前提となるだろう。

丸山は『現代政治の思想と行動』に収められた一連の論考で、昭和超国家主義を明治期からなし崩し的に連続する軍国主義的ナショナリズムとして、家族主義・大アジア主義などの特徴を持つものとした。しかし、橋川はこれを「玄洋社時代にさかのぼる日本右翼の標識であり、とくに日本の超国家主義をその時代との関連で特徴づけるものではない」としたのである。

「あの太平洋戦争期に実在したものは、明治国家以降の支配原理（中略）ではなく、まさに超国家主義そのものであったのではないか」。橋川は、日本の「超国家主義」を日本の国家主義一般から区別する歴史的視座の構築が新たに必要だとしたのである。

そして、日本における「超国家主義」の起点として、朝日平吾による安田善次郎暗殺事件（一九二一年・大正十年）を重視した。それは行き詰まった「生半可なインテリ」朝日平吾が大富豪安田善次郎に貧困な労働者向きの宿舎の建設を力説した上で刺殺し、自決した事件である。

事件に至る朝日の軌跡に橋川は注目した。

「こうした不幸感の由来は朝日個人の経歴について見ればかなり明確である」「要するに継母故の家庭からの疎外、貧困と気質にもとづく学生生活からの疎外、馬賊隊参加と大陸放浪による日常的感受性の荒廃、その結果としてのあらゆる現実的企画の挫折といった諸要因によって醸成されたものであった」（橋川『昭和維新試論』）

朝日は遺書「死ノ叫声」を書いているが、そこでは政治・経済・軍事の特権階級を激しく指弾し「吾人ハ人間デアル」とする、はっきりとした平等主義的な内容が盛られていた。

そうして、この「死ノ叫声」が、「人間は人間らしく生きること」（小沼正）とした血盟団員や青年将校運動の草分け西田税らにつながるものであることが明らかにされたのである。

ここから、「神秘的な暗殺」、「殺人は如来の方便」、「(暗殺までは)団(琢磨)が自分であり、自分が団であった」と語る日本社会の最深部に通底した血盟団員らの意識に橋川は切り込んでいったのであった。

こうして、超国家主義者の根底は「ある意味ではラジカルな個人主義の様相をさえおびている」。これを作り出したものこそ「大正期における自我の問題状況であり」、「下層中産階級のおかれた社会的緊張の状況にほかならなかった」。「日本の超国家主義というのは、そうした自我の意識がその限界を突破しようとしたとき、一般化した傾向にほかならない」という見事な定式化がなされたのであった。

そして、また、「明らかにしておきたい点は、いわゆる超国家主義が、現状のトータルな変革をめざした革命運動であった」という指摘が行われ、その基準は、明治的伝統的国家主義からの超越・飛翔の水準であり、伝統破壊の原動力としてのカリスマ的能力の大小とされた。

こうして橋川は超国家主義の再検討を通して丸山的な近代主義的研究視角をブレイクスルーしたのだった。

以上のいわばテーゼ的理解に立って、本書を読み進めてもらいたい。

橋川文三は本書で「テロを根絶する制度が保障を見いだすことは自殺を根絶するのと同じくらいに困難である」と言っている(「テロリズムと政治」)。政治家に対するテロが起こると、すぐに危機管理の技術的問題・警備の問題となり、危機管理体制・警察力の強化といったことになる。それらはもちろん必要な面もあろうが、選挙民とできるだけ接しなければ当選が危うい政治家にとって、それは事実上不可能に近い。しかし、これは言いにくいことで、それを橋川はずばりと言ったわけである。

では、どうすればいいのか。それには暗殺についての深い理解しかないだろう。テロを起こす根源を解明することが、再発を防ぐ最大の手段なのである。橋川は近代日本の暗殺の検討を通して、その根源を誰よりも深く考察したのであった。

橋川は、まず、カール・シュミットが政治の本質を、何人《なんぴと》が殺戮すべき敵であるかを区別する決断の行為だと規定したことを取り出す。シュミットは戦争や革命という異常事態に含まれるものの分析を通して、政治に内在する極限的本質を取り出したが、この点からして、政治的暗殺・テロリズムも、また深く政治の本質に関連した事態であり、さらに言えば政治社会の全体としての構造や体質までも明らかにする要素だと、橋川は指摘したのである。

これは非常にユニークな考察であり、統計的手法に頼りがちないわゆるアメリカ的ポリティカル・サイエンス系の政治学では捨象してしまわれる論点である。

この前提に立って、橋川は、日本のテロリズムの特色として「自己犠牲」によって政権担当者の改悛を求めるという行動が伝統化したことを指摘している。テロリズムによって政治姿勢を正すという思想に一種の倫理学が含まれておりその起源は幕末に求められるという。

吉田松陰において、それは「諫死」というものになったが、これはテロにも転換しうるようなもので、「至誠にして動かざるものなし」という信念は、次々と諫死を積み重ね国民的規模になれば権力者も「感悟」しないはずはないという、「性善説的ラジカリズム」に帰結したという。

このような思想を母胎とするテロルは、内面的志向のテロリズムと言ってもよく、他者を殺すことは、必然的に自己犠牲と同一のものだという傾向を含むことになる。だから、政治的暗殺は政治の世界の出来事というよりある真理の自己実現の契機としても捉えられたのである。

そこから血盟団事件の小沼に見られた「殺人は如来の方便」という言葉も出たのだった。確かにそれは「善意のラジカリズム」とも言えよう。如来という永遠の相の下において殺すものも殺されるものも本来無差別であるという意識である。

北一輝がよく言った「順逆不二」の法門というのもそこからくる。二・二六事件の青年将校の「国体の真姿顕現」にも同じところがあり、天皇が激怒したと聞いて彼らは耳を疑わねばならず、こうした内面志向型テロリズムには政治と人間についてのラジカルなポエジーの面があったということも言われるわけである。

これは完璧なニヒリズムを前提とするナチスのテロリズムとは決定的に異なる。ナチスにおいては、国体の真姿とか如来の方便などは無関係で、小沼のように犠牲とした人の命日に回向するなど考えられないことだった。

日本型テロリズムでは殺した者と殺されたものは一種不可思議な共生関係に入るということになるのだが、徹底したニヒリズムのテロにはどんな底もない。

ただ、橋川は、そうしたニヒリズムの傾向の強いものが日本には全くなかったかというと、戦前の軍部の中にはそのようなものも存在したが、それは国家権力というものの作用の中に含まれているのではないかと指摘している。

ただ、ここで橋川への疑念も指摘しておこう。橋川は日本との対比でナチスを取り上げながら二十世紀におけるもう一つの全体主義・スターリニズムのテロリズムについて全く言及していない。

ハンナ・アーレントを持ち出すまでもなく、スターリンによるテロもすさまじいものであった。そうすると、ナチス型全体主義のテロとスターリン型全体主義のテロがあったはずで、この点は外部に置かれたままなのである。

両方の違いも鮮明ではないが、ともに日本型テロリズムとは違うものであることは確実で、すでに見たように日本型テロリズムは、こうした全体主義とはかなり異なる無常観に近い湿っぽいニヒリズムだということになるだろう。いずれにせよ、ここには新たな議論の余地が開かれていることがわかる。

最後に橋川の論点からさらに大きな議論がいくつも開かれうることを指摘しておきたい。そのうち重要なこととして、テロリズムの政治的無効性は、歴史的にも理論的にも実証されてきているとする点がある。

例えばロシアにおけるテロリズムはロマンチックなアナキストの行為であって、彼らは革命を実現する力を持たなかった。マルクス・レーニン主義は、個人的テロリズムの無効性を強調している。日本においてもテロリズムが有効だったのは明治十年くらいまでであって、その後は立憲政治の枠内での闘争に切り替えられたことが指摘されている。

だから、テロリズムはそのように、限定された局面でしか有効性を持たないのに、なぜそれが有効性の幻影のもとに突発することがあるのかというふうに問題が提起されてもいる。

しかし、全体としては近年テロが再発することによって、現在このような見方を受けいれることは困難であろう。

また、一般に、マルクス・レーニン主義は団結した労働者の運動などを重要視しテロリズムを否定していたのであって、近年その立場から、これを有効と見る考え方が出てきている事は興味深いと言わねばならないだろう。

いずれにせよ、テロ再発の時代は橋川の予想外であったかもしれない。しかし、こうした指摘の中で「テロに対するあこがれのごときものがその政治社会の内部にどれほど含まれているか」が重要であるという鋭い問題提起を橋川はしている。「テロに対するあこがれ」と呼ぶべきかどうかはわからないが、テロの全否定ではない要素を含む日本社会・文化の危険性についての橋川ならではの警告とも言えよう。

こうした問題をさらに考えるにあたって我々はやはり橋川の肩の上に乗ることになりそうであり、本書はそうした意味で、日本においてテロリズムを考えるにあたって汲めども尽きない思索の宝庫というべき書物なのである。

（つつい・きよただ　歴史研究者）

【な行】

【は行】

主要人名索引

原則として本文中に登場する主要な人名を対象としたが、
頻出する事項に限り立項した。(編集部)

初出一覧

民族・政治・忠誠　『現代の眼』一九六九年一月号
歴史と危機意識　『岩波講座文学6　表現の方法3』岩波書店、一九七六年七月刊
テロリズムと政治　共同通信配信一九六〇年十月
テロリズム信仰の精神史　『思想の科学』一九六一年三月号・四月号
右翼テロリズムと独占のイメージ　『新日本文学』一九六一年四月号
日本テロリズムの断想　『潮』一九七一年十一月号
ニヒリズムに関する連想と断片　『理想』四六二号（一九七一年十一月）
近代日本の忠誠の問題　『明治大学新聞』一九六九年一月二日付
忠誠意識の変容　『近代日本思想大系1』有斐閣、一九六八年十一月刊
過渡期の忠誠　『思想の科学』一九六〇年十二月号
『葉隠』と『わだつみ』　『思想の科学』一九五九年十一月号
水戸学の源流と成立　『日本の名著29　藤田東湖』中央公論社、一九七四年一月
諫死・斬奸の思想　『伝統と現代』一四号（一九七二年三月）
松陰思想の論理と倫理　「吉田松陰全集」月報3・4（一九七二年十月・十一月）
水戸学再考　「日本の名著29　藤田東湖」月報、中央公論社、一九七四年一月

編集付記

本書は著者のテロリズム、忠誠心および歴史思想に関する論考、対談を独自に編集したものである。

一、編集にあたり、筑摩書房版『橋川文三著作集』第一巻、第二巻、第十巻を底本とした。ただし、上記に未収録の「テロリズムと政治」「日本テロリズムの断想」は『歴史と感情』『歴史と思想』（以上、未来社、一九七三年）に、対談三篇は『時代と予見』（伝統と現代社、一九七五年）に拠った。

一、底本中、明らかな誤記・誤植と考えられる箇所は訂正した。本文中の〔　〕内の人名は編集部で補足したものである。

一、本文中、今日の人権意識に照らして不適切な語句や表現が見られるが、著者が故人であること、発表当時の時代背景と作品の文化的価値に鑑みて、底本のままとした。

本書籍は、令和五年五月二十六日に著作権法第六七条の二第一項の規定に基づく申請を行い、同項の適用を受けて作成されたものです。

橋川文三（はしかわ・ぶんそう）

一九二二（大正一一）年長崎県対馬に生まれ、広島に育つ。思想史家・評論家。四五年東京大学法学部卒業。編集者生活を経て、明治大学政経学部教授。八三（昭和五八）年没。著書に『日本浪曼派批判序説』『ナショナリズム』『昭和維新試論』『昭和ナショナリズムの諸相』『三島由紀夫論集成』『柳田国男論集成』などのほか、『橋川文三著作集』（全十巻）がある。

歴史《れきし》と危機《きき》意識《いしき》

——テロリズム・忠誠《ちゅうせい》・政治《せいじ》

二〇二三年六月二五日　初版発行

著者　橋川《はしかわ》文三《ぶんそう》
発行者　安部順一
発行所　中央公論新社
〒一〇〇-八一五二
東京都千代田区大手町一-七-一
電話　販売　〇三-五二九九-一七三〇
編集　〇三-五二九九-一七四〇
URL https://www.chuko.co.jp/

DTP　市川真樹子
印刷　図書印刷
製本　大口製本印刷

Published by CHUOKORON-SHINSHA, INC.
Printed in Japan　ISBN978-4-12-005667-3 C0021

中央公論新社の本

幕末明治人物誌	橋川文三	中公文庫
幕末　非命の維新者	村上一郎	中公文庫
日本思想の道しるべ	鶴見俊輔	単行本
思想の流儀と原則	鶴見俊輔 吉本隆明	単行本
完本　私の昭和史　二・二六事件異聞	末松太平	単行本
二・二六事件　「昭和維新」の思想と行動	高橋正衛	中公新書